本专著受到江西省教育厅人文社科重点研究基地项目（项目编号：JD1536）的资助，是"赣南等原中央苏区特色产业群形成机理研究"的最终成果，特此致谢。

苏·区·振·兴·智·库

赣南等中央苏区
特色产业集群研究

田延光◎主编　刘善庆◎著

STUDY ON THE CHARACTERISTIC INDUSTRIAL CLUSTER IN
GANNAN CENTRAL SOVIET AREA

经济管理出版社
ECONOMY & MANAGEMENT PUBLISHING HOUSE

图书在版编目（CIP）数据

赣南等中央苏区特色产业集群研究/田延光主编，刘善庆著. —北京：经济管理出版社，2017.11

ISBN 978-7-5096-5283-1

Ⅰ.①赣… Ⅱ.①田… ②刘… Ⅲ.①区域经济—产业集群—研究—江西 Ⅳ.①F127.56

中国版本图书馆 CIP 数据核字（2017）第 189911 号

组稿编辑：丁慧敏
责任编辑：丁慧敏
责任印制：黄章平
责任校对：雨　千

出版发行：经济管理出版社
　　　　　（北京市海淀区北蜂窝 8 号中雅大厦 A 座 11 层　　100038）
网　　　址：www. E-mp. com. cn
电　　　话：(010) 51915602
印　　　刷：三河市延风印装有限公司
经　　　销：新华书店
开　　　本：710mm×1000mm/16
印　　　张：22.75
字　　　数：337 千字
版　　　次：2017 年 11 月第 1 版　　2017 年 11 月第 1 次印刷
书　　　号：ISBN 978-7-5096-5283-1
定　　　价：69.00 元

·版权所有　翻印必究·

凡购本社图书，如有印装错误，由本社读者服务部负责调换。

联系地址：北京阜外月坛北小街 2 号
电话：(010) 68022974　　邮编：100836

目录

第一章 绪 论

第一节 研究背景、目的和意义

一、研究背景

2012 年 6 月 28 日，国务院正式颁布《国务院关于支持赣南等原中央苏区振兴发展的若干意见》（国发〔2012〕21 号）。国发 21 号文件指出，"赣南等原中央苏区在中国革命史上具有特殊重要的地位。新中国成立特别是改革开放以来，赣南等原中央苏区发生了翻天覆地的变化，但由于种种原因，经济社会发展明显滞后，与全国的差距仍在拉大。为支持赣南等原中央苏区振兴发展，特制定该文件，出台专门性的支持政策。"一时之间，赣南等中央苏区再一次成为世人关注的焦点，吸引了大众的目光。

赣南，即江西南部，由于江西南部绝大部分隶属于赣州市，所以赣南基本等同于赣州，甚至，在许多人眼里，赣南是赣州的简称，赣南就是赣州，赣州就是赣南。赣南人文荟萃，文化底蕴丰厚，5000 年前就有先民生息繁衍。同时，赣南地区还是著名的红色革命老区，是掀起中国近代历史风云的地方。

20 世纪 30 年代初，毛泽东、周恩来、朱德、邓小平等中华人民共和国的缔造者曾在赣南战斗、生活过，并在瑞金创建了中华苏维埃临时中央政府，

图 1-1　赣南等中央苏区

资料来源：360 导航网。

瑞金由此成为中华苏维埃共和国党、政、军首脑机关所在地，被称为"红色故都"、"共和国摇篮"。1931 年 11 月，以瑞金为中心，在赣南、闽西革命根据地的基础上建立了中央革命根据地，一般称为中央苏区。

中央苏区的历史可以追溯到 1927 年国民大革命失败后赣南、闽西两地共产党领导的农民武装暴动。随着 1929 年毛泽东、朱德所率武装和 1930 年彭德怀所率武装转战赣南、闽西地区，该地的苏维埃运动迅速发展，苏区面积不断扩大。1931 年 9 月，在成功粉碎了国民党军第三次"围剿"后，赣南、闽西两地的革命根据地连成了一片，11 月，中华苏维埃共和国成立，中央苏区正式形成。中央苏区是第二次国内革命战争时期全国 13 块革命根据地中面积最大、人口最多的革命根据地，是全国苏维埃运动的中心区域。

由于处于战争时期，中央苏区的边界并不是固定不变的，在 1933 年秋中央苏区规模达到鼎盛，辖有江西、福建、闽赣、粤赣 4 个省级苏维埃政权，拥有 60 个行政县，其中江西省 22 个县，福建省 15 个县，闽赣省 16 个县，粤赣省 7 个县。总面积约 8.4 万平方公里，总人口达 453 万，党员总数约为 13 万人（见图 1–2）。

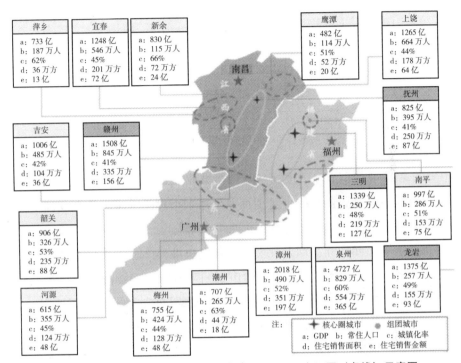

图 1 2　赣闽粤中央苏区两大核心圈（实线）和 6 个组团（虚线）示意图
资料来源：360 导航网。

1934 年 10 月，在第五次反围剿中失败的中央红军主力放弃中央苏区开始长征，中央苏区绝大部分重新被国民政府控制。为保护主力部队转移，中共部分人员留守在中央苏区继续进行游击战争，中央苏区进入留守阶段，即"南方三年游击战争"。1937 年，抗日战争全面爆发，国共再次合作，南方各个游击队下山整顿，重组为新四军，中央苏区历史正式终结。

中央苏区的历史可以终结，但是，赣南等中央苏区为中国革命和建设所做出的巨大牺牲和贡献却永远彪炳史册。中华人民共和国成立后，党和政府一直关心支持赣南等中央苏区的发展和进步。进入 21 世纪后，这种支持力度更大，支持方式更加科学、合理。国发 21 号文件更是站在要让赣南等中

央苏区与全国同步建成小康社会的战略高度，从全局出发，结合赣南等中央苏区的实际情况，制定针对性更强的、特殊的扶持政策，其扶持力度之强前所未有。

江西省委、省政府积极贯彻、落实中央文件精神，迅速发布了《中共江西省委　江西省人民政府关于贯彻〈国务院关于支持赣南等原中央苏区振兴发展的若干意见〉的实施意见》（赣发〔2012〕8号）。社会各界迅速行动，积极响应。2012年7月，笔者作为2012年江西省经济社会发展重大招标课题"振兴原中央苏区的现实条件、产业布局和财税政策研究"以及"2013年江西省教育厅重大招标课题"的课题组成员之一，与课题组其他成员一道，在课题组负责人、原江西师范大学党委书记陈绵水教授的带领下，两度深入中央苏区赣州、抚州、吉安三个地区，就课题所涉及的问题进行实地考察，召开座谈会，收集数据、资料，分别听取了抚州市政府、赣州市政府、吉安市政府及南城县委、瑞金市政府、南康市政府、宁都县政府负责人及相关部门负责人的情况介绍。此行收获颇丰，为课题研究报告的撰写奠定了坚实的基础。

课题任务虽然完成，但是，由此带来的思考却并没有结束。赣州、抚州、吉安三个中央苏区产业布局的共同点非常明显。无一例外，三个地区都采用了产业集群理念进行产业布局。在培育、发展产业集群的工作中，均强调从本地实际出发，发挥自身优势和特色。虽然尚未发现特色产业集群的用词，但培育、发展特色产业集群的用意跃然纸上。长期以来，我们一直关注特色产业集群，从事特色产业集群的研究工作。曾经开展过赣南脐橙特色产业集群的研究，也承担过金溪香精香料特色产业集群的规划，但仅此而已。对于赣南等中央苏区其他特色产业集群则不甚了解。在当前的大好形势下，无论是出于理论工作者的良知和责任，抑或是作为赣南老表中的一员，都需要对赣南等中央苏区的特色产业集群展开专门的研究。

二、研究目的和意义

研究赣南等中央苏区特色产业集群的目的非常明确。一方面，从理论上厘清赣南等中央苏区特色产业集群的主要类型、典型特征、演变趋势、发展动力，分析各种类型特色产业集群形成、发展的原因、机理，评估各种类型特色产业集群发展现状，在此基础上，提出相应的对策。虽然，赣州、抚州、吉安历史上同属于中央苏区，各方面的共同点居多，但是，各自互不统属，经济、社会、历史、文化以及体制、机制等方面都有自身的特点，这就需要在研究中，既考虑到共同点，又兼顾各自的个性、特征。只有这样，才能真正体现出差异化和优势。另一方面，希望通过研究，对赣南等中央苏区各级政府提供决策参考。培育、发展特色产业集群是一项艰巨的工作。不仅要把握产业发展的趋势，避免短视；还要充分了解当前的发展现状，尤其是本地区特色产业集群发展的现状，从而加强针对性；更需要了解本地区特色产业集群发展的历史。只有这样，培育、发展特色产业集群的决策才科学、合理；既有效率又有效益。但是，当前，发现很少专门研究赣南等中央苏区特色产业集群的文献，赣南等中央苏区各级政府培育、发展特色产业集群的决策参考资料比较缺乏。本书试图弥补这一不足。在研究过程中，试图既注重产业发展的趋势的把握，又通过研究赣南等中央苏区特色产业集群形成的原因、机理，把握特色产业集群发展的历史脉络；既实事求是地评估了各类特色产业集群发展的现状，又在此基础上提出了相应对策。

开展赣南等中央苏区特色产业集群的研究意义重大。首先是现实意义。现实意义集中体现为本书的实践价值。

第一，赣南等中央苏区振兴是历史赋予我们的神圣使命。中央苏区在中国革命斗争中地位特殊，为中国革命的胜利做出了特殊贡献，更付出了重大牺牲，也承载着无数革命先烈的奋斗理想。只有发展壮大产业，振兴苏区，才能告慰先烈、勉励后人。

第二，赣南等中央苏区振兴是全面建成小康社会的客观需要。虽然赣南等中央苏区经济社会发展取得了长足进步，但是，由于客观条件和发展基础等原因，中央苏区仍处于较低的发展水平，产业层次低，经济总量小，与发达地区相比仍然差距巨大，已经成为我国集中连片特殊困难地区，是全面建成小康社会需要攻克的重点和难点。

第三，新的发展机遇对中央苏区研究提出了新的要求。胡锦涛、习近平等党和国家领导人都作出切实加快革命老区发展的重要批示。2012 年《国务院关于支持赣南等原中央苏区振兴发展的若干意见》出台，2015 年 3 月 6 日上午，习近平总书记参加"十二届全国人大三次会议江西代表团审议"并发表重要讲话，指出要"着力推动老区加快发展"，这不仅为实践界带来新的发展机遇，也为学术研究提出了新的课题和要求。

关于中央苏区的研究由来已久，研究成果丰硕。但是，研究成果却主要从历史学、社会学和政治学的视角对中央苏区历史、红色文化、中央苏区精神等进行研究，而关于中央苏区产业、产业集群的研究很少。从中国知网文献检索看，截至 2015 年 8 月 2 日，题目中包含"中央苏区"的期刊文献共计 2063 篇，然而关于中央苏区产业的文献只有 10 篇，关于中央苏区产业集群的文献则没有检索到。加快老区发展、振兴赣南等中央苏区的关键是加快产业发展步伐，重点是培育、壮大特色产业集群。显然，现在的研究现状严重滞后于当前中央苏区振兴发展的实践。正因为如此，本书将对赣南等中央苏区特色产业集群进行探索性研究。通过研究，一方面，从理论上初步厘清赣南等中央苏区特色产业集群的主要类型、典型特征、演变趋势、发展动力，分析各种类型特色产业集群形成、发展的原因、机理，评估各种类型特色产业集群发展现状，在此基础上，提出相应的对策；另一方面，希望通过研究，对赣南等中央苏区各级政府提供决策参考。

其次是理论意义。到目前为止，关于特色产业集群研究的文献相当多，主要集中于学术论文，专著则不多，只有 2009 年出版的《三峡区域特色产业集群研究》和 2011 年出版的《产业集群升级、区域经济转型与中小企业成长——基于浙江特色产业集群案例的研究》两本。前者深入地分析了影响区域特色产业集群选择的因素以及区域特色产业集群与区域经济发展的关系，介绍了三峡区域产业发展和竞争力的现状，系统研究了三峡区域特色产业集群的发展战略，重点研究了三峡区域可培育发展的磷化工、载电体、装备制造业、旅游业、农产品深加工业、物流业、会展业七大特色产业集群的现状和发展的优劣势，提出了三峡区域特色产业集群的发展路径，为三峡地区产业发展和经济发展提供了重要的参考。后者梳理了产业集群升级与区域经济转型、中小企业成长的内在关系，回顾了由集群式成长的中小企业发展推动的浙江工业化历程，通过对"濮院羊毛衫"、"温州鞋业"、"永康五金"、"嵊州领带"、"台州医药化工"、"大唐袜业"和"分水制笔"七个产业集群的案例研究揭示了金融危机对浙江中小企业发展的现实冲击及其传导机制，提出了基于产业集群升级、区域经济转型视角的浙江中小企业突围路径。两本专著地域性特征明显，而且各具特色，前者主要从特色产业集群层面研究，后者主要从企业层面研究。本书坚持地域特色，立足于江西境内中央苏区的三个主要地区的特色产业集群展开研究，重点集中于特色产业集群发展动力的研究。笔者力图从发展动力的视角，研究赣南等中央苏区三种不同类型的特色产业集群形成、发展的原因和机理，试图弥补对赣南等中央苏区区域特色产业集群研究不足的缺憾，进一步丰富中国区域特色产业集群的研究，推动特色产业集群研究的进步。

第二节　研究内容和方法、创新点

一、主要研究内容

本书共分八章。第一章是绪论。主要解释了本研究的缘起，指出本书是在江西省经济社会发展重大招标课题研究基础上的继续。介绍了本书的研究目的和意义、主要研究内容、研究方法和主要创新点。

第二章，特色产业集群理论概述。本章在界定了特色产业集群的内涵基础上，归纳了特色产业集群的主要类型：资源驱动型、政府驱动型、龙头企业带动型。指出特色产业集群具有异质性、垄断性、高度的区域性、品牌性四个主要特征。特色产业集群与区域经济发展的关系是相互影响、相互作用。区域经济发展是特色产业集群形成的基础；特色产业集群推动区域经济增长、发展，推动区域经济工业化、城镇化和农业产业化。

第三章，赣南等中央苏区特色产业集群的典型特征、演变趋势与发展动力研究。本章依据特色产业集群形成中主导因素的不同，将赣南等中央苏区特色产业集群分为市场主导型产业集群、政府扶植型产业集群、龙头企业带动型产业集群。归纳了赣南等中央苏区特色产业集群的典型特征，这些特征主要体现在五个方面：资源的垄断优势明显；政府干预作用显著；特色产业园区成为赣南等中央苏区特色产业集群发展的重要载体；阶段性特征明显；中小企业是主体。赣南等中央苏区特色产业集群的演变趋势有三个：特色产业集群的经济规模和数量将不断扩大；特色产业集群发展肩负着培育和升级的双重任务；创新型特色产业集群将成为努力的方向。特色产业集群发展动力是由多个要素构成的，在赣南等中央苏区特色产业集群发展动力的多种要素构成中，政府因素、社会网络因素、企业家因素居于核心地位，其中，政府是外源性要素，社会网络、企业家是内源性要素。

第四章，社会网络在赣南等中央苏区特色产业集群形成、发展中的作用研究。本章分析了社会网络理论的概念，特色产业集群社会网络的特征，并运用社会网络理论，以泰和乌鸡特色产业集群、南丰蜜桔特色产业集群作为案例，具体研究了社会网络在赣南等中央苏区特色产业集群形成、发展中的作用。研究指出，正是各种利益主体基于相互需要，结成了各种关系网络。各主体在长期互动成长过程中形成了独特的价值理念、行为模式和社会资本，它们在从事共同或相关的事业的同时，导致了在特定空间的集聚，特色产业集群由此形成，并产生了协同效应，节约了交易成本，增加了交易收益。

第五章，地方企业家在赣南等中央苏区特色产业集群形成、发展中的作用研究。本章研究了企业家要素，企业家与产业集群的关系。分析了赣南等中央苏区企业家的文化背景与主要特征，指出赣南等中央苏区企业家受到多重文化熏陶，属于人数比较少的一个群体，而且草根型企业家居多，他们具有商业智慧，行事稳健，经营理念积极、健康向上。具体分析了企业家在南康家具特色产业集群、信丰脐橙特色产业集群、金溪香精香料特色产业集群形成和发展过程中所起的作用。指出少数企业家的创业、创新活动很容易被当地其他企业家和经济主体发现，进而效仿，企业群体规模不断扩大，企业在地理空间上的集聚趋势日益明显，集群的竞争力也获得提高，特色产业集群由此形成。在集群形成和发展的所有阶段，企业家的动力作用都是极为明显的，企业家是特色产业集群发展的原动力。

第六章，地方政府在赣南等中央苏区特色产业集群形成、发展中的作用研究。本章研究了地方政府的经济职能，分析了地方政府与特色产业集群相互促进和相互作用的关系，从理论和实践两个层面分析了地方政府介入特色产业集群的必要性。运用角色变迁理论分析了赣南等中央苏区政府在培育和发展特色产业集群过程中的角色。研究指出，在赣南等中央苏区特色产业集群中，地方政府主要起了三个方面的作用：规划者、支持体系的建立者、特色产业集群主导者。研究指出，赣南等中央苏区地方政府应秉着适度原则、守法原则发挥自身作用。

第七章，赣南等中央苏区特色产业集群发展现状分析。本章在从区域分布、产业结构、行业分布三个方面分析了赣南等中央苏区特色产业集群的现状后，运用价值链理论，具体分析了金溪香精香料特色产业集群的发展现状。运用 GEM 模型，分别分析了赣南等中央苏区农业特色产业集群、矿产资源特色产业集群、旅游业特色产业集群的竞争力。研究指出，赣南等中央苏区特色产业集群在多方面取得了长足的进步，但是，与沿海等发达地区相比，无论在数量、规模还是品质方面，差距仍然很大；资源、环境的硬约束，将成为赣南等中央苏区特色产业集群发展的强大障碍。

第八章，进一步促进赣南等中央苏区特色产业集群发展的政策建议。研究指出，赣南等中央苏区特色产业集群的培育与升级需要遵循如下原则：比较优势原则、可持续发展原则、市场导向原则、品牌化原则。根据"四项"原则，分别就加快赣南中央苏区农产品深加工特色产业集群的发展、矿产资源特色产业集群升级与转型的重点、旅游特色产业集群的培育与升级进行了研究。研究指出，由于特殊的区情，赣南等中央苏区特色产业集群发展过程中，既面临艰巨的培育、壮大任务，又需要升级现有集群。培育、升级赣南等中央苏区特色产业集群，既需要依靠市场的力量，也需要政府的适度干预。政府适度干预，既包括赣南等中央苏区地方各级政府的积极作为，也包括中

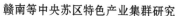

央政府和省级政府的大力支持。中央等上级政府的大力支持，主要体现在政策支持方面，需要中央政府实行特殊政策，尤其需要实行特殊的金融政策。

二、主要研究方法

本书的研究主要采取了文献研究法、案例研究法等。

（1）文献研究。文献研究法主要指搜集、鉴别、整理文献，并通过对文献的研究，形成对事实科学认识的方法。从广义来说，文献不仅包括图书、期刊、学位论文、科学报告、档案等常见的纸面印刷品，也包括实物形态在内的各种材料。一般来说，科学研究需要充分地占有资料，进行文献调研，以便掌握有关的科研动态、前沿进展，了解前人已取得的成果、研究的现状等。这是科学、有效、少走弯路地进行任何科学工作的必经阶段。本书的文献数据主要来自三个方面：一是笔者平时积累。由于长期从事产业集群、特色产业集群的研究，积累了相当数量的文献资料。二是图书、期刊、学位论文等，这部分文献主要通过江西师范大学图书馆及其网络资源获得。三是实地调查收集的文献、数据，尤其是 2012 年 7 月的抚州、吉安、赣州之行，收集了相当数量的文献、数据，为本书提供了坚实的数据支持。本书的文献研究就是依据这三方面的数据、资料展开的。

（2）案例研究。案例研究法 1908 年在哈佛商学院被引入商业教育领域，如今已经成为社会科学领域常用的研究方法。案例研究法以典型案例为素材，通过具体分析、解剖，促使人们进入特定的情景和过程，建立真实的感受和寻求解决问题的方案。案例研究的数据来源包括五种：文件；档案记录；访谈；直接观察；参与观察。案例研究的优点之一是有利于研究的深入和具体。为了研究更加具体、深入，本书选取了五个具体的特色产业集群作为案例进行研究，分别是泰和乌鸡、南丰蜜桔、南康家具、信丰脐橙、金溪香精香料特色产业集群。

除了上述方法外，本书运用了如下理论：产业集群理论、社会网络理论、价值链理论、政府职能理论、创新理论、GEM 模型等。这些理论都在后面的相关章节进行了介绍。

三、主要创新点

本书的创新点主要体现在研究视角和研究内容两个方面。

（1）研究视角比较新。虽然出现了大量研究特色产业集群的文献，但是关于地区特色产业集群的研究文献不多，从振兴赣南等中央苏区的视角研究赣南等地区特色产业集群的文献则更为少见。振兴赣南等中央苏区是党中央、国务院的重大决策。正如国发〔2012〕21号文件指出的那样，"振兴发展赣南等原中央苏区，既是一项重大的经济任务，更是一项重大的政治任务，对于全国革命老区加快发展具有标志性意义和示范作用。支持赣南等原中央苏区振兴发展，是尽快改变其贫困落后面貌，确保与全国同步实现全面建设小康社会目标的迫切要求；是充分发挥其自身比较优势，逐步缩小区域发展差距的战略需要；是建设我国南方地区重要生态屏障，实现可持续发展的现实选择；是进一步保障和改善民生，促进和谐社会建设的重大举措"。本书从振兴赣南等中央苏区的视角出发，立足赣南等中央苏区实际，研究特色产业集群，这在研究视角上是一个创新。

（2）研究内容比较新。区域性强是特色产业集群的一个显著特点。正因如此，出现了大量关于各区域、各地区特色产业集群的研究文献。但是，如上所述，专门以赣南等中央苏区为对象的特色产业集群研究文献则相当少。其原因不仅在于赣南等中央苏区经济欠发达，在区域外有重要影响的特色产业集群数量不多，尚未引起学界的足够重视，也在于研究力量相对薄弱。长期以来，（特色）产业集群的研究力量多集中于沿海发达地区，中西部经济欠发达地区研究力量比较薄弱，就是这些本就薄弱的研究力量，其关注点也还没有转移到赣南等原中央苏区。有鉴于此，本书专门关注赣南等中央苏区特色产业集群，通过研究，试图把握其演变趋势，分析其发展动力，评估其发展现状，并提出相应对策，从而弥补这方面研究的不足，为赣南等中央苏区特色产业集群培育、发展，进而为加快赣南等中央苏区经济发展尽绵薄之力。

第二章 特色产业集群理论概述

第一节 产业集群的内涵分析

一、产业集群的内涵

产业集群很早就已经存在。自产业革命以来规模不断扩大、数量日益增多（Steiner，1998）。在国外，20世纪70年代末开始，产业集群的研究逐渐引起学术界的普遍关注，成为管理学、经济学、经济地理学以及社会学等学科的研究热点之一，并引起决策部门和产业规划部门的极大兴趣。

产业集群指在特定区域中，具有竞争与合作关系，且在地理上集中，有交互关联性的企业、专业化供应商、服务供应商、金融机构、相关产业的厂商及其他相关机构等组成的群体。产业集群发展状况已经成为某个区域和地区经济发展水平的重要指标。

总体来看，产业集群分类方法非常丰富，多个学科从不同角度进行了概括。国外产业集群分类涉及发达国家和发展中国家，国内产业集群的分类则显示了明显的地域特征，主要集中在经济发达地区。经济欠发达的广大中西部地区，由于产业集群相对较少以及研究力量相对薄弱，针对该地区的产业集群分类方法则比较少见。与经济发展水平不一致相似，学术研究也显示了明显的地区不平衡。

二、特色产业集群的内涵

特色产业集群不是指某产业集群有特色，而是指特色产业的集群。特色产业集群主要指集中于一定区域内特定产业的众多具有合作关系的不同规模的企业和与其发展有关的各种机构、组织等行为主体通过纵横交错的网络关系紧密联系在一起的空间集合体。它是在特定技术、特有资源、市场条件下历史演变的产物，既是经济全球化条件下地区企业寻求创新优势和竞争优势的重要组织保证，也是区域经济发展的独特动力源泉（刘善庆、叶小兰、陈文华，2005）。特色产业集群是一个动态的概念。在经济发展过程中，由于不同地区资源禀赋的差异、生产要素结构的不同以及部门之间、企业之间组合和联系的方式不同，一个地区的产业集群是区别于另一个地区的产业集群的。特色产业集群以特定地域空间为载体，以特色资源为基础，以特色产品为中心，以特色产业为依托，在经济结构、组织、体制和运行上都有突出特点，能使资源要素、市场、科技以及各相关部门相互联系、相互吸引，使区域优势进一步扩张并形成核心竞争力。具体地讲，特色产业集群突出了以下几方面的内涵：

（1）以具有相当竞争力的特色产品为前提。特色产业集群在物质形态上突出地表现为产品的"名、特、优、新"，且能根据市场变化不断更新换代，实现产品的系列化，最终形成各种各样的产品特色，以满足某种独特的、多样化的市场需求。而且这种特色具有不可替代性。因此，特色产业集群是由特色产品来体现的。发展特色产业集群，主要就是发展特色产品。此外，在物质形态上还表现为具有强势竞争地位的产品，因其强而具有特色：强本身就是特色。"特色就是优势，就是竞争力，就是市场'通行证'"（侯志茹，2007）。特色产品由于具有自身特色而呈现差异化，容易在市场上取得竞争优势，表现出某种程度的强势地位。从这个角度讲，特色产品除了表现为"名、特、优、新"外，还表现为"强"。因此，特色产业集群除了由特色产品来体现外，还可以由竞争力强大的产品来体现。发展特色产业集群，就要发展有可能形成强势竞争力的特色产品。

（2）以特色产业集群的开发为核心。在现代经济竞争中，特色产品要获得竞争优势，必须以产业集群为基础，实现产业化为前提、市场为导向，实现区域化布局、专业化生产、一体化经营和社会化服务，形成独具优势的产业集群。在这里，特色产业集群一方面具有调整地区产业结构的功能；另一方面，还能够在区域内部有效地整合资源，不但形成特色产品生产的产业化，还形成一个协调的、强有力的、有利于特色产业长足发展的系列性产业链条。

（3）以特有资源的转化为基础。离开特有资源、特色产品，特色产业集群就成了无源之水、无本之木。特色产业集群本身要求必须立足本地实际，抓住特有资源，大做特色文章。当然，这里所说的资源包括自然资源、人力资源、生态环境、社会文化、历史景观、特有产品等。由于自然资源分布具有不均衡性，所以，某些地域性强的自然资源就容易形成区域优势，进而形成以自然资源为内容的产业集群。

（4）以特色经济区域为载体。特色产业集群是关联性极强的区域经济。从内部看，区域内部的经济、社会、文化、自然等多种要素有机结合，构成内部经济主体生存和发展的具体环境。从外部看，区域经济主体，包括各部门、各机构、各单位在合理分工、有效合作的基础上，通过科学选择、准确定位，逐步形成独具特色的经济区域，发挥着区域经济的功能（赵立新、关善勇，2006）。

第二节　特色产业集群的特点研究

一、特色产业集群的类型

不仅产业集群可以分成多种类型，事实上，作为其重要类型的特色产业集群自身也可以进一步细分成多种类型，如基于资源禀赋形成的特色资源加

工基地，基于市场竞争优势形成的优势产业发展基地（阚珂嘉，2009）。

基于特色资源形成的特色产业集群。特色产业集群本身要求必须立足本地实际，抓住特有资源（如自然资源、人力资源、生态环境、社会文化、历史景观、特有产品等）。由于自然资源分布具有不均衡性，某些地域性较强的自然资源就容易形成区域优势，进而形成以自然资源为内容的特色产业集群（马文静，2010）。一般来说，基于资源禀赋形成的特色资源加工基地包括两种类型：

第一，自然资源型特色产业集群。这类集群，因为自然资源禀赋丰富，围绕丰富的自然资源形成了相对集中的企业，构建了区域特色鲜明的产业集群。江西旅游、矿产自然资源丰富，素有"有色金属之乡"的美称，有色金属矿藏资源得天独厚，在全国主要有色金属矿种保有储量中，有十个矿种排列在全国前六位，其中铜占全国的20%，有全国最大的铜矿德兴铜矿；黑钨可采储量占全国的75%以上，钽铌储量占全国的60%以上；可供开采的中重稀土量占全国的60%以上，还有大量赋存的铅、锌、金、银等伴生金属。在地域分布上有明显的分区集中产出特点，其中赣南以钨、锡、铋和稀土为主，赣北以铜、金、铅、锌、锑居多，赣东以铜、银、金、铅、锌最佳，赣西以钽铌更为重要，有南钨北铜之说（成焕志，2007）。因而，这类集群又可以统称为旅游类特色产业集群、矿产资源类特色产业集群。

第二，基于历史传统和资源优势共同作用产生的特色产业集群。一些地区由于历史和资源的优势，在农业方面形成了特色，经过产业化形成了若干特色产业集群。如江西南丰、广昌、临川、崇仁等县分别被国家农业部命名为"蜜桔之乡"、"中国通芯白莲之乡"、"西瓜之乡"和"麻鸡之乡"。这类集群中，企业仅是对这些农产品资源进行简单加工，产品基本上都是技术含量较低的初级产品（陈曾静，2011）。这类集群可以统称为农业特色产业集群。需要指出的是，资源型产业发展的可持续与否，直接关系到经济社会的发展和生态环境的保护。资源型产业的可持续发展除了资源制约因素之外，还受政府、技术和管理等因素的制约。

基于市场竞争优势形成的优势产业发展基地。这类集群以浙江最为典型。

特色产业集群是以产品的"名、特、优、新"来表现的，通常这种特色具有比较优势和不可替代性。这些产品能根据市场的变化不断更新换代实现产品的系列化，最终形成各种各样的产品特色，满足某种独特的、多样化的市场需求。因此，特色产业集群是由优势特色产品来体现的。浙江绝大多数特色产业集群的成长经历了从一村（或一镇）一品起步到专业市场再到集群的过程，浙江区域特色产业集群的成长过程，其实是中小企业集聚和专业市场培育壮大的过程。许多地方，开始以一村（或一镇）一品起步，就近建立专业市场，经过无数次产业提升，该区域支柱产业不断壮大，生产、研发、销售网络逐渐向全国扩张，最终形成由内部围绕市场形成的高度专业化的中小企业集群，一个或数个企业群落构成"小资本、大集聚"的特色产业集群。专业市场与当地工业之间联系紧密、相互促进、共同发展，构成了具有区域特色的产业集群。在这种集群中，专业市场为没有规模经济要求的中小企业提供了一个庞大的、可供共享的销售网络，使它们可以获取营销和信息方面的外部规模经济，并降低了交易不确定带来的风险，带动了当地相关特色产业的发展。而对那些中小企业来说，专业市场不仅弥补了它们功能上的不足或缺陷，而且使它们能够及时提供各种信息，促使企业在生产和产品升级换代能力等方面获得相互学习和创新积累，从而为区域经济发展提供了产业孵化的基础。特色产业集群的产业规模、专业性市场以及区域性品牌，共同构成了特色产业集群的整体竞争力。正是以中小企业为主体、特色产业为支撑、区域集聚为基础的特色产业集群和专业市场的互动共进，推动着浙江区域经济的高速增长，进而促使区域竞争力不断增强，使浙江由"资源小省"发展成为以区域特色产业集群为基础的"市场大省"、"经济强省"。

马文静（2010）在其博士论文《宁夏特色产业集群发展研究》中，从集群形成动因角度对宁夏特色产业集群进行了划分，将其分成了四种类型：

第一，资源驱动型产业集群。资源驱动型是指凭借本地独特的产业专业化条件、工商业传统和自然资源，依靠民间微观经济主体的自发创新，并在内生性民间资本积累的推动下和获得相对全国其他地区体制优势的情况下，借助市场力量逐渐生成的产业集群。此类产业集群包括社会资源驱动型和自然资源驱动型两类。宁夏能源产业集群、煤化工产业集群、新材料产业集群、特色农产品加工业产业集群的形成主要凭借的正是当地丰富的矿产资源、特色农产品如枸杞、红枣等自然资源。惠农的脱水蔬菜加工企业集群、固原西吉县的马铃薯产业、永宁县的葡萄产业是在传统的乡村社区里自发成长起来的，即所谓的"一乡一品"、"一县一业"，充分发挥了资源优势、区位优势和人才优势，有效带动了当地经济的发展。这些产业集群都属于典型的自然资源驱动型产业集群。

第二，政府驱动型产业集群。随着发达地区产业集群的成功，欠发达地区政府也越来越重视产业集群战略的运用。宁夏产业集群形成的主要方式就是政府驱动。截至 2007 年，在宁夏回族自治区政府的科学规划和引导下，宁夏已形成特色产业园区 21 个。特色产业园区的良性发展加速了宁夏特色产业集群的发展。此外，为促成高新技术产业集群的形成，宁夏回族自治区政府投入了大量的资金，并制定了相关优惠政策。作为宁夏"一号工程"的宁东能源化工产业基地的建立也是政府大力支持和发展的结果。

第三，龙头企业带动型产业集群。宁夏产业集群实践中大多都是围绕大企业、大集团，加上与之配套的中小企业形成的产业集群。例如，宁夏装备制造业产业集群就是由大型企业如宁夏小巨人机床有限公司、宁夏中卫大河机床有限公司、宁夏银川大河机床有限公司、宁夏新瑞长城机床有限公司等带动而形成的。

第四，基于历史文化传统形成的产业集群。我国许多省市区都有着悠久的历史和灿烂的文化，一些产业集群就是借助当地特有的历史文化发展起来的。宁夏回族自治区是我国回族人口最多的省份之一，特有的伊斯兰文化使得宁夏特色产业在发展的过程中具有较强的地方文化根植性，而这正是产业集群的重要特征之一，也是其他地方无法模仿的独特魅力，宁夏伊斯兰文化、清真食品产业集群就属于这一类产业集群。

二、特色产业集群的主要特征

作为产业集群发展的高级阶段，特色产业集群既有产业集群的共同特征，也有自身特色。除了具有专业化特征、技术聚集性特征、网络化特征、学习性特征、空间聚集性等特征外，还表现出一般性特征和特殊性特征。特色产业集群的一般性特征是指特色产业集群都具有的特征，特殊性特征是指各个地域的特色产业集群因其所处的区域不同、经济发展水平不同而表现出与众不同的特征。

特色产业集群的一般性特征如下：如具有相当竞争力的特色产品；是以特色经济区域为载体，区域内部的经济、社会、文化、自然等多种要素有机结合，构成内部经济主体生存和发展的具体环境，通过科学选择、准确定位，逐步形成独具特色的经济区域（余焕新、刘爱军，2011）。此外，特色产业集群还有四个最重要的特征：异质性、垄断性、高度的区域性、品牌性。

（1）异质性是特色产业集群的第一个最重要的特征。随着全球经济一体化的不断加深，各经济体之间的竞争必将更加激烈，其竞争优势的获得更加依赖自身的异质性。各个经济体之间的竞争实质上是产业集群之间的竞争。产业集群所具有的异质性地位得到前所未有的提高。异质性的核心是与众不同，具有地方特色。一个特色产品及由此形成的特色产业集群就是一个地域的标志和品牌。特色产业集群要求在一定的区域范围内，充分利用地域性的独特资源，如气候条件、地理环境和自然资源，有意识地开发传统产品并形成富有竞争力的区域标志产业群。

（2）具有独特优势或某种垄断性是特色产业集群的第二个显著特征。特色者，具有独特优势或某种垄断也，非政府意志强力为之也（向松祚，2010）。特色产业集群所依托的各种资源具有明显的稀缺性。这些资源既包括特定的自然资源和区位优势等实体资源，也包括独特的生产制作工艺、技巧，以区域品牌为核心的社会历史文化等软体资源。这些资源总是依附于特定的地域空间，离开了特定的区域，它们将失去存在的基础和条件。由于区域空间的有限极易造成资源总量的有限性。随着工业化、城市化的快速发展，各种资源供给日趋紧张。当需求大于资源供给时，拥有特色资源的区域很容易取得市场优势地位，甚至造成某种垄断地位。因此，特色产业集群必须以特有资源的转化为基础，抓住特有资源大做特色文章，实现特有资源的区域化布局、专业化生产、社会化服务，形成一个协调的有利于特色产业集群长足发展的系列性产业链。

（3）高度的区域性是特色产业集群第三个最重要的一般性特征。区域特性在很大程度上决定了特色产业集群在区域经济交往中能否获得更多的发展机会。产业集群通常是在特定的区域内，基于当地区位优势和产业基础而形成。特定区域是特色产业集群的根植地，区域内的产业基础、资源、市场成为特色产业集群产生、形成和发展的物质条件。区域内经历了长时间演化所形成的特殊社会网络系统是当地企业相互沟通、建立信任的基础。正因如此，特色产业集群在区域经济发展中起着非常重要的作用（阚珂嘉，2009）。

（4）品牌特色明显，是特色产业集群第四个最重要的特征。如景德镇陶瓷、南丰蜜桔、东阳木雕的区域特征非常明显。对消费者而言，品牌充当了产品质量的抵押物。出于对品牌的信任，他们放心购买。由此，品牌构成为特色产业集群的核心竞争优势。特色产业集群的品牌特性具体表现为区域品牌。区域品牌能够使一个产业集群很快被外界所知，在国内外市场上形成知名度，相应地，集群内的中小企业就能相对较快地获得客源和较高的市场报价，聚集各种政策扶持资源。区域品牌是一种合作博弈，要把追求不同利益的企业团结在同一个集群网络内，需要相关机构的资源整合作用（赵俊，2008）。

特色产业集群除了普遍具有上述一般性特征外，坐落在各地、各个区域的特色产业集群还具有各自不同的一些特征。改革开放以来，中国经济发展水平呈现出明显的地区差异。东部地区经济发展水平明显高于中西部地区。东部地区特色产业集群与中西部地区特色产业集群在呈现出共性特征之外，也呈现了各自不同的特征。

浙江特色产业集群是东部地区的典型代表。盛世豪和郑燕伟（2004）归纳、分析了浙江特色产业集群的特征。他们认为，浙江区域特色产业集群传统产业以劳动密集型为主，而且主要以小商品生产为主。温州的单个小企业生产品种不多，但是，整个区域的品种往往超过同样规模的大企业，这使得温州往往能在一个产业上覆盖全国所有的品种。

作为一种高度专业化分工的中小企业集聚而成的区域共同体生产组织，其内部通过高度专业化分工或转包合同结成一种长期的稳定关系，企业之间的依赖和信赖关系是这种组织的关键因素。

浙江特色产业集群是以网络结构为支撑的区域柔性生产体系。在体系中，企业、大学、科研机构、政府机构等有选择地与其他行为主体长期合作，在此基础上结成了长期稳定的关系。这种关系包括区内各行业为主体之间通过各种合同而结成的正式合同关系，以及非合同性的，但在长期交往如面对面谈判、信息交流、新思想的交流等过程中所结成的相对稳定的关系。研究表明，对于许多创新而言，市场或等级组织都无能为力，其原因在于，一方面，市场的能力是有限的，因为创新所必需的知识难以交易或交易费用很高；另一方面，单个企业不能控制全部创新过程，它必须跨越组织边界。因此，实现技术创新必须通过众多企业的合作，营造一种既竞争又合作的特殊的文化氛围。永康五金工具特色产业集群的发展就是这方面最典型的例子。

浙江特色产业集群是"零资源经济"。其发展并不以本地自然资源为依托，而是利用市场机制的集聚和配置功能，大做"无中生有"、"小题大做"的文章，创造性地发展了生产原料和销售市场两头在外的块状经济模式，使得一批区域特色产业规模产业迅速崛起。目前，浙江没有自然资源依托的特色产业集群有 300 多个。值得注意的是，这一切都是浙江广大农民或企业围绕市场的需求自发形成的，政府的作用是辅助的、补充的。近年来，浙江"零资源经济"开始重点转向特色科技园区和高科技企业，从而呈现出区域特色产业集群与中小企业、专业市场、工业园区和城市建设的互动共进。

企业的根植性也是浙江特色产业集群的典型特征。在区域特色产业经济发展中，许多企业在互动学习、互相促进的过程中，逐渐形成了区域发展环境。作为区域特色经济主体的中小企业，只有在区域社会文化环境基础上才能得以成长。由于区域的氛围，在不同企业工作的人们具有相同的价值观和行为规范。由于这种共同体特征，区域特色经济具有很强的区域一致性、集体企业家、柔性专业化、竞争与合作的共存、信息的迅速扩散、经济和社会的融合、很强的集团一致性特征等。

经济主体之间的对称关系。在浙江区域特色产业集群中，各行为主体，无论规模大小，都是相对独立的，没有支配与依附的关系，都以平等的地位参与区域生产体系。与投入产业链来维持企业之间关系的增长极模式相反，这种区域性生产体系是通过企业之间的合作、交往、信赖来维持的。在群内，大企业与小企业并存，国际联系与区内联系并存，贸易联系与非贸易联系并存，作为独立的经济主体，它们之间都是平等的。

相对于浙江等东部地区，中西部地区特色产业集群水平明显偏低，并呈现出了自身的特色。宁夏特色产业集群就是其中的代表。马文静（2010）对此进行了很好的归纳：

以开发特色为核心，处于发展的初级阶段。宁夏产业集群的发展是以开发地方特色产业集群为核心，如能源化工产业集群、羊绒产业集群等。西部地区远远落后于东部地区，产业集群的发展整体尚处于初级发展阶段，即培育发展阶段。

以特色资源和特色产品为基础和前提。与东部地区丰富的优势产业门类相比，宁夏相对优势产业多集中于农副食品加工业、金属与非金属矿物加工业等资源加工产业，所形成的产业集群呈现出很明显的资源特色。譬如，宁夏清真牛羊肉、乳制品行销全国各地，"宁夏滩羊"是宁夏特有的种质资源。宁夏也是西北地区重要的水产品基地，特色养殖发展很快。宁夏是我国的枸杞之乡，有"中宁枸杞甲天下"之说。此外，葡萄酒、马铃薯淀粉和优质大米等特色产品在西北乃至全国都享有良好的声誉。所有这些，都为发展特色农产品产业集群提供了有力的资源保证。

以中小企业为主，少数大企业引领。随着集群内企业规模的不断扩大，竞争力会不断提高，大企业在产业集群中的作用会越来越突出。从大中小型企业来看，宁夏经济的规模结构变化较大。在初始阶段，大型企业在经济发展中的作用并不突出，小型企业在经济发展中的主导作用更加明显。1996~2000年，大型企业所占比重开始增大，小型企业的比重有所减小，但是仍居于主导地位，中型企业始终处于低位，变化不大。2000年以来，由于重化工业的发展，大型企业逐渐成为经济的主导，中型企业的比重迅速上升，2007

年的比重相比 2000 年升高了近 20 个百分点，与此形成对比，小型企业则下降了 15 个百分点。但中小企业整体仍占较大比例。除重化工产业集群外，宁夏特色产业集群主要集中在农产品加工等产业，这些产业的企业进入门槛低，规模效应不显著，而且在复杂多变的市场环境下，小企业运行灵活是其生存发展的一大优势，因此，以中小企业为主体是宁夏特色产业集群的主要特点之一。

宁夏政府主导型产业集群特征显著。产业集群最初大都发生在资源、人力、文化等自然条件较好的地方，是自发产生的。但随着各地对产业集群发展的规律和作用认识的加深，各级政府出台了有利于产业集群发展的系列政策，提出了加快产业集群发展的各种措施，从而使我国拥有产业集群的区域越来越多。地方政府在推动本地产业集群发展中主要发挥了两方面的作用：一是出台系列政策引导和鼓励集群发展。如 2008 年 8 月宁夏回族自治区出台了《宁夏"五优一新"产业集群发展规划》，是有关产业集群发展的专项政策。《宁夏"五优一新"产业集群发展规划》进一步明确宁夏加快建设宁东能源化工基地，建设一个煤化工、煤炭和电力基地，更要建设一个符合科学发展观要求的循环经济基地。《宁夏"五优一新"产业集群发展规划》出台后，宁夏回族自治区相关部门积极主动与对口部委衔接项目、资金和政策，为自治区转变经济发展方式、加快产业集群发展提供了强有力的政策支撑。二是主导工业园区以集群方式发展。工业园区的建设与产业集群发展有重大关系，各地园区建设大多遵循了"园区集群化"的发展思路，通过自发和自主选择园区的主导产业，使各园区集群现象显著。

第三节 特色产业集群与区域经济之间的关系分析

一、产业集群与区域经济的关系

对于产业集群与区域经济之间的关系问题，诸多学者（阚珂嘉，2009；孙霞，2009；王翔宇，2009 等）均做了非常精准的论述。他们认为，产业集群的形成既是区域经济要素不断优化组合的结果，也是市场经济条件下区域工业化发展到一定阶段后的必然产物。产业集群与区域经济之间的关系是一种双向互动的关系。这种关系既不是孤立存在的，也不是由此及彼的单向关系，而是相互作用、相互影响的，两者相互推动着对方前进和发展。产业集群作为新型区域经济发展的有效模式，通过资源优势、成本优势、市场优势、技术创新优势和产业结构调整优势对区域经济的增长和发展起到了强大的助推作用。同时，区域经济环境、制度环境、资源环境等区域环境对产业集群具有很强的反作用，反过来支撑产业集群的形成和发展。简言之，产业集群的形成和发展与区域经济发展有直接的联系，产业集群对区域经济的发展产生巨大的影响。

（一）产业集群对区域经济发展的影响

波特认为，一个国家或地区的成功很大程度上来自于纵横交错的产业集群。产业集群推动区域经济增长和发展，可以从理论和实践两个层面进行分析。理论上，由于产业集群具有提高企业生产效率、降低成本、促进专业化、促进竞争与创新以及带来外部经济性等竞争优势，使得产业集群对推动区域经济增长和发展有着不可估量的作用（马文静，2010）。实践上，产业集群带动区域经济发展是世界范围内的一个普遍现象。美国加州的硅谷、加利福尼亚的葡萄酒业集群、德国斯图加特的机床业集群等都对当地区域经济的发展产生了巨大的推动作用。在意大利，70%以上的制造业、30%以上的就业、40%以上的出口都可以通过专业化产业区域实现。同样，产业集群成为了带动中国经济发展的重要力量。大量实证研究得出的基本共识不仅证实产业集群发展与该区域的经济发展存在较强的相关性（Meyer Stamer J.，2002；Nicholas C. and Anthony A. J.，2001），而且也认为产业集群是导致中国不同区域经济增长差异的重要原因（文玫，2004；范剑勇，2006；何雄浪、李国平，2007；张小蒂、王永齐，2010；陈曾静，2011）。

1. 产业集群促进区域生产率的提高

同一产业内大量企业在地理上的集中，能很快形成区域规模经济效应，提高区域生产效率。群内大型企业和大量中小企业集聚，中小企业根据市场需要，灵活地组织生产，克服了企业因规模小可能引致的市场开发能力弱、技术创新能力差等缺陷；大型企业依托产业集群，有效地降低了生产成本，增加了生产的柔性化，享受了分工的好处。在区域内，关联性供应商的聚集提高了区域内企业对供应商的谈判能力，降低了违约风险。集群区域内可以形成从原材料供应、配套产品支持到最终产品销售全过程的、巨大的专业化市场，有效降低生产风险。高素质、高技术人才的聚集、流入和专业信息的共享提高了群内企业的生产效率。

2. 产业集群促进区域创新与产业结构升级

创新是一个集体行动，地区经济中的创新常常来自于产业集群（王缉慈，2001）。巴普蒂斯塔（R. Ba Ptista）和斯旺（P. Swann）等的研究表明，集群化对于区域整体创新有明显的促进作用，集群内部的企业比外部孤立的企业更容易创新。因为集群内可以聚集广阔的市场、技术、信息、人际关系和社区关系，可以培养出信任，促进信息的流动。这些产业集群的特性可能对地区创新产生以下影响：

第一，产业集群为创新提供了充足的动力。产业集群对创新动力的影响主要表现在供给和需求两个方面。从供给方面来看，产业集群内众多竞争对手的存在往往使企业具有更大的发展压力，从而促进战略性竞争，使企业不再将传统的模仿和价格等因素作为主要的竞争手段，而更加强调创新作为主要竞争手段，更加关注客户的不同需求。由于产业集群内聚集的多是与某种产业相关的企业，高度细化的分工使得集群内存在众多生产相同类型产品的企业，作为产品的生产企业来说，区位条件、生产资料和劳动力成本在大致相近的地域内一般不会有太大的区别，如果缺乏区别于其他企业的新技术、新材料、新工艺，在同一个集群内企业所生产的产品也不会有本质上的太大区别，企业之间就会为抢夺市场而出现过于激烈的价格竞争。在此前提下，企业如果仅限于依靠广阔的国内市场建立生产的规模经济从而取得成本上的优势，这样生产将会陷入低成本、低层次的竞争过程，最终也将由于竞争环境的改变而处于被动地位。因此，为了避免出现被动局面，群内企业一般都具有较强的创新动力。同时，产业集群内还存在很多为生产企业服务的上下游企业，这些企业为了争夺更多的客户群，一般也都拥有较强的创新意愿。从需求方面看，随着经济和生活水平的提高，消费者对产品多样化和品质化的要求越来越严格，如果企业墨守成规，缺乏对消费群喜好敏感性的洞察和把握，势必失去大部分客户。按照需求拉动创新说，创新是由于发现未被满足的需求而产生的结果，这也成为企业愿意进行创新活动的动力。

第二，产业集群为创新提供了良好的软硬件基础。研究表明，企业创新所需要的知识只有部分来自企业内部，更多的新知识来自企业外部。群内存在具有很高相关性的企业和研究机构，恰恰为各种创新活动提供了更多的合作机会。另外，创新明显依赖于基础科学知识，而这些知识往往发源于大学、政府实验室或其他研究机构。产业集群内部，特别是一些高技术的产业集群，在地理上常与一些研发机构邻近，使得科学知识能及时传播，从而使集群内企业获得更多的基础知识。同时，很多企业集中在一起，可以共享集群内的基础设施以及各项与企业相关的公共服务，如经济和技术咨询、市场研究和法律服务。从而能降低企业的相关成本，集中有限的资源进行技术创新，有利于企业的长期发展。对于没有足够内部资源、在创新过程中会面对更多障碍的中小企业来说，更是如此。由于集群内存在技术传播机构、商会、培训机构等组织形式，一些小规模的企业在创新过程中就不必负担所有的开发费用，可以通过这些组织，将一些费用分散给其他企业。这样的创新模式既可以激发中小企业的创新活力，又可以弥补单个企业创新资源不足的缺陷。

第三，产业集群促进了企业间的创新互动，加速了知识传递。由于产业集群的特殊性，集群内企业之间往往不是以正式的契约作为合作的前提，更多的是以了解、信任和社会文化传统作为合作的前提，合作成本相对较小，合作关系较稳定，有利于成员之间的持续互动，促进了企业间的创新。在不断出现的技术创新中，一些复杂的技术系统往往需要通过企业之间的相互学习、相互合作和相互作用才能完成。产业集群内存在很多学习、交流的机构组织，这些组织可以为企业之间的合作和学习提供稳定的平台。同时，研究发现，创新能力的竞争实际上是知识的竞争。知识不好量化，很难通过市场机制交换，一些隐性知识更是如此，而这些隐性知识往往在创新过程中发挥着比较重要的作用。王缉慈（2001）认为，这样的一些非正式交流既是创新扩散的主要渠道，又是创新的主要源泉。研究表明，科学家40%的知识是通过非正式交流获取的，工程师通过非正式渠道获取的知识则高达60%以上。产业集群内的企业由于地缘接近和集群内形成特有的亚文化的缘故，有很多都是长期合作的生意伙伴，稳定的合作关系和相互信任很容易让隐性知识在一些偶然的、非正式的或面对面口头的交流中得以传播。而且，非正式交流的频率要比正式交流的高得多，它可以发生在任何时间、任何地点。非正式交流可以利用丰富的表达方式，传递更多的信息量。

第四，产业集群有利于创新人才的集聚和流动。创新能力的大小除了取决于集群内企业之间的交流和互动的程度外，更取决于具有创新能力人才的数量和质量以及知识和技能传播的难易。由于产业集群的特殊性，集群一旦形成，就很容易产生集聚效应，吸引大量人才集中于集群内部。集群内各类企业和研究机构为他们施展才能提供了良好的工作环境。集群内正式和非正式交流的存在，也使得各成员的研究开发活动产生了知识溢出效应，从而促进了集群成员总体创新水平的提升。同时，大量企业的集中，保障了人员的自由流动，也在一定程度上解除了人员对失业的后顾之忧，使得他们能安心地学习和交流。随着时间的推移，知识不断积累，技能在企业和人员之间传递。当具有这些知识和技能的人员在集群内企业间流动时，可以较方便地促进知识和技术的扩散，使得分散于集群内部单个企业的知识和技能逐渐成为集群内的公共知识。集群创新网络就是在这样一些无形或有形的创新活动中得到不断的联结和强化，从而使集群内企业之间的互动关系更加紧密。

第五，产业集群能促进创新成果的转换，降低创新风险。熊彼特认为，创新不仅是指一项新技术或新材料的产生，更重要的是要将其运用到实际生产中，即要将创新由研发过程逐步过渡到工程化和商业化的过程。在单个企业的创新活动中，创新努力的结果很难预料，但产业集群可以聚集广阔的市场、技术、信息和人际关系，可以培养企业之间的相互信任，促进信息的流通和共享，使集群内的成员产生整体大于部分之和的效应，在创新的这三个过程中最大限度地降低技术和市场不确定性带来的风险。集群化形成的规模效应，既可以吸引供应商，也可以吸引用户。当供应商为某些企业提供创新信息和技术时，同样可以为集群内其他企业服务。对用户而言，集群内大量同类企业的聚集，降低了用户的市场搜寻成本，为用户与企业建立长期合作关系提供了条件。这样，将创新运用到生产中产生的最新产品也会很容易找到感兴趣的用户：一方面可以促进企业将创新转化为生产力；另一方面可以通过用户的使用，对新产品的优劣进行检验，促成技术的改进和提高。即可以通过"干中学"，从竞争者、供应商、顾客和各种服务提供商那里学到更多的知识，最大限度降低研发风险。

第六，产业集群加快了创新的速度。市场的竞争也是速度的竞争。集群内企业之间紧密的互动关系，缩短了反馈环节；各种知识的持续快速积累，有利于下次创新的顺利进行；人才的快速流动，加速了知识的公共化；地方政府的各项优惠政策和完备的基础设施，缩短了企业融资、投资和建设的周期；集群的集聚效应，促使创新成果尽快得到检验，加速其转换。这些都能在一定程度上加快集群内企业的创新速度，提升企业的竞争力（孙霞，2009）。

产业集群过程中行为主体间的学习过程和创新能力的提高，对于集聚优势的保持和特色区域经济的发展至关重要。集群内企业之间的创新竞争以及相互学习与借鉴，促进了集群及其所在区域的技术进步，推动了区域产业结构升级。

3. 产业集群有利于区域资源的整合

产业集群的要素投入既包括自然资源、资本、劳动力，也包括企业家资源和人才资源的培育，还包括地方政府、行业协会、金融部门与教育培训机构对产业发展的协同。产业集群将这些区域内的软、硬资源整合、优化创造出更多的社会财富。产业集群对资源整合的影响有两个层次：一是企业内部的资源调整；二是区域层面的优胜劣汰机制。对企业而言，在产业集群内可把有限的资源集中起来，即主攻某个特定的顾客群、某产品系列的一个细分区段或某一个地区市场。竞争对手的存在，能使企业在竞争中获得更好的地位，因为竞争对手服务于某些细分市场，卸掉了企业在这些市场上的包袱；配套产品和专业化部门的存在，可使企业把一些生产部门或多余的管理组织转包出去以强化核心功能。地方性的劳动力市场可降低雇主找不到专业劳动力的风险，当面对不确定的市场时，无须保持一定的劳动力储备，而可以采取富有弹性的生产方式。集群内企业退出壁垒较低，同一产业中部分企业退出，养老、失业保险等社会制约因素不会太强烈，加上群内为生产性服务的金融与咨询等服务业较为配套，市场发育相对健全，运营不良的企业可以通过产权交易或企业并购的形式退出产业，区内现存资产转到效益比较好的企业中实现优化配置。群外企业的退出壁垒则因为现存企业资产转让困难而比较高，使企业即使在收益甚微甚至投资收益为负的条件下仍然维持在该产业中竞争，不良资产难以释放出来，结果使整个区域的利润率就可能保持在较低水平（王翔宇，2009）。

随着产业链的延伸，将吸引更多的相关产业甚至不同产业，扩大地区产业规模。产业集群内企业间分工协作的发展，企业间的互补性增强，信息沟通方便，可以使社会资源得到更充分的利用。在产业集群优胜劣汰机制的作用下，企业不断创新，集群区的技术人员与工人的观念和技艺不断提高，各种机械设备不断得到改进，新产品和新工艺不断涌现，生产、营销、物流、环保等技术不断得到改善，这些都使地区的资源要素不断提升。在资源高度聚集和要素不断提升的条件下，各种资源能够随着市场的变化和新的产业链的出现，利用集群区的诸多便利条件，迅速流向有竞争力的优势产业，最大

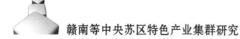

限度地实现资源的优化配置。

4. 产业集群有利于形成区域品牌，提高区域竞争力

区域品牌是一种宝贵的无形资产，是集群内的企业通过共同努力而建立起来的一种具有独特性和专属性的群体品牌。区域品牌与单个企业品牌相比，具有更形象、更直接的特点，它是众多集群企业品牌精华的浓缩和提炼，更具有广泛的持续的品牌效应（魏守华，2002）。产业集群内大量生产企业的集聚是区域品牌形成的基础。大量同类企业之间的竞争会刺激企业不断提高产品的质量，加强同产品相关的各项服务，久而久之推动了产业集群的发展和壮大。随着产业集群的成功，集群内的企业及其所生产的产品在集群外就具有了较强的竞争力，并享有一定的知名度，自然也就形成了特定产品的地区性或世界性品牌，如硅谷生产的 IT 产品、好莱坞生产的影片、景德镇陶瓷等都是享有世界盛誉的区域品牌。

产业集群的区域品牌一旦形成，将可以为集群内的所有企业所享用，并产生外部效应。有利于企业不断开拓国际、国内两个市场，提升区域的整体形象，为区域发展创造有利条件。产业集群本身就是一个组织庞大的体系，它在产生和发展过程中会不断吸引大量企业和人员进入该区域，成为集群内企业生产产品的消费者，为了能把握这部分消费者以及集群外潜在的消费群体，集群内的企业会提高对自身产品品牌的重视，并加大对企业品牌的建设投资。研究表明，产业集群内拥有品牌的数量、企业数量与产业集群销售收入正相关，企业数量增加 1 倍，销售收入将会增加 0.439 倍；品牌数量增加 1 倍，该集群的销售收入就会相应地增加 0.378 倍。反之，集群销售收入增加也会带动该集群内品牌数量的相应增加（顾强，2005）。

随着产业集群的成熟和区域品牌的建立，集群内产品知名度提高，产品品质不断提升，区域外甚至国际上的消费群体都将被吸引而来，形成生产、销售、服务相互衔接的专业化区域市场，进一步扩大市场规模，大大提高区域的整体竞争力（孙霞，2009）。

5. 产业集群推动区域经济的工业化、城镇化以及农业产业化

产业集群的发展能调整区域产业结构，减少第一产业劳动力人口，促进农村剩余劳动力的转移，提高区域第二产业、第三产业的比重，加快工业化进程，有效地促进了农村工业的发展和农村剩余劳动力的转移，推动了区域城镇化，提高了农民生活水平。

发展产业集群能够最大限度地挖掘区域资源潜力，发挥比较优势，实现资源的优化配置和生产要素的有效集中，促进企业向优势地区集聚，提高专业化生产水平，形成不同特色的优势产品和主导产业。加快产业集群的发展，是壮大产业规模、调整优化经济结构、发展循环经济、提升产业竞争力的有效途径，是促进区域经济快速发展的重要举措。

6. 产业集群有利于推动区域的可持续发展

可持续发展是指既满足当代人的需求，又不损害后代人满足需求的能力。既要达到发展经济的目的，又要保护好人类赖以生存的大气、淡水、海洋、土地和森林等自然资源和环境，使子孙后代能安居乐业，是经济、社会、资源和环境保护的协调发展。产业集群中大量相关企业的集中，恰恰可以节约资源，保护环境，实现区域的可持续发展。集群中企业的集中，使得企业可以共享集群内的各种基础设施，提高这些基础设施的利用率；同时，产业链的完备、企业在地理空间的集中，节省了企业采购原材料和产品的成本；上下游企业的集中，还可以最大限度地实现废弃物的循环利用；产业集群所在地的政府可以对集群内企业的各种排污设施进行统一的有效监管，避免了个别企业偷排废弃物的行为。总之，产业集群的发展是保证区域可持续发展的重要手段（孙霞，2009）。

（二）区域经济对产业集群发展的影响

区域经济是在一定范围内，以客观存在的地域条件为基础，按照劳动分工原则建立起来的具有区域特色的地域性经济。作为一个开放的系统和一个由企业组成的群聚体，产业集群在发展过程中，受到区域内外各种经济因素的影响与制约。具体来说，区域经济发展对产业集群产生的影响主要体现在以下几个方面：

1. 区域自然要素影响产业集群集聚成本

区域自然要素主要指自然界的各种资源和环境，一般包括矿产、能源、水、地形、气候、地理位置等。研究发现，在现实的生活和生产当中，自然要素仍然在很大程度上决定着经济结构、生产和贸易方式等。自然要素对经济发展最主要的影响是造成企业经济活动在空间分布的不均衡，进而影响产业集群集聚成本的高低。如果区域内的自然要素禀赋差，则开发和建设的成本就会很高，将会影响产业的集聚；反之，趋利性将促使相关企业在自然条件较好的地区集聚，进而形成产业集群。同时，在产业集群的发展过程中，也需要不断地有优质和充足的要素补充，如果该区域缺乏有效的补给能力，将会导致集群逐渐走向衰退，或者集群内的企业将逐步转移到其他条件较好的地区。自然要素禀赋差异在很大程度上决定了产业集群发展水平的差异。

2. 区域制度环境促进产业集群形成、发展

制度主要包括正式制度和非正式制度。正式制度一般指人们有意识地创造或设计的行为规范，包括政策、法律、经济体制、行为主体之间签订的正式契约等。非正式制度则指历史传统、民俗、伦理道德等人们生活中约定俗成的一些行为规范。研究发现，产业集群的形成不只是因为企业追求外部经济利益而自发集聚，还与区域发展过程中的制度安排有很大关联。在产业集群形成和发展过程中，完备的法律制度能有效降低甚至消除阻碍市场配置资源的各种制约因素，形成能够切实促进产业集群发展的制度环境。各级政府制定的相关政策规定和调控措施，能在市场经济条件下规范产业集群行为主体的经济活动，为集聚体提供制度层面的保障。一些正式契约的签订则在最大限度上降低信息不对称对企业造成的损失，保证经济活动的顺利开展。一些历史传统、伦理道德等非正式制度的存在同样也在产业集群产生和发展过程中起了很大的作用。如在我国东部地区的一些产业集群内，由于大部分企业主原来都是一个地区的，互相认识，一些自发形成的约束机制和当地传统文化的影响在一定程度上消除了侵害对方利益的行为发生。

同时，历史等因素对产业集群的形成也发挥了重要作用。中国的产业集群主要集中在东部沿海地区，这除了与当地丰富的自然要素条件有关外，还与改革开放的历史过程有关。改革开放之初，为了实现效率优先的目标，国家的投资政策、优惠政策纷纷向东部地区倾斜，吸引了大量资源要素流向东

部。这个历史事件又引起一系列互为因果的事件，通过循环累积作用，形成了众多的产业集群，进一步推动了东部地区的飞速发展。

3. 区域人力资源优势对产业集群的影响

产业在空间上的集聚并不是企业数量的简单叠加，技术进步及其所形成的技术网络支持在产业集群的形成过程中是一个相当重要的因素。因此，当地人力资源的状况及其将来的发展潜力和创造力是产业集聚过程中需要考虑的重要问题。对于一些高科技产业集群和创新需求较强烈的产业集群来说更是如此。一般地，一个具有较高人口素质的地区会吸引大量的资金和产业并形成高度密集的空间集聚；相反，人口素质较差的区域往往会因为缺乏有力的对产业集聚可持续发展的支持力而吸引不了企业的地域集聚，甚至会排斥其他居民和厂商的迁入。如依托武汉地区数十所高校和科研院所成立的武汉·中国光谷国家光电子产业基地（以下简称光谷基地），自 1988 年成立以来，已经建成了国内最大的光纤光缆、光电器件生产基地。凭借光谷基地周边良好的科研环境和人才优势，2007 年的主要经济指标的增长速度达到了 30%以上；完成企业总收入 1300 亿元，比 2006 年增长 30%；完成全口径财政收入34.1 亿元，比 2006 年增长 30.4%。光谷基地目前的光纤光缆的生产规模已居全球第二，国内市场占有率达 50%，国际市场占有率达 12%；光电器件、激光产品的国内市场占有率达 40%，在全球的产业分工中占据了一席之地。光谷基地的产生和发展及其成功在国际市场竞争中站稳脚跟与光谷基地周围集聚的大量人才有着密切的关联。学校和科研院所培养的各类技术人员能在光谷基地找到适合的工作，集群内大批企业的存在为这些人才的自由流动提供了基本的条件，加快了知识的传播速度，同时，光谷基地集群与周边院校的合作更加快了创新成果的转化。再如北京的中关村同样也是依托周围的众多高校建立起来的。光谷基地和中关村的例子充分说明了这些区域内的人力资源优势对这些高新技术产业集群的推动作用。

4. 区域基础设施对产业集群的影响

从广义的角度看，基础设施指的是水、电、交通以及信息网络、治安、消防、环境卫生等公共服务设施。基础设施对产业集聚和人口集聚起着极其

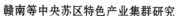
重要的作用，是产业集群产生、发展的必需要素。基础设施作为可免费使用的生产投入要素，为企业的生产提供外部条件和物质保障，直接影响集群内企业的生产行为，提高其他投入的生产效率，也是决定集群外企业进入集群和选择投资区位以及吸引来自其他地方投资的关键要素，并且还可能刺激企业对基础设施的进一步需求和对其他服务的需求。基础设施的多寡和好坏对企业工作人员的工作效率也会产生直接的影响，在很大程度上决定着人才的流入和流出。

5. 区域开放度有利于产业集群的形成、发展

参与国际分工，加大对外开放度，是当今时代谋求区域经济发展的重要途径。产业集群是一个开放的系统，区域的开放度和区域的对外交流在很大程度上决定一个集聚体能否在经济交往中获得更多的发展机会，充分发挥自身潜力，获得更大的比较优势。我国东部沿海地区由于改革开放政策的倾斜，在全国范围内率先实行开放政策，1980~1985 年，先后开设了 5 个经济特区和14 个沿海港口开放城市，1990 年开发和开放了上海浦东新区，并相继在天津、上海、广州、江苏等地开辟了保税区。因此，吸引了很多外资到东部地区投资设厂，并带动了一大批外商直接投资型产业集群的形成，推动了当地经济的发展（孙霞，2009）。

（三）产业集群与区域经济相互影响的机理分析

目前，区域间的经济发展差距不断加大。在全球各地，那些快速成长的成功区域，当地的产业集群与区域经济已经形成了良性的互动关系，即产业集群促进区域经济发展和竞争优势形成，同时区域经济的发展又反作用于产业集群，为产业集群形成发展提供更好的条件，促进产业集群进一步发展与壮大。杨莉莉、王宏起（2008）对产业集群与区域经济相互影响的机理进行了分析，如图 2-1 所示。

1. 区域经济通过提供物质条件影响产业集群

产业集群通过集聚与规模效应影响区域综合经济实力。人均 GDP 是一个地区综合经济实力的核心，产业集群首先带来人口的空间集中，在为产业聚集提供充足劳动力资源的同时，也使集聚区的居民和企业从中获益，提高了

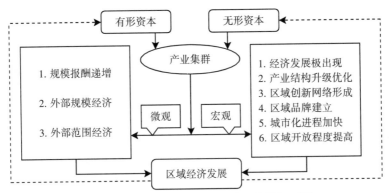

图 2-1 产业集群与区域经济协同发展机理图

集聚区的人均 GDP。同时，产业集群带动空间组织和企业之间联系的集中，形成了高效的专业化分工协作体系，从而使企业成本优势明显，如环境、信息、配套设施、劳动力、运输等成本的降低。这些低成本优势有利于节约资金，扩大区域投资能力。产业集群的规模优势帮助集群内的中小企业直接参与区外和国际市场竞争，增强了区域市场竞争力，有利于建立区域性品牌，开拓国际市场，增强区域的开放程度。

2. 区域经济决定产业集群发展方向和演进路径，产业集群带动区域经济结构调整与升级

从产业集群与区域的关系来看，产业集群的形成与发展受历史、文化、资源、经济制度等要素的共同影响。由于地区在这些要素上的差异，依托当地资源产生和发展产业集群就会具有区域特色，并能有效调整区域经济发展的结构（杨康民，2003）。同时产业集群的发展减少了第一产业劳动力人口，提高了区域内第二产业、第三产业的比重，促进农村剩余劳动力的转移，实现了传统农业向现代非农产业的转变。产业集群使大企业牵引、提携中小企业进入了高层次的生产空间，使中小企业的生产经营方向与产业结构变动方向保持了较高的"相关度"，成为区域产业升级的助推器。与此同时，产业集群解决了区域产业组织中不同规模企业在产业结构高度化的过程中保持有序竞争状态的问题。

3. 区域创新环境是产业集群与区域经济协调发展的重要条件

知识经济化、经济全球化对区域经济的发展产生了根本性的影响。知识基础上的新竞争取代了传统以自然资源为基础的区位优势竞争。区域创新环境因素,如生产要素的可获得性,以及区域知识基础、现有企业网络和区域政策都不同程度影响着集群的创新活动(张文忠,2003)。同时,产业集群在学习与创新的动力、环境、组织等方面具有极高的优势,使产业集群往往成为创新主体并反作用于区域创新环境,如通过内部培训等方式提高区域劳动力的素质,形成区域要素禀赋。集群内企业的创新行为也会对区域基础知识和创新网络产生影响。

4. 产业集群是区域品牌形成的原动力,区域品牌的传播会进一步丰富和完善产业集群发展所需的区域资源

产业集群的投入要素不仅涉及一般意义上的自然资源、资本、劳动力,特别强调企业家资源、人才资源的培育及其在发展中的作用,更要求地方政府、行业协会、金融部门与教育培训机构对产业发展的协同效应。区域品牌的建立与传播是随着产业集群的产生、成长而逐步形成的。区域品牌一旦形成,其影响力将促进与区域产业相关的更多企业向区域内聚集,同时大量资金、丰富的劳动力、先进的技术、及时的市场信息等要素也随之源源不断地涌入区域,这些条件为产业集群的规模扩大与技术升级提供了强有力的支持。同时,由于区域品牌的公共属性,需要集群内所有企业共同创造和维护,从而有利于企业间的交流与合作(杨莉莉、王宏起,2008)。

二、特色产业集群与区域经济发展的关系

特色产业集群与区域经济发展是相互影响、相互作用。本书从区域经济对特色产业集群的影响、特色产业集群对区域经济的影响两个方面具体分析两者的关系。

(一) 区域经济对特色产业集群的影响

区域产业优势促进特色产业集群的形成。一个区域的产业特色是形成特色产业集群的基础。产业集群往往根植于一定的区域,其存在和发展的核心

是区域的优势产业。离开了区域的特定优势产业谈产业集群是毫无意义的，这说明其他地区难以替代的优势产业是该地区产业集群得以构建和发展的基本物质前提。区域经济发展是特色产业集群形成的基础，区域内丰富的资源可为特色产业集群提供大量的技术人才支持和市场发展条件。

（二）特色产业集群对区域经济的影响

1. 特色产业集群推动区域经济增长、发展

特色产业集群是产业集群的一种形式，它以特定地域空间为载体，以特色的资源环境为基础，以特色产品为中心、特色产业为依托、市场为导向，实现区域化布局、专业化生产、一体化经营和社会化服务的集群效应，并在一定的区域发展范围内形成产业的规模效应，使区域优势或者产业优势不断扩张，从而形成具有区域产业或地区产业核心竞争力的产业集群。一个国家或地区在国际上具有竞争力的关键是产业的竞争优势，而一个区域的经济发展不可能在所有产业部门占尽优势。优势的形成往往根植于特色，因此，区域的核心竞争力往往表现在其他区域最难以模仿的地方特色产业集群上（马文静，2010）。在美国，那些特色产业集群发展较好的地区，其经济增长速度要远高于其他地区（Drfmc GrawHin，1995）。成功的区域与成功的企业一样，往往拥有自身的核心竞争力。这就是大量相关企业空间集聚所形成的本地化的产业环境，是其他地区难以模仿的（林平凡、陈诗仁等，2003）。有竞争力的产业集群是区域长期经济增长和繁荣的源泉。特色产业集群因其异质性，先具备了竞争比较优势，只要支持它们的发展并积极加以引导，很快就会形成一些或大或小的"增长极"（翟明磊、杨海鹏、吴敬琏，2001）。

特色产业集群有助于赣南等中央苏区经济增长。特色产业集群的发展使赣南等中央苏区按劳动分工理论形成专业化产业区，有利于提高区域竞争力。特色产业集群通过绝对优势、比较优势、要素禀赋或规模经济形成专业化产业区，使大量企业集中于一个主要产业，以生产经营性企业为主，同时包括关联类、依附类、生产性和非生产性基础设施，通过劳动分工，提高生产率。赣南等中央苏区企业的重要特征便是规模普遍偏小、产业结构层次低、缺乏竞争力。企业规模偏小导致其市场接近难、市场势力弱、融资渠道少、人才

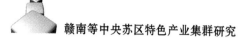

储备不足、信息资源欠缺。特色产业集群的网络化优势就在于把大小不等的各厂商和各类机构联成一个有效的网络，可以有效地避免中小企业发展的先天不足。同时，针对一些产业而言，尤其是那些产业链比较长或迂回生产方式比较突出的产业，利用集群化发展可以迅速提升该产业的区域、国内或国际竞争优势。所以，赣南等中央苏区发展特色产业集群有助于其提升产业竞争力。

从实践上看，特色产业集群是赣州经济的增长极。依托矿产资源优势，赣州市矿业经济已形成有一定规模和潜力的钨、稀土、氟盐化工等特色产业集群，成为国家重要的钨精粉矿生产、钨冶炼加工基地，中重稀土生产、分离、冶炼基地，氟盐化工基地正在加紧建设，赣州工业增加值的40%（1/3）的财政收入来自三大矿业经济。依托赣州资源的三大特色产业集群建设将成为赣州经济的增长极，进而成为赣州经济的主体（三大产业集群课题组，2008）。

特色产业集群必然带来人口的空间集中。人口集聚一方面为厂商提供了丰富的劳动力资源；另一方面使赣南等中央苏区居民获得了择业的方便条件，节省了就业信息搜寻费用，降低了交通费用及时间成本。更重要的是，人口集聚引起了生活消费、住宅、能源、交通、通信、文化教育、医疗卫生、金融、物流等基础产业的新需求和新发展。产业集群的发展带来了城区规模的扩大，有利于调整赣南等中央苏区产业布局，促进赣南等中央苏区产业结构升级，减少第一产业的劳动力人口，提高第二产业、第三产业的比重，促进农村劳动力向城市转移。特色产业集群的地方性与集中化表明，特色产业集群的集聚效应提升了区域的经济总量，拉动了就业，增加了税收，推动了服务产业的发展。特色产业集群的集聚效应与溢出效应将促进经济的扩散、渗透（马文静，2010），促进赣南等中央苏区经济增长。

特色产业集群有助于赣南等中央苏区地方特色经济的可持续发展。经济可持续发展的关键取决于产业是否具有可持续性。产业实现可持续发展的重要条件在于：该产业是否能够源源不断地提供有效的需求与供给，能否持续地创新，能否通过共同进化机制，克服产业生命周期的限制，防止产业衰退。

许多产业正是由于缺乏这些条件，导致产业生命周期短，产业衰退快。这一点在赣南等中央苏区显得更为突出。特色产业集群作为一种新的经济发展模式能够非常有效地解决这个发展中的困惑难题。特色产业集群可以在该产业中构建完整的产业链，产业链中各个层次的企业都参与产品增值并获得相应的收益。特色产业集群有利于产业的持续创新，而创新带来的超额利润会吸引更多企业不断学习和创新。特色产业集群有利于赣南等中央苏区产业形成共同进化机制，克服产业衰退，实现产业转型，维持产业的持续发展，从而实现经济的可持续发展。因此，特色产业集群被称为区域经济发展的助推器（张小军，2010）。

2. 特色产业集群推动区域经济工业化、城镇化和农业产业化

从某种角度讲，工业化、城（镇）市化、农业产业化是三位一体的，三者之间相互制约、相互作用、相互影响。"城市病"是城市拉力不足、农村推力过大的产物。无论是城市拉力不足还是农村推力过大，反映的都是同一个问题，即工业缺乏支撑力。赵立新、关善勇（2006）的研究表明，工业化是城市化的主要动力。特色产业集群立足地方特有资源构建区域经济发展的产业支持体系，具有成本低、收益高的特点。而且，特色产业集群内部比外部企业往往更早了解相关技术、先进部件、设备供应等市场信息，知识、技能和最佳实践能很快在该集群内迅速传播，从而提高企业和机构的创造力，形成区域创新系统，有利于企业走上新型工业化之路。

特色产业集群是推动城市化快速发展的重要途径。特色产业集群往往是基于特色资源（如独特的资源、传统的工艺等）而形成的，而且以劳动密集型的中小企业居多。企业发展之初对劳动者素质要求并不太高，大量需要的是熟练工人，无须很高的知识和技术要求。更重要的是，这些劳动力主要来自本地，他们由于耳濡目染而对基于本地资源进行的生产技术、生产工艺熟门熟路，能够很快进入角色。这些劳动力多半是农民工，一般是就地转换职业者，加之相当部分的农民工还是兼职身份，他们对工资水平、各种福利待遇要求一般不高，因此，大量的农村剩余劳动力可以比较顺利地进入特色产业集群中就业。这种就业具有明显的乘数效应。特色产业集群在其形成与发

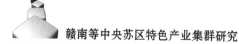

展过程中往往具有明显的扩散效应：群内企业数量激增，产销量迅速提高，进而促进了专业化市场的形成和发展。与此同时，群内企业之间的联合以及由联合产生的更大需求又会带动生产要素市场、邮电通信业、物流等其他行业的发展。这些行业的增加和扩大必然产生对人口的拉力，人口的逐渐集中又会带动房地产、餐饮、商业、旅馆、金融、娱乐、教育培训等第三产业的发展，从而不仅推动了工业化、城市化快速发展，也为农村剩余劳动力提供了大量的就业岗位。

特色产业集群的整体扩张有助于推动城乡之间的互动，实现城乡融合。城乡互动、城乡融合是城乡一体化的重要内容。城乡一体化包括城乡体制一体化、乡镇城市化、产业结构一体化、农业企业化、农民市民化等（王碧峰，2004）。城乡互动是城乡一体化的手段和表现形式，城乡融合是城乡一体化的目的和内容。特色产业集群正是实现城乡互动和城乡融合的载体。特色产业集群生产经营具有很强的专业化特征，不仅使群内各企业之间、企业与支撑机构之间、企业与周边环境之间产生密切的联系，而且可以促进专业化分包，加强城乡互动。由于特色产业集群具有低进入壁垒、高生产性预期，对域外投资者有强烈的磁场效应，促使域外企业家前来投资创业。随着投资的增加、企业的进一步集聚，不仅使群内的基础设施建设更加完备，交通网络进一步扩大，向农村进一步延伸，而且使本区域内农村资源的充分利用成为可能，从而有助于城乡互动与融合。总之，产业集群的发展对促进农村工业化、农业产业化和城镇化具有特别重要的意义（王静华，2008）。

赣南等中央苏区落后的重要表现就是农村工业化与城镇化水平低。赣南等中央苏区农村工业突出表现为规模小、水平低、产品粗、效益差等，与沿海发达地区相比明显滞后。农民就地创办的小企业不仅面临中小企业发展的普遍问题，而且还有教育水平低、技术能力不足、管理者素质不高、基础设施差等问题。特色产业集群能够促进小企业的发展，而特色产业集群中技术溢出和衍生企业的便利性能够促进新企业不断产生；公共服务部门的职业培训、技术支持的有效能弥补农村企业的先天不足。地方政府的积极参与可以不断提高本地基础设施与发展环境（马文静，2010）。可以说，特色产业集群是赣南等中央苏区促进农村工业化的重要途径。

正是认识到特色产业集群对区域经济的强大推动作用，江西全省上下正在掀起培育打造特色产业集群的浪潮。根据《江西省工业和信息化"十二五"发展规划》，江西省将以特色产业园、特色产业基地和特色经济带为主平台，充分发挥各地资源、产业、区位等独特优势，鼓励支持有条件的地区通过产业整体招商、优势产业集中做大做强等方式规划建设特色工业区和特色产业基地，纵深推进区域特色经济带建设，加快培育一批特色产业集群。抚州、吉安、赣州根据自身资源优势，也提出了各自的设想。把赣南钨和稀土产业基地等建设成为国内具有重要影响的产业基地，全力推进吉泰工业走廊、昌抚经济带、赣州一小时经济圈等区域特色产业经济发展。当时预计到2015年，力争形成主营业务收入过100亿元的特色园区若干个，每个园区培育1~2个主营业务收入过10亿元甚至过50亿元的产业集群，新增半导体照明、新材料、生物和新医药等一批过千亿元的特色产业。

第三章　赣南等中央苏区特色产业集群的典型特征、演变趋势与发展动力研究

第一节　赣南等中央苏区特色产业集群的典型特征分析

一、赣南等中央苏区特色产业集群的主要类型

图 3-1　吉安市全貌

资料来源：中国吉安网。

图 3-2　才子之乡抚州

资料来源：《人民日报》，2014 年 10 月 15 日。

　　特色产业集群形成因素有资源驱动、政府驱动、龙头企业带动（马文静，2010）及其他因素的综合作用（刘善庆，2008）。依据特色产业集群形成中主导因素的不同，本书将赣南等中央苏区特色产业集群分为市场主导型产业集群、政府扶植型产业集群、龙头企业带动型产业集群。

　　在市场主导型产业集群的形成中，有关企业和机构自发地在某地聚焦成群，政府在集群形成中所发挥的作用不明显，表现为"自下而上"的形成方式。这类集群又可以进一步细分为两类，即资源禀赋型特色产业集群和社会网络型特色产业集群，详见表 3-1。

表 3-1　赣南等中央苏区主要的市场主导型特色产业集群

项目	特色产业集群名称	所在地区	集群规模	特色产业
资源禀赋型特色产业集群	赣南稀土	赣州市	产值占全国的 40%（钨和稀土产值超千亿元）	全国重要的稀土产业战略基地
	赣南钨	赣州市	产值占全国的 35%（钨和稀土产值超千亿元）	全国重要的钨产业战略基地
	赣南氟化工	赣州市（瑞金市、兴国县）	200 亿元	氟盐化工产业
	井冈山旅游	井冈山市	33 亿元（2010）	红色、绿色旅游

项目	特色产业集群名称	所在地区	集群规模	特色产业
资源禀赋型特色产业集群	井冈山日用瓷生产基地	井冈山市	10亿元（2010）	罗汉汤碗产品占全国的40%以上
	瑞金旅游	瑞金市	8亿元（2012）	红色旅游
	南丰食品（蜜桔）饮料产业	南丰、南城县	南丰蜜桔种植面积达70万亩，年产值超过20亿元	南丰蜜桔获得中国驰名商标；江西省食品加工产业基地县
	宁都三黄鸡	宁都县	500万元（2011）	2008年获得农业部无公害农产品证书，2009年获得江西省著名商标、赣州市知名商标。2011年获得"农业部农产品地理标志登记证书"；江西省首批畜禽遗传资源保护品种名录
	兴国食品加工	兴国县	12亿元（2010）	中国"灰鹅之乡"、"红鲤鱼之乡"和国家林业局命名的"中国油茶之乡"
	新干食品加工业	新干县	不详	国家商品粮基地和副食物基地、中国稻米加工强县
	新干中药材生产基地	新干县	10万亩	商洲枳壳
	泰和乌鸡	泰和县	仅乌鸡蛋年产值就达6.4亿元	全国唯一"活体"的"中国驰名商标"
	永丰碳酸钙新材料产业	永丰县	18亿元（2011）	以石灰石为原料的碳酸钙产业
	遂川板鸭	遂川县	年加工板鸭610万只以上，产值约3亿元	以遂川良种麻鸭和吉安红毛鸭为原料，经科学方法腌制而成
	资溪旅游	资溪县	7亿元（2010）	江西省旅游强县；大觉山景区名列全省"新赣鄱十景"之一
	广昌白莲	广昌县	白莲种植面积8万亩（2012）	中国白莲之乡
	东乡变性淀粉产业	东乡县	产销量居全省首位，约占全国的30%，2011年变性淀粉产量达15万吨，木薯种植面积达3万亩	江西省变性淀粉产业基地县

续表

项目	特色产业集群名称	所在地区	集群规模	特色产业
社会网络型特色产业集群	南康家具	南康市	43亿元；全国第四、江西最大的家具市场	家具原料以橡木为主；价位档次为中端或中偏低端
	广昌物流	广昌县	5万人从事物流业；5000多家物流公司；中国物流第一县	物流
	新干箱包产业集群	新干县	年产箱包500万只	中低档拉杆箱包占据了全国70%以上的市场

资料来源：笔者收集。

粗略统计，赣南等中央苏区拥有资源禀赋型特色产业集群20个，这些集群规模大小不一，发展历史有长有短。资源禀赋型特色产业集群属于原发型产业集群。其主导因素是当地独特的自然、历史、人文资源以及地理区位资源，其特点是资源要素优势明显。围绕这些优势资源，衍生出众多中小企业。而且，企业比较分散，集聚优势不明显，行业技术内涵不高，共享程度低。典型代表有赣州稀土产业集群、钨产业集群、南丰蜜桔产业集群、广昌白莲产业集群等。需要指出的是，旅游业也属于资源禀赋型产业集群。旅游业具有明显的区域特色和难以模仿性。赣南等中央苏区旅游资源十分丰富，山川秀丽、人文荟萃，红色、绿色、古色旅游资源齐全、结构合理。有井冈山、三百山等国家级风景名胜区，国家森林公园，国家自然保护区；庐陵文化、临川文化、赣州风水文化更是名扬天下，宋城赣州历史悠久，全国重点文物保护单位多个；井冈山、瑞金等地还是中国红色文化的发祥地。旅游业的发展带动了相关行业的发展，形成了以景观旅游为核心，交通、餐饮、购物、娱乐为支撑的特色产业集群。

与资源禀赋型特色产业集群不同，社会网络型特色产业集群多数是"零资源经济"。其发展并不以本地自然资源为依托，而是利用市场机制的集聚和配置功能，大做"无中生有"、"小题大做"的文章。其主导因素是网络结构支撑下的交易费用降低或技术创新共享，主要特征是产业集群基础根植于企业关系网络和群内区域文化的信用，集群内知识共享，企业间的技术合作活跃。典型代表有广昌和南城的物流产业集群、南康家具产业集群、新干箱包产业集群等。

政府扶植型产业集群是地方政府依据区域内一定的优势资源制定产业发展目标，通过政府的特殊优惠政策着力扶植而培育出的产业集群。多数以园区板块型模式表现，涉及多个行业。在这类产业集群中，地方政府是核心因素。出台优惠政策，承接沿海发达地区的产业转移是赣南等中央苏区经济欠发达地区培育发展这类特色产业集群的主要策略。这类产业集群典型的有崇仁机电制造产业集群、宜黄塑料制品产业基地、龙南稀土发光材料和绿色照明产业基地、吉泰走廊电子信息产业基地等24个，详见表3-2。

表3-2 赣南等中央苏区主要的政府扶植型特色产业集群

项目	特色产业集群名称	所在地区	集群规模	特色产业
政府扶植型产业集群	赣南脐橙	赣州市	80亿元（2012）	从一个单纯的种植业发展成为一个集生产、仓储、保鲜、加工于一体的产业集群
	吉安电子信息及通信终端产业基地	吉泰走廊	256亿元（2011）	"国家科技兴贸创新基地（电子信息）"
	吉安新能源、新材料及节能技术产业基地	吉泰走廊	超过100亿元	"国家风电设备高新技术产业化基地"；江西省风能核能及节能技术和电子信息产业基地；江西省LED战略性新兴产业配套基地
	生物新医药·微生物农药产业基地	吉泰走廊	200多亿元（2011）	
	龙南玩具产业	龙南县	占江西出口玩具的90%	
	南康有色金属新材料产业	南康市	几十亿元	
	宁都红薯加工产业	宁都县	全国最大的红薯加工基地	
	石城矿山机械产业	石城县	2亿元以上	
	新干县盐卤药化产业	新干县	近10亿元	岩盐资源丰富，E级（远景）储量达23亿吨
	吉水皮革手套	吉水县	2亿元以上	全国三大劳保手套生产基地之一
	永丰绿色食品	永丰县	26亿元（2011）	林产品深加工

续表

项目	特色产业集群名称	所在地区	集群规模	特色产业
政府扶植型产业集群	泰和液晶电子	泰和县	30多亿元（2012）	以合力泰微电子和博锐泰光电为龙头
	泰和冶金机械建材	泰和县	100亿元（2012）	
	南城食品加工产业群	南城县	14亿元	以麻姑实业、洪门集团、阿颖淮山为龙头的食品加工产业群
	南城高档轻纺产业群	南城县	第一季度销售收入近10亿元（2013）	以卓成纺织、瓯锦实业、豪普高科为龙头的高档轻纺产业群
	黎川陶瓷产业	黎川县	31亿元（2011）	黎川日用耐热瓷市场占有量达到全国的60%以上，2011年被评为"中国日用耐热陶瓷产业基地"
	黎川鞋服产业	黎川县	10亿元（2012）	
	黎川新型塑料产业	黎川县	不详	江西最大的新型塑料产业基地
	崇仁机电产业	崇仁县	35亿元（2010）	江西变电设备产业基地
	东乡医药化工	东乡县	十几亿元（2012）	形成生物医药、中成药、化学药、医疗器械、医药包装并举
	东乡五金机电	东乡县	不详	
	东乡轻工纺织	东乡县	不详	
	抚州汽车及零部件产业	抚州市	1~7月，实现主营业务收入为52.06亿元（2012）	以江铃富奇汽车、江铃底盘、江西巨特集团、协力汽配为龙头；江西省汽车零部件产业基地
	抚州生物医药产业	抚州市	1~7月，实现主营业务收入为22.45亿元（2012）	以博雅生物制药、珍视明药业、回音必制药、贝尔药品包装、汇仁医药物流为龙头；抚州生物省级战略性新兴产业基地

图3-3 江西省赣州市国际脐橙节

资料来源：百度网。

龙头企业带动型特色产业集群一般属于主导企业链条型集群模式。这类集群中，主导或者说核心因素是地方企业家。赣南等中央苏区特色产业集群是在很多不利的区域条件下发展起来的。赣南等中央苏区既没有分享到短缺经济的市场大餐，也错过了乡镇企业发展的顺风车。江西特色产业集群无论是技术创新、制度创新，还是集群企业间的分工和协作，都与企业家（地方能人）密切相关。这类集群典型代表有金溪香精香料产业集群等四个，详见表3-3。

表3-3 赣南等中央苏区主要的龙头企业带动型特色产业集群

项目	特色产业集群名称	所在地区	集群规模	特色产业
龙头带动型特色产业集群	金溪香精香料	金溪县	15亿元（2011）	中国第二；江西省香料产业基地
	吉水粮食加工业	吉水县	11亿元（2011）	精制米；以京九实业、金田米业为龙头的粮食加工企业80余家，年加工粮食3亿斤
	永丰医药产业	永丰县	30多亿元（2011）	以"美媛春"口服液，"化积"口服液为龙头产品
	永丰有色金属综合利用示范基地	永丰县	50亿元	金、铜、银、铅等新型金属加工产业

表3-4 赣南等中央苏区特色产业集群结构

项目类别	数量（个）	规模最大的集群
市场主导型特色产业集群	20	赣南钨和稀土集群产值超千亿元
政府扶植型特色产业集群	24	吉安电子信息及通信终端产业基地，256亿元
龙头企业带动型特色产业集群	4	永丰有色金属综合利用示范基地，50亿元

赣南等中央苏区特色产业集群虽然可以分成三大类别，但是，从表3-4中可以发现，政府主导的特色产业集群居多，龙头企业带动型集群明显偏少，经过改革开放几十年的发展，市场发育程度明显提高，市场主导型特色产业集群得到迅速发展。从集群规模看，政府扶植型特色产业集群规模普遍比较大，发展比较快速，出现多个超过百亿元的集群。市场主导型集群虽然也有赣南稀土、钨等超过千亿元的集群，但是，毕竟是极少数——况且，赣南稀

土、钨集群发展、壮大的重要推手是政府；多数集群规模偏小，如宁都三黄鸡，不过千万元——尚处于集群的初期阶段。龙头企业带动型集群规模比较平均，规模十几亿元、几十亿元。

二、赣南等中央苏区特色产业集群的主要特征分析

（一）资源的垄断优势明显

首先，赣南等中央苏区矿产资源极为丰富，素有"世界钨都"和"稀土王国"之称。现已发现矿种 106 种，其中探明资源储量的有 75 种，资源潜在经济价值达 4100 亿元（邹国良、陈富生，2006）。赣南等中央苏区是全国有色金属重点基地之一，其中钨占全国储量的 70%、世界储量的 40%，稀土储量则居全国第二，离子型稀土储量居全国第一。除钨和稀土等有色金属外，放射性矿产也在全国占有重要地位。被称为江西省矿产资源的"五朵金花"即钨、铜、铀、稀土、钽铌，除铜之外其余四种主要分布在赣南，具有明显的高端产业特征。

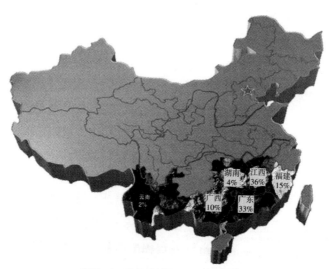

图 3-4　离子型稀土分布示意图

资料来源：360 导航网站。

图 3-5　稀土初级产品

资料来源：360 导航网站。

图 3-6　稀土产品

资料来源：360 导航网站。

图 3-7　世界钨都赣州市大余县大吉山钨矿

资料来源：360 导航网站。

图 3-8　赣南黑钨

资料来源：360 导航网站。

图 3-9　黑钨矿石（1）

资料来源：360 导航网站。

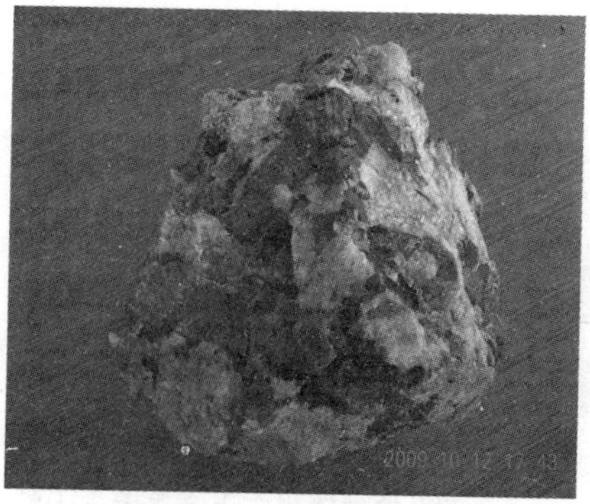

图 3-10　黑钨矿石（2）

资料来源：360 导航网站。

图 3-11　黑钨砂

资料来源：360 导航网站。

图 3-12　白钨

资料来源：360 导航网站。

图 3-13　白钨矿石

资料来源：360 导航网站。

其次，赣南最大的资源和优势是生态。截至 2012 年第一季度，赣州主要河流的水质达标率为 91%；环境空气质量优良率为 100%；集中式饮用水源地水质达标率为 100%；赣南森林生态效益总价值为 8000 多亿元（杨小林、邓伟韬，2012），赣南森林覆盖率由 63.8%上升到 76.2%，居全国前列，是全国平均森林覆盖率的 4.1 倍，先后获得"绿色生态城市保护特别贡献奖"、"国家园林城市"、"全国园林绿色先进城市"。基本形成了点、线、面相结合的生态体系框架。

再次，农、林、果业资源丰富。盛产脐橙、柑桔、白莲、油茶、卷烟及毛竹、花卉、苗木等。赣南脐橙是赣州在全国乃至世界的代名词之一，有着很高的知名度和美誉度。目前，赣南脐橙种植面积世界第一，年产量世界第三，是全国最大的脐橙主产区，赣南因此被誉为"世界橙乡"。此外，还有瑞金鳗鱼、兴国灰鹅、定南生猪、宁都三黄鸡（又名宁都黄鸡、赣南三黄鸡）、大余麻鸡、上犹茶叶、南丰蜜桔、石城白莲、全南高山蔬菜等 100 多个农业知名品牌。目前，赣州市共有省级以上无公害农产品基地 105 个，农业部认证的无公害农产品 62 个（王瑞芳，2012）。

图 3-14　最优秀的子莲品种——太空莲 36 号

资料来源：广昌莲业网，2010 年 4 月 20 日。

图 3-15 中国油茶之乡——江西省兴国县成熟的油茶

资料来源：博雅特产网。

宁都三黄鸡（公鸡）　　　　　宁都三黄鸡（母鸡）

图 3-16 宁都三黄鸡

资料来源：360 导航网。

最后，旅游资源丰富。红色旅游资源丰富兼具客家文化。赣南等中央苏区县的主要地域涵盖了瑞金、井冈山、东固、兴国等著名革命老区，又有武功山、青原山等名山和一批生态小溪小河、数量庞大的古村群落等，红色旅游、文化旅游、乡村旅游资源十分丰富。赣南等中央苏区有着丰富的红色旅游资源。境内保存着 180 多处革命遗址和纪念建筑物以及 10000 多件珍贵革命历史文物资料，其中全国重点文物保护单位 15 处（全省 95 处），省级重点文物保护单位 4 处（全省 32 处），县级重点文物保护单位 21 处，是全国重点文物保护单位最多的县市之一（万振凡，2012）。

图 3-17 赣州龙南客家围屋

资料来源：欣欣旅游网。

宋敏（2010）分析了资源禀赋型特色产业集群的特征，认为作为一个复杂的系统，资源禀赋型特色产业集群主要有三个特征：首先是综合性特征。综合性是资源禀赋型特色产业集群的显著特征之一。资源禀赋型特色产业集群的形成、发展以自然资源禀赋为依托，以周围生态环境为场所，在资源开发利用的同时，也在消耗资源并排除废弃物，对周围生态环境造成了不小影响。当区域内经济发展超出了其生态环境承载力时，就会导致资源消耗过量、环境污染过重，阻碍社会经济的健康发展。同时，经济发展又是资源有效开发利用、生态环境良性循环的保障，因此，资源禀赋型产业集群是资源、环境与经济发展相互依赖、相互影响所构成的统一整体。它们之间相互联系、相互促进、相互制约，共同构成了资源禀赋型产业集群的综合性。只有综合协调资源、生态环境、经济和社会等各子系统，才能获得资源禀赋型特色产业集群的最优整体性能。

图 3-18　抚州汤显祖纪念馆

资料来源：欣欣旅游网。

图 3-19　赣州市崇义县阳岭国家森林公园

资料来源：欣欣旅游网。

其次是效益呈现"倒 U 型"特征。资源禀赋型特色产业集群效益包括经济效益、社会效益和环境效益，它们紧紧依赖于资源产业的发展，而资源产业的发展又是追求规模经济。起初由于大规模的资源开发利用，当追加大量的资本、设备与人力以及配套技术与先进管理时，其产出和净收益将以同比例递增，此时对社会效益与生态效益的损害不够明显，仍在可承受的范围内，但发展到一定时期后，这些效益就会呈现递减趋向，主要表现在对教育、文化、卫生、社保和福利等社会发展缺乏支持，产生了入学率下降、失业率和犯罪率上升等负面社会效益，以及随着资源开发加剧所带来的负面生态环境效益。因此，整个资源禀赋型特色产业集群发展过程导致集群效益呈现出一条"倒 U 型"曲线的特征。

最后是结构差异性。资源禀赋型特色产业集群的产业结构具有明显的主导产业和辅助产业之分，两者差异明显。资源的开发利用是资源禀赋型特色产业集群的核心和主体，相关辅助服务是资源禀赋型特色产业集群的重要支持部分，支撑着资源禀赋型特色产业集群的持续发展。其中主导产业在集群中占有基础性地位，并凭借强大的辐射功能，带动相关产业的发展。这类产业的典型特征是规模大、产量足、辐射广，直接决定着资源禀赋型特色产业集群核心竞争力，其资源产业链也相对较长，在利用资源产品和提高市场竞争力中发挥着支配作用。

（二）政府干预作用显著

政府干预首先表现为国家层面的政策支持。产业集群政策已经成为国家产业政策和区域政策的重要组成部分。国家"十一五"规划纲要确定了优化开发、重点开发、限制开发和禁止开发四类主体功能区，明确提出要"促进重点开发区域产业集群的发展"，同时指出，"按照引导产业集群发展、减少资源跨区域大规模调动的原则优化产业布局"。2007 年 11 月，国家发展改革委发出了《关于印发促进产业集群发展的若干意见的通知》，较为系统地提出我国产业集群发展的总体思路和政策措施。科技部先后发布了《国家火炬计划特色产业基地认定办法》、《关于进一步实施火炬计划加速高新技术产业化的若干意见》等文件，财政部发布了《地方特色产业中小企业发展资金管理暂行办法》后，又联合科技部发布了《科技富民强县专项行动计划资金管理暂行办法》，进一步扶持（特色）产业集群的发展。这标志着产业集群战略已逐渐进入我国国家战略层面。国家层面针对赣南等中央苏区的区域规划也把促进产业集群发展放在重要的战略高度。

国家政策对赣南等中央苏区经济发展具有很大的推动作用。赣南等中央苏区既是革命老区，也是集中连片的贫困地区，历来备受党中央、国务院的高度重视。特别是《国务院关于支持赣南等原中央苏区振兴发展的若干意见》（以下简称《意见》）的出台，更为赣南等中央苏区的发展注入了强大动力。《意见》明确提出将培育、发展产业集群作为促进赣南等中央苏区经济发展的抓手，提出"坚持市场导向，立足比较优势，着力培育产业集群，促进集聚发展"，"建设具有较强国际竞争力的稀土、稀有金属钨产业基地。依托本地资源和现有产业基础，大力发展新材料和具有特色的先进制造业。建设世界最大的优质脐橙产业基地和全国重要的特色农产品、有机食品生产与加工基地。"这说明国家已经开始注重利用产业集群的战略思路来推动赣南等中央苏区发展。

地方政府的政策和行动支持。产业集群最初大都发生在包括资源、人力、文化等自然条件较好的地方，是自发产生的。但随着各地对产业集群发展的规律和作用认识的加深，各级政府出台了有利于产业发展的系列政策，提出了加快产业集群发展的各种措施，从而使产业集群越来越多。地方政府在推动本地产业集群发展中主要发挥了两个方面的作用：政策鼓励、发展集群式工业园。

出台系列政策鼓励、引导集群发展。如 2008 年，《江西省人民政府办公厅转发省中小企业局关于江西省工业园区产业集群发展专项资金扶持办法的通知》规定"省政府决定设立工业园区产业集群发展专项资金"，重点支持"能够带动产业集聚的龙头企业"、"有利于延长产业链的配套项目"和"利用特色资源进行深度加工的重点企业"，江西省财政厅发布了《江西省地方特色产业中小企业发展资金管理办法》，支持江西省地方特色产业集群和特色产业聚集区内中小企业技术进步、节能减排、协作配套，促进产业结构调整和优化；

赣州、抚州、吉安在各自的"十一五"规划、"十二五"规划中,均明确提出要大力培育、扶持产业集群发展,并相继出台了相关政策、采取了一系列措施,鼓励、引导产业集群发展。这些政策、措施为赣南等中央苏区转变经济发展方式、加快产业集群发展提供了强有力的政策支撑。

相对于抚州、吉安,赣州比较早地运用了产业集群模式,早在 2005 年,赣州就明确提出重点培育四大产业集群,即钨、稀土、氟化工、脐橙,完善相关配套设施,引领产业发展,优化产业结构。由此,四大产业相关的资本、技术、人才相对比较密集,形成了产业集聚效应。其中,赣南脐橙特色产业集群的发展历程颇具代表性:政府驱动,迅速启动。

从 20 世纪 80 年代开始,赣南特定的地理环境适宜柑桔发展,因此,当地政府决定发挥这一优势,大力发展柑桔等水果产业。在此过程中,赣州地方政府将赣南脐橙置于全球经济一体化的大环境中,综合分析了国内外水果产业发展的趋势、赣南的区位优势以及中国加入 WTO 后赣南柑桔产业的竞争力情况,不断调整柑桔种植结构,在保持其他柑桔适度发展的同时,确定将赣南脐橙作为支柱产业优先发展,明确提出要"将赣州建成全国第一、世界著名脐橙主产区"。在各级政府的强力推动下,赣南脐橙特色产业集群迅速发展壮大,经过短短几年,赣南脐橙特色产业集群即一跃成为全国第一、世界第三的著名脐橙产区。脐橙产业已经成为赣南重要支柱产业之一,对整个赣州农村经济发展、农业产业结构调整、农民增收、财政增长和生态环境的改善起到了重要的推动作用。

主导工业园区以集群方式发展。作为产业集群培育和发展的重要载体,工业园区在培育和促进产业集群发展过程中发挥着重要的作用:①为企业的发展提供优良的环境。实践证明,工业园区不仅能为落户企业带来共享基础设施、降低交易成本等静态的集聚经济效益,而且有利于产业获得技术、知识、信息等的传播与创新带来的动态集聚经济效益。②为中小企业产业结构网络系统的形成提供技术支撑。园区的建立能够充分利用本地资源,使其进行有效整合,为企业提供一个相互学习、交流与竞争的平台,有利于形成企业的有机网络体系。③促进技术、知识在园区内的集聚与增值,有助于提高各自的知识、技术积累。赣州市各级政府在园区建设上大都遵循了"园区集群化"的发展思路，通过自发和自主选择园区的主导产业，使各园区集群现象显著（马文静，2010）。工业园区在促进赣南等中央苏区经济发展方面发挥着重要作用。

（三）特色产业园区成为赣南等中央苏区特色产业集群发展的重要载体

图 3-20　江西抚州高新技术产业园区远景
资料来源：江西抚州高新技术产业园区网站。

　　赣南等中央苏区在加强工业园区建设的过程中，注意发挥自身优势，打造特色产业园，从而使得特色产业呈现出典型的集聚发展态势，形成了多种形式的特色产业园区。如金溪工业园区香精香料产业园是江西省唯一的香料产业基地，也是抚州市第一个省级产业基地。近年来，在金溪良好的政策环境吸引下，香精香料产业正呈现快速集聚扩张的势头。截至 2012 年 6 月，金溪香精香料企业已达 30 家，形成了三大系列（天然香料、合成香料、香精香料），八大类别（樟、茴、桉、松、杉、柏、山苍子、香茅草），200 余个品种，其中天然芳樟醇、天然樟脑粉产量分别居全国第一、全球第一，拥有国际市场定价权；松节油系列香料市场份额稳定在全国 30% 以上，已成为超过江苏昆山的全国第一大香料生产基地。

南康家具产业园历经十几年的发展，规模、数量都达到了空前的程度。从 1993 年的第一家家具生产企业诞生，到 2003 年的 620 家、2008 年的 1505 家，再到 2010 年 6 月的 4778 家，南康家具产业集群已居全国第四、江西第一，是全国最大的实木家具生产基地；其市场已汇聚全友、联邦、穗宝等全国 30 多个知名品牌，产品销往全国各地和菲律宾、中东等国家和地区。

稀土产业是龙南县的核心优势产业。近年来，龙南县在稀土产业方面积累了一定的比较优势，已经形成了上规模的特色产业园区和较完整的产业链。面对稀土下游产业的多个发展方向，该县准确定位，以市场需求量最大的稀土发光材料领域作为突破口，围绕稀土发光材料、照明产品、循环经济三项产业重点，通过加快五矿东林、江西依路玛、江西广晟等核心项目的建设进度，全力培育以中国五矿和广东广晟为龙头的产业航母，积极打造世界著名的稀土发光材料和绿色照明基地。同时，龙南县还瞄准全球产业结构加速调整、战略性新兴产业加快发展为稀土产业带来的广阔市场，着力引进美国欧仕朗等 3~5 家国际知名的深加工企业落户。在 5 年内，龙南县稀土产业有望形成年产 6000 吨以上三基色荧光粉、5 亿只节能灯、2 亿只金卤灯、2 亿只 LED 灯的生产规模，年产值实现 200 亿元以上（江西有色金属信息网，2011-11-02）。基本形成了特色优势产业区域化布局、专业化生产、规模化发展、产业化经营的新格局。

（四）阶段性特征明显

赣南等中央苏区特色产业集群正处于不断演化过程中。这个过程不仅包括新集群的培育，集群数量的不断增长，也包括已有集群内企业数量的不断扩张，还包括现有集群内不断创新的过程。在不同的阶段，产业集群呈现明显的阶段性特征。

（1）在集群培育阶段，网络关系单一，仅限于血缘、地缘、亲缘关系。专业化分工不明确，当地缺乏专业化的供应市场，生产所需的各种材料、零配件难以在当地取得，企业不得不去外地采购。同样的，企业还要自己搭建销售机构解决市场问题，自己培训企业所需的专业人才，此时，一个企业内部包含了许多生产环节，专业化程度较低。县域特色产业集群初期组织形式的重要特点是存在众多的家庭作坊，虽然这些家庭作坊不能称为"企业"，但社会网络为家庭作坊间构建地方生产网络提供了重要的合作与信任机制，因而产生了很强的集体效益，使单个家庭作坊克服了生产规模小的弱点，从而具有很强的生命力，成为集群经济发展的真正活力。并且数以万计的家庭作坊还可以通过社会网络与购销员和市场紧密联系起来，构成庞大的产业网络。

（2）在集群成长阶段，由于专业分工的不断发展，网络关系突破原有限制，向原料/半成品供应、商业中介机构（如货运服务、外贸服务等）、销售机构（如专业市场）、设计机构以及民间信用服务者拓展。企业所需要的原材料和零配件、技术工人、生产经营过程中的专门服务，都可以在当地取得，这就为企业降低交易费用、提高效率带来了可能。同时，由于当地分工经济下市场规模与分工之间的互动作用，原本属于一家企业内部的许多生产环节、服务环节就可以从企业内部分离出去，成为一个个独立的企业。分离的结果是集群企业的内部一体化程度降低了，专业化程度提高了，企业数量扩张加速。随着企业集聚加快，产业集群开始产生明显的外部经济效应，大量外地企业纷纷迁入产业集群，企业数量和企业规模迅速增长，产业集群的市场影响力迅速扩大，成为行业主导和区域经济增长极。

（3）在产业集群成长过程中，由于中小企业持续衍生，产业集群内专业化程度增加，产业集群内企业之间不仅依靠市场交易或者产业链上的经济联系，而且创新活动涉及的范围进一步拓宽，出现了相近的文化。由于具有相同的社会文化背景和历史基础，产业集群内人与人之间的信任度增加，隐性知识、信息和技能等在集群内快速扩散和流动。企业与其他行为主体在交互作用的过程中，积极参与创新过程，产业集群内的行为主体通过网络联结，进行协同创新，进而使各种网络联结（正式的和非正式的）成为创新的源泉。而且企业与集群外部的高校或者研究机构的联结将会进一步加强。同时，企业在垂直产业链上的合作进一步加强，信息、知识的交流更加充分。在与水平企业的合作上也将不断增多，企业间出现较为普遍的竞争合作关系。成长期特

色产业集群内企业的创新过程，将突破原先趋于线性的创新过程，呈现出一种平行交叉作业的平行过程模式，以缩短技术创新周期，加快技术创新速度，提高技术创新绩效（敬慧颖，2006）。

（五）中小企业是主体

赣南等中央苏区特色产业集群的发展以特色资源和特色产品为基础和前提，特色产业是赣南等中央苏区特色产业集群形成与发展的坚实基础。与东部地区丰富的优势产业门类相比，赣南等中央苏区相对优势产业部门多集中于农副食品加工业、金属与非金属矿物加工业等资源加工的传统产业，以劳动密集型产业为主，所形成的产业集群表现出很明显的资源特色。如南丰蜜桔、赣南脐橙、泰和乌鸡、广昌白莲行销全国各地。这些特色资源为发展特色农产品产业集群提供了有力的资源保证。而且，特色产业集群主体仍以中小企业为主，少数大企业引领。除重化工产业集群外，赣南等中央苏区特色产业集群主要集中在农产品加工等产业，这些产业的企业进入门槛低，规模效应不显著，而且在复杂多变的市场环境下小企业运行灵活是其生存发展的一大优势，因此，以中小企业为主体也是赣南等中央苏区特色产业集群的主要特点之一。

第二节　赣南等中央苏区特色产业集群的演变趋势分析

一、赣南等中央苏区特色产业集群的演化过程分析

经过几十年的努力，赣南等中央苏区特色产业集群已经具备了一定的规模，有的集群生产的产品在国际、国内市场上占有了一席之地，竞争力也呈现逐步加强的态势，带动了地区经济的发展。如果以各时期特色产业集群发展的主要推动力为依据，可以将赣南等中央苏区特色产业集群的演化过程划

分为三个阶段①，即自然历史条件推动阶段、需求拉动阶段以及产业转移阶段。三个发展阶段既相对独立，在时间上又相互交叉。

（一）自然历史条件推动阶段（20世纪80年代中期至90年代初期）

改革开放后，商品经济日趋活跃，市场交换日趋发达，生产关系逐渐得到解放。在当地历史悠久的传统手工业和商业传统，以及共同的地域文化、丰富而优良的自然资源等条件的推动下，一些企业（作坊）聚集在同一区域，形成了一定规模的产业集群。这一阶段形成的产业集群由于多是以村或镇为单位，有的以乡镇和私营等中小企业为单位，甚至是以家庭作坊为主体，生产的产品多是农副产品，集群的规模普遍较小，集群内企业相互之间的关联度也较低，多为竞争关系。如南丰蜜桔是我国古老柑桔的优良品种之一，是江西省的名贵特产之一，已有1300多年的栽培历史。早在700年前，南丰蜜桔就已驰名海内外。唐宋以来，南丰蜜桔均被历代朝廷列为贡品，故有"贡桔"之称，有"桔中之王"的美誉。1962年被评为全国十大良种之一，1985年、1989年连续两届被评为全国优质水果，1999年被评为"99中国国际农业博览会"名牌产品。南丰县于1986年被国家列为全国柑桔商品基地县，1995年被命名为"中国南丰蜜桔之乡"。

200多年前，南丰蜜桔就已开始专业化生产了。清朝鲁琪光在《南丰风俗物产志》记载，"蜜桔，四方知名。秋末，篱落丹碧累累。闽广所产逊其甘芳。近城水南杨梅村人，不事农功，专以为业。"

清末民初是南丰蜜桔生产发展的鼎盛时期，最高年产曾达12万担之多。到民国时期，因战乱和灾害的影响，生产由盛趋衰。中共十一届三中全会以后，南丰县蜜桔发展迅速。产区也由近郊扩展到远区，由平地到丘陵，由小块到大片迅速发展。1991年，全县蜜桔面积发展到81578亩，总产达4000万公斤。桔园面积是新中国成立初的27倍，蜜桔产量增加了50倍。近10年来，南丰县把南丰蜜桔作为县域经济发展最现实、最具潜力的优选项目，坚

---

① 关于产业集群发展阶段的划分问题：孙霞将中国产业集群演化阶段划分为四个阶段，即自然历史条件推动阶段、需求拉动阶段、外商直接投资推动阶段、产业转移阶段（孙霞. 产业集群与区域经济非均衡协调发展 [D]. 华中科技大学博士学位论文，2009）。

持按照"一县一业"、"一业带百业"的发展思路,大力实施"蜜桔兴县"战略,有力地促进了县域经济发展。目前,南丰县拥有南丰蜜桔基地面积 17 万余亩,最高年产达 1.2 亿斤。产品已畅销全国 30 多个大中城市,且拓开了中国香港、中国澳门、东南亚、俄罗斯等市场。同时,按照"立足南丰蜜桔,发展名牌果业,创造加工精品,推进多元发展"的指导方针,大力推进南丰蜜桔产业化经营,有效地带动了深加工、包装、运输、肥料、商贸、旅游等诸多相关产业发展,形成了比较完整的产业链,集群优势凸显。群内立足高起点、依托高科技组建的江西飞环酒业(有限)公司,成功研制开发了以南丰蜜桔为原料的飞环干黄酒,填补了国内空白。该产品获得第十一届中国新技术、新产品博览会金奖和世界果酒组织 NONDE SEOECTION 银质奖。

(二)需求拉动阶段(20 世纪 90 年代初期至 90 年代中后期)

改革开放到 20 世纪 90 年代中期,中国国内市场一直处于短缺经济时代,供不应求是这一时期的典型特征。这种供需结构大大刺激了厂商的生产积极性,催生了一批企业,并形成了产业集群。与此同时,相对稳定的国际国内发展环境也使我国当期的出口贸易得到大幅增长,出口产品的种类增多。在需求拉动阶段,产业集群的数量和规模都有了显著提高,一些具有比较优势的特色产业集群尤其是资源禀赋型产业集群开始凸显出来,在国际和国内两个市场的竞争力也不断增强。特色产业集群内部初步形成了较为完备的产业链,分工更加细化。这方面的典型是赣南稀土特色产业集群的形成、发展。

赣南稀土在 1969 年被首次发现,经过 20 多年的努力,"陆续完成了地质勘探和地质研究工作。这种矿床在世界上属首次发现,其突出特点是适于露天开采、选冶简便,具有巨大的经济价值,是世界找矿史上的一个重大突破",1988 年 8 月 7 日的《江西日报》以"世界稀土找矿史上的重大突破——江西省新类型重稀土矿床的勘查和科学研究获国家级科技进步一等奖"为题报道了此事。这一发现,改写了我国稀土工业发展的历史,也改变了赣南工业的格局。在国家对稀土产品出口退税政策的鼓励下,催生了众多从事稀土开采、加工的中小企业,赣南稀土大量出口(在 2004 年以前,中国生产的稀土产品基本上有 70%用于出口),最终形成了以赣州为代表的以中重稀土为主的南方工艺体系。与此同时,从 20 世纪 90 年代中期,我国开始重视稀土行业中下游产品的开发,稀土在传统工业和高新技术领域得到了广泛应用,赣南稀土由此形成了从勘探、开采、加工到应用比较完整的产业链,稀土特色产业集群由此形成。

(三)产业转移阶段(21 世纪初至今)

进入 21 世纪以来,全球性的产业转移成为大趋势,国际间的产业转移加快。这种大环境为赣南等中央苏区承接产业转移提供了有利条件。随着产业集群的快速发展,自 20 世纪 90 年代中后期开始,我国沿海发达地区出现了土地、环保、劳动力等要素成本攀升的趋势,导致一些产业或产品的竞争优势逐步丧失、利润空间逐渐缩小,从而形成区域产业结构调整的巨大压力。与此同时,沿海发达地区产生并发展起了利润率相对较高的新兴产业,出现了大规模的产业升级替代。在这种情况下,沿海省份纷纷调整产业政策,限制和淘汰某些传统产业的发展,发达地区的传统产业纷纷寻求在空间上的位移。近年来,发达地区无论是产业转移的规模还是速度都呈现不断加快的趋势,珠江三角洲、长江三角洲、闽南三角洲都呈现这一特点。特别是,由于 2008 年的全球金融危机最终导致了全球性的经济危机,受此影响,这些地区的产业集群开始出现了分化趋势。一些劳动力和资源成本占生产成本较大比重的产业集群开始逐步向生产要素较丰富的中、西部地区转移,赣州、吉安、抚州由此成为承接国际和国内沿海发达地区产业转移的重要区域。一些劳动力和土地密集型的纺织服装、家电、陶瓷水泥等产业集群,包括一些具有一定技术含量和资本需求,但劳动力和土地成本在收益结构中仍占主要比重的产业集群,如电子制造、机械制造等相对成熟的产业集群开始向劳动力和土地成本较低的赣州、吉安、抚州地区转移和辐射。赣州香港产业园、台商创业园、吉安井开区深圳产业园、井冈山日用陶瓷产业园、泰和温岭机械机电产业园及抚州临川、崇仁、南城、南丰服装包袋生产和出口加工基地等就是这类产业转移造成的产业集群。

二、赣南等中央苏区特色产业集群的发展趋势分析

从特色产业集群的类型及其发展演化过程看，特色产业集群的发展受很多因素的影响，并不完全是一个自发的过程。相关产业的发展情况、国内外市场的变化、国家和地方政府政策等都会对其产生很大的影响。总体来看，赣南等中央苏区特色产业集群的发展仍然处于初级阶段，具有很大的发展潜力。

（一）特色产业集群的经济规模和数量将不断扩大

改革开放 30 多年来，产业集群已经成为了区域经济发展的强大推动力量，在地区经济中发挥着越来越重要的作用。随着赣南等中央苏区经济的不断发展，特色产业集群也表现出较强的成长性，集群内的企业在激烈的市场竞争中得到锻炼和成长，企业规模不断扩大，经济实力不断增强，发展速度不断加快，从而推动了产业集群整体经济规模的扩大，获得更大的竞争优势。

从数量上来说，产业集群优于其他产业组织形式的特征，将吸引更多企业进入集群，集群内企业的数量将大规模增加。赣南等中央苏区特色产业集群发展成熟的同时，分工也不断细化，甚至因此衍生出一些新的产业集群。赣南稀土产业集群就是其中的典型代表。赣南稀土产业集群的发展带动了稀土下游的稀土新材料及高端应用产业集群的发展，如稀土发光材料及节能灯具、新能源汽车及配套产业。同时，特色产业集群的成功案例也将刺激更多有条件的赣南等原中央苏区发展产业集群。可以预见，特色产业集群的高成长性趋势必将延续，新的特色产业集群将会越来越多，在赣南等中央苏区的分布范围也将越来越广。

（二）特色产业集群发展肩负着培育和升级的双重任务

纵向看，赣南等中央苏区特色产业集群获得了长足发展，取得了重大成就，但是横向看，尤其是与发达地区相比，赣南等中央苏区特色产业集群不仅总体数量偏少，而且现有集群的质量也有待提升。赣南等中央苏区特色产业集群的发展面临培育和升级的双重任务。一方面，赣南等中央苏区需要大力培育新的特色产业集群，扩大特色产业集群的数量以及规模，使之成为新的经济增长极；另一方面，赣南等中央苏区需要加强对现有特色产业集群的

扶持、引导，在不断做大集群规模、总量的同时，进一步提升现有集群的质量，升级现有的特色产业集群，更好地发挥其在区域经济增长中的作用。

做大现有集群的规模，就要不断营造、完善软环境和硬环境，建立、健全各种中介服务机构，发展现代服务业，吸引更多企业进入集群，使企业之间或者在横向上保持适度竞争，或者在纵向上形成相互配套的产业链，将集群做大、做强，提升其在区域、国内、国际市场上的竞争力。

提升现有集群的素质和质量，一是提升内生型特色产业集群的素质。内生型集群主要基于自身资源禀赋而形成，其优势根本上是基于要素资源集中所获得的低成本优势，这种优势很容易被削弱和模仿。而且，多数存在粗放型、低附加值的问题。由于资源有限和环境日益恶化、劳动力成本不断上升等硬约束不断加大，现有发展模式难以为继。如果不加以提升，很可能失去竞争力，导致整个集群衰退。因此，必须向集约型、高附加值方向转型升级。二是外生型集群的升级。外生型集群即国际和沿海发达地区转移进入赣南等中央苏区的产业集群。在转移或辐射的过程中，原本已经处于成熟阶段的产业集群由于受到移入地或辐射地的环保要求、产业结构升级要求以及当地正在崛起的传统产业集群的压力，必须对原有产业集群进行升级转换和结构调整。只有这样，才能真正适应移入地的环境，实现集群的可持续发展。

（三）创新型特色产业集群将成为努力的方向

虽然在可预见的将来，传统产业仍将是我国产业集群发展的主导产业，但创新型集群将成为努力的方向。从我国参与国际分工的经验来看，我国目前乃至今后很长一段时间内将还处于国际分工的较低层次，大部分产业集群提供的产品和服务仍将处于附加值比较低的环节。而且，短期内要解决我国不发达地区的经济发展和人口就业压力，很大程度上还要依靠我国的传统产业（孙霞，2009）。但是，传统产业并不排斥创新，而且产业集群本身就是创新的源泉，能使企业之间的资源、信息、知识、人才得到共享，这种有利于创新的环境优势是其他组织形式所不具备的。因此，一方面，必须发展高新技术，培育具有自身特色的高新技术产业集群；另一方面，必须应用高新技术改造、升级传统产业集群，建立创新网络，增强、提高其竞争力，实现从传统产业集群向创新型产业集群的转变，获得持续发展优势。

赣南等中央苏区发展创新型特色产业集群的努力方向在《国务院关于支持赣南等原中央苏区振兴发展的若干意见》（国发〔2012〕21号）中得到了充分体现，"全国稀有金属产业基地、先进制造业基地和特色农产品深加工基地。建设具有较强国际竞争力的稀土、稀有金属钨产业基地。依托本地资源和现有产业基础，大力发展新材料和具有特色的先进制造业。建设世界最大的优质脐橙产业基地和全国重要的特色农产品、有机食品生产与加工基地。"赣南等中央苏区应该贯彻（国发〔2012〕21号）文件精神，"培育壮大特色优势产业，走出振兴发展新路子"，"坚持市场导向，立足比较优势，着力培育产业集群，促进集聚发展、创新发展，推动服务业与制造业、产业与城市协调发展，构建特色鲜明、结构合理、集约高效、环境友好的现代产业体系"。从而实现特色产业集群向收益递增的网络优势演化，从静态的成本优势向动态的资源整合与创新优势转变。

第三节　赣南等中央苏区特色产业集群的发展动力分析

一、产业集群发展动力分析

产业集群发展动力指产业集群发展的根据和原因。产业集群发展的动力是多因素、多层次的。从产业集群结构要素看，有经济动力、政治动力和文化动力，包括科学技术、文化教育、价值观变革等动因；从产业集群发展主体看，有来自企业家、政府、消费者、供应商、竞争对手等产业集群各利益主体的动力。王静华（2008）从产业演进视角将产业集群发展分成产业集群的发源和成长两个阶段，并分别对两个阶段产业集群发源、成长的根据和原因进行了综述，并具体从原发型、嵌入型两个方面进行分析。

(一) 原发型理论关于产业集群发展动力的理论解释

原发型理论包括分工理论、外部经济和范围经济理论、社会网络理论、企业家精神理论。

分工是产业集群产生的基础,是产业集群形成与发展演化的理论基础。一方面,分工与专业化发展促进劳动生产率的提高和技术的进步,进而促使生产规模的扩大,形成规模经济;另一方面,分工与专业化的发展促进"迂回生产"方式的出现和部门的细化,进而促成在某一特定空间范围内众多经济活动的集中,形成集聚经济(亚当·斯密,1974)。集群产品生产过程中分工的可实现性是产业集群得以形成所必备的条件之一。由于分工的实现,很多企业甚至是以家庭为单位的生产者能够承担产品生产过程中某个特定的环节,从而在很大程度上降低了对这些生产企业的资本要求。产业集群形成的原因不在于区域产业空间的扩大和企业层面的生产规模的扩大,而在于本地专业化劳动力的发展,在于社会层面的规模报酬递增的外部经济性(马歇尔,1981)。而专业化分工的发展在产业集群中形成了具有特色的柔性专精的生产网络化体系(Scott,1987;王缉慈,2001)。如浙江诸暨大塘镇的袜业企业群,在这个产业集群中,一只袜子的织造、缝头、印染等不同工序都由不同的企业完成,整个生产过程被细分成了 10 道流程,从而带动了如原料生产、销售,袜子的生产、定型和包装,以及相关的机械配件供应、营销和物流服务等几大部门的形成(符正平,2002)。而这些厂商往往以中小企业为主,运营方式都比较灵活,专注于某一道工序的生产,更容易使这些企业在这些方向进行创新活动。并且,一般来说,产品的价值链越长,实现分工的可能性就越大,众多企业才能被吸引而聚集在一起(孙霞,2009)。

马歇尔(1981)发现了外部经济与产业集群的密切关系,认为产业集群是外部性导致的。外部经济,包括外部规模经济和外部范围经济。外部规模经济效应通常有以下三种形式:

(1)公共设施和服务使用的外部性。由于集群内企业呈现相对集中的地理空间布局,分布密度高,可充分利用基础设施等公共产品的规模经济优势,实现在相同供给水平下公共基础设施和服务平均使用成本的降低。

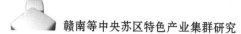

（2）市场规模扩大的外部性。同行企业利用地理邻近性，通过合资、合作或建立联盟等方式共同进行生产、销售等活动，如大批量购买原材料，不仅降低原材料价格，也节约降低单位运输成本；集群带来的外部效应增加了投入资料或中间产品的可获得性，市场容量越大，分工越细，并具有正反馈效应，是一个积累循环的过程；建立共同销售中心，通过批发和零售业务，吸引国内外客户和经销商前来购买，降低了企业成品的运输、库存成本，使平均成本明显降低，从而有利于价格竞争。

（3）劳动力市场供给的外部性。一方面，随着集群的扩大，本地人员通过培训再就业，同时外地技工被吸引过来，形成劳动力供给充足的区域性市场，企业在长期雇用管理技术人员的同时，可以根据自身生产的需要，及时调整工人的数量，减少工资成本和工人劳动保障方面的费用；另一方面，劳动力在区域内企业间自由流动，也促进了信息、思想的传播和扩散，所以在数量和质量上提高了集群内劳动力供给的效率。

产业集群的外部范围经济效应主要体现在以下两个方面：

（1）产业集群采取网络化的生产组织模式，集群内企业之间、企业与各种支撑机构之间通过专业化分工和密切协作共同组成高效、灵活的地方生产系统。随着集群的扩大，集群内企业之间分工越来越细，新进入企业在从事新的价值链环节增值活动的同时，改善了整个产业群的配套环境，使得群内企业的配套成本降低，而改善后的配套环境吸引着更多企业进入集群，如此形成良性循环。

（2）学习和创新环境的外部性。产业集群不是企业单纯的物理集聚，而是由存在前向、后向和水平的产业联系的供应商、生产商、销售代理商、顾客以及当地政府、大学或研究机构、金融机构、中介服务组织等相关支撑体系通过长期的联系形成本地化网络。网络中的各行为主体之间以正式或非正式的关系，频繁地进行着商品、服务、信息、劳动力等贸易性或非贸易性的交易、交流和互动。网络间的频繁互动为技术的扩散提供了便捷的通道，从而为企业的学习和创新活动提供了良好的环境（敬慧颖，2006）。

产业集群具有明显的产业特性、地域特性与网络特性。产业集群实际上是某产业以网络形式而落布于某地，形成了产业与区域的有机结合，表现为企业集团式网络组织、产业间和产业内的网络组织、营利部门和非营利部门之间的网络组织，以及生产部门与服务部门之间形成的网络组织（卢福财、胡大立等，2004）。社会网络理论认为，在分工协作中，经济网络和社会网络相互配套、相互促进、螺旋上升。经济组织与社会组织之间的融合是减少交易费用、促进分工并产生新的生产力的一种重要因素。而现实的社会网络关系要复杂和广泛得多，基于本地化的行为主体之间的非贸易相互依赖性在地方产业集群和演变中具有特别重要的意义（Storper，1989）。

对于产业集群的形成而言，企业家精神已经与产业集群的形成之间具有密不可分的联系（Feldman 等，2005）。Feldman 等认为，企业家是集群形成的关键因素，企业家是集群作为综合的适应性系统发展的重要主体。在这个系统里，与集群相关联的外部资源随时间而得到发展。那些适应创建性的危机和新机会的企业家创造了许多要素和条件来增进他们的商业利益，反过来也促进外部资源的发展。可以说，企业家是产业集群形成和发展过程中最能动的主体。

（二）嵌入型理论关于产业集群发展动力的理论解释

嵌入型理论包括区位理论、交易费用理论、孵化器理论、增长极理论等。

区位理论工业布局主要受到运费、劳动费用和凝聚力三个因素的影响，其中运费是对工业布局起决定作用的因素（韦伯，1909）。从集群内部来看，集群中某些企业的生产活动产生的最终产品，往往是其他企业需采购的生产原料。地理位置的接近，为企业之间互相采购所需的原料提供了便利，这有利于降低产品采购过程中发生的运输费用。而这部分运输成本往往在企业成本核算中占用较大比重，它的降低，对提高企业的利润具有重要的作用。而从集群外部来看，这些企业的最终产品要想占领市场只能通过贸易途径来实现，不论是国内贸易还是国际贸易，采购商对集群产品集中采购，集中运输，降低了外部采购商的运输成本和搜寻成本等，有利于拓展集群的外部市场。产品的运输成本越低，其可贸易性就越强，集群的辐射半径就越大，从而更有利于集群的发展。同时，生产同一产品的企业聚集在一起，形成一定规模

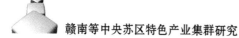

的区域品牌，则较之区外企业容易被消费者发现，更容易获取顾客和订单，而众多互补品的存在也增加了消费者的挑选机会，从而节省了消费者的搜寻成本和企业的营销成本。并且，由于消息来源渠道众多，也更容易获取市场需求变动信息，节省了相应的调查成本。另外，企业通过集聚，可以分享公共基础设施、专业化劳动力资源等集聚效益，获得分散状态下难以取得的经济效益，从而使集聚体系统功能大于在分散状态下多个企业所实现的功能之和。

交易费用理论能够很好地解释产业集群的成因。由于产业集群内企业众多，可以增加交易频率，降低区位成本，使交易的空间范围和交易对象相对稳定，有助于减少环境的不确定性，减少企业的交易费用。同时，由于数目众多的企业地理接近，增加了市场参与的角色，市场机制更能发挥作用，有利于提高信息的对称性，并克服交易中的机会主义行为。此外，产业集群的经济活动根植于地方社会网络，各个企业在某种程度上具有共同的价值观念和文化背景，可加强企业间的合作与信任，能促使企业与企业之间、企业家与企业家之间，以及工作人员之间进行信息和知识的及时沟通与协调，促使交易双方达成并履行合约，节省了企业搜寻市场信息的时间和成本，大大降低了交易费用（Alchian，1950）。

所谓孵化器理论，一是指产业集群所在地企业之间存在的一种互助机制，如风险资本。二是在集群所在地由政府机构牵头主动培植地方型企业和产业。美国的风险资本市场发达的一个重要原因是 20 世纪七八十年代以来，美国政府出台了一系列鼓励和促进民间资本进行风险投资的扶持政策，从政策角度扶植地方产业集群。另外，地方政府行为，如新加坡、中国台湾和中国大陆，除了在政策上支持，在资金的筹集、使用等方面政府也主动支持和赞助（王缉慈，2001；Parayll，2005）。

增长极理论、集聚经济理论解释了产业集群的成长。佩鲁（1950）认为，增长极具有技术、经济方面的先进性，能够通过与周围地区的要素流动关系和商品供求关系对周围地区的经济活动产生推动和支配作用。推动性单位支配效应能够引致两种类型的增长效应：一是里昂惕夫乘数效应。二是极化效应。当推动性单位生产的增加导致区域外的其他活动产生时，这种效应发生。

极化效应所导致的区域外的其他活动可能是推动性单位的投入品供给活动，也可能是推动性单位的产品需求活动。因此，当政府将某种推动性单位植入一地区后，将产生围绕推动性单位的集聚，再通过乘数效应以及极化效应，促进地区经济的增长。增长极理论还包括缪尔达尔（1991）和卡尔多（1989）的循环因果积累原理、赫希曼（1974）的联系理论等。这些理论认为，规模经济和集聚经济所产生的"极化效应"或"反吸效应"和"报酬递增"，将促使资本、劳动和产出在一定区域的循环积累，而其所产生的"涓滴效应"或"扩散效应"以及政府的转移支付等，将使经济在地理空间上不均匀增长。

集聚经济理论是由区位经济学家提出的，代表人物有德国的韦伯、美国的胡佛和英国的巴顿等。韦伯（1997）强调了集聚经济的作用：企业通过分享公共基础设施、专业化劳动力资源、销售市场等，获得集聚经济效益。胡佛（1948）将集聚经济视为生产区位的一个变量，认为产业集群是某产业在特定地区的集聚体的规模所产生的经济。巴顿（1976）认为，产业集群有利于熟练工人、经理、企业家的发展，集群内日益积累起来的熟练劳动力和适应当地工业发展的职工安置制度，进一步加强了企业间的相互关联。地理上的集中能给予企业很大的刺激去进行改革和创新。现代经济的竞争实质上是创新能力的竞争，创新的速度更快才能最终在价格和时间上赢得市场。波特（2002）认为，只有创新才能创造并维持集群所必需的竞争优势。但是中小企业在创新过程中，常因为各项资源的限制而难以实现创新功能的内部化，产业集群聚集有大量的生产同类产品的中小企业，这些同类企业的聚集，为企业之间进行协调、沟通和信息反馈等提供了条件和便利，并有利于其他远距离的创新机构与集群形成相关的技术联盟，或开展较大范围的产学研合作，形成有效的创新网络，获取知识外溢的成果，从而满足企业对创新的要求，提升企业的竞争实力，增加企业的利润，进而吸引更多企业聚集在一起，形成更大规模的集群。

创新实现了产品的差异化。产品的差异化主要体现在产品的品牌、款式、造型、颜色、用料以及产品的质量等方面。消费者对产品差异性喜好的变化往往会使这种产品的市场需求变动极为迅速，而这种无止境的变动将使任何一家企业都无法对产品市场形成长久的垄断和控制，因此，只有不停地创新和对市场的快速反应才能赢得市场。产品的款式、造型、色彩等外部差异很大程度上可以依靠对产品不同的设计来获得。如意大利萨索罗地区的瓷砖产业集群聘请著名设计师来设计瓷砖，大大刺激了消费者对瓷砖的消费需求。因为据调查，消费者对瓷砖的评价中，美感占25%，造型技术占24%，价格占21%，品牌占16%，设计师占14%（符正平，2002）。集群内往往聚集有众多的生产同一类型产品的企业，企业生产的产品如果没有形成足够的差异性，则很容易陷入恶性价格竞争的陷阱。正是因为集群的这种特殊性，集群内的企业对产品差异化的重视程度远大于群外企业。不断变化的产品设计能满足消费者对产品求新求变的消费心理，刺激消费者的购买欲望。这不仅会加强群内企业产品的竞争力，长期来看，也会逐步吸引更多的企业加入集群（孙霞，2009），从而推动产业集群成长。

二、赣南等中央苏区特色产业集群发展动力分析

（一）特色产业集群发展动力分析

特色产业集群发展动力既有产业集群发展动力的一般性特征，同时因其经济发展水平差异、所处区域差异、体制机制差异、所处行业差异等因素的影响而具有自身特点。张小军（2010）总结了影响清徐醋特色产业集群形成的因素，这些因素主要有区位因素、地域商业文化因素、政府因素、市场需求空间因素。胡平波（2011）通过对江西农业特色产业集群的研究，提出了江西农业特色产业集群发展动力的五因素说："自然资源禀赋"是"先天性"的自然基础；"当地社会历史与文化"是"根植性"的社会基础，是本地集群网络结构形成的社会环境基础；"集群网络结构与关系"是"结构性"的网络基础，是影响集群发展的核心动力因素；"政府支持下的经营环境"是"公共性"的环境基础；"农产品质量与市场开发"是"直接性"的价值基础。

上述文献研究了行业性特色产业集群的发展动力，也有学者研究了区域性特色产业集群的发展动力。河南特色产业集群发展动力因素主要是政府规划引导、主导产业带动、龙头企业带动（胡源，2010）。马文静（2010）对宁

夏特色产业集群的发展动力进行了研究。他认为资源、分工与专业化的市场、民族文化、社会资本、地方政府、创新与学习等都是宁夏产业集群发展的动力要素。它们相互作用，循环反馈，共同构成了宁夏特色产业集群的系统网络动力机制。这些动力要素可以归结成基础动力要素和核心动力要素，其中，基础动力要素包括资源影响、分工与专业化两大要素。资源要素中，自然资源是产业集群发展的物质基础，人力资源是产业集群发展的重要资源，资本资源是产业集群发展的推动力量。分工协作是产业集群内部各主体之间最基本的关系特征，专业化是分工的结果。分工与专业化促使企业聚集。

核心动力要素包括文化要素、社会资本要素、创新要素、政府要素。特色产业集群的形成是与一定的区域文化分不开的，社会资本与特色产业集群存在着积极的相互促进作用。社会资本对于特色产业集群的促进作用主要表现在以下三个方面：①社会资本有利于要素充分流动，从而降低信息不对称带来的风险。②特色产业集群发展的基础来自于社会资本的信任因子。③社会资本的创新因子推动特色产业集群的快速发展。创新是特色产业集群可持续发展动力的内核。地方政府在特色产业集群形成与发展过程中起着多方面的扶持作用，政府作为产业集群发展的动力要素起着引导和推动的重要作用。

提高宁夏特色产业集群的竞争力，增强产业竞争优势，一是源于产业集群的基础动力。二是依赖于来自产业集群的核心动力。这些要素相互联系、相互作用，共同构成了宁夏特色产业集群形成与发展的竞争基础。资源、分工与专业化是宁夏特色产业集群产生的基础动力。资源要素是构成宁夏特色产业集群核心竞争力不可缺少的组成部分，这符合宁夏特色产业集群具有资源指向性的特征。分工与专业化是产业集群形成与发展的原动力，又是产生集群的重要结果。文化因素是宁夏特色产业集群核心竞争力。社会资本是宁夏特色产业集群形成与发展的网络组织。技术创新是宁夏特色产业集群发展的核心，适度的政府支持是宁夏特色产业集群形成与发展的支撑条件（马文静，2010）。

上述文献表明，产业集群、特色产业集群发展动力是由多个要素构成的，既有内源性动力要素，也有外源性动力要素（刘恒江等，2005）。而且，在集群形成、发展过程中，这些要素的作用并不相同，有的起主要作用，有的起次要作用。由于各个集群情况不同，有的要素在这个集群发挥主要作用，在另一个集群可能只发挥次要作用。就是在同一个集群的不同演化阶段，同一个要素发挥的作用也不尽相同。

（二）赣南等中央苏区特色产业集群发展动力要素分析

赣南、吉安、抚州等中央苏区地处闽粤赣三省交界处，集中连片，交通便捷，战略资源得天独厚，是东南沿海地区的直接腹地，我国东部地区向中西部地区延伸的重要通道、承南启北，同时处于海峡西岸经济区、珠三角经济区、鄱阳湖生态经济区、长株潭城市群等国家重点发展区域的结合点。关于赣南等中央苏区特色产业集群发展的动力要素，既要吸收上述研究成果，也要结合赣南等中央苏区的实际，进行具体分析。在赣南、吉安、抚州特色产业集群发展动力的多种要素构成中，政府因素、社会网络因素、企业家因素居于核心地位，其中，政府是外源性要素，社会网络、企业家是内源性要素。

在发达国家和地区培育产业集群过程中，政府作用主要表现在两个方面：一是不断增加集群内的各种基础设施的供给，不断完善为企业生产提供服务的各种机构。二是通过制定产业集群政策，扶持产业集群发展。在实行赶超型战略的国家和地区，如在中国，政府还直接介入微观经济活动，通过整合各种资源（如政策、资金、技术、土地等），培育产业集群。通过政府的强力扶持，一个个产业集群在短时间内培育起来，并获得了超常规的发展。各地大量出现的工业园、经济开发区就是明证。

社会网络主要指各种嵌入性的社会关系。它是行动者在一定文化环境中塑造而成并反过来影响行动者的一系列社会联系或社会关系。根据关系强度，这些社会关系可以进一步分为强关系与弱关系。如果花在关系上的时间越多、情感越紧密、相互间的信任和合作越多，社会关系就越强，反之就越弱（林竞君，2004）。因此，这种社会关系也叫社会资本。其功能体现在作为社会结构的资源，为行为人获取收益，可以带来价值增值效应，形成网络租金（卢福财、胡平波，2006），从而最终推动集群发展。对所有网络成员来说，公平、守信、健康、积极的信任与合作的网络氛围是产品质量和市场竞争能力的基础（胡平波，2011）。

企业家是一种资源，是赣南等中央苏区的稀缺资源，具有地方性，在时间和空间上的分布并不均衡。产业集群和企业家之间存在着强烈的互动关系。从集群的发展来看，企业家的核心职能是创业，创新。部分企业家创业创新的成功，带动了其他企业家的创业活动，同时，创新外部性以及企业家社会网络扩散，促进地区产业的萌发。随着地方产业的壮大，内部资源集聚，外部资源也会进入，相关主体也会积极支持产业的发展，相应的产业支撑体系建立和完善（赵江明，2004）。

产业集群的背后蕴含着企业家群体。企业家对产业集群有深刻的影响，他们的行为决定了产业集群的发展路径、产业方向、集群开放度和辐射范围。每一个产业集群的背后，都存在着一个企业家群体。企业家群体和产业集群共同成长，产业集群发展壮大的过程就是企业家群体形成的过程。因此，产业集聚可以理解为企业家的集聚。正是在企业家对外部环境的创造性反馈反应中，集群得以形成（Leslie Kargon，1994）。一方面，地方企业家的行为引发外部效应（即示范效应和竞争效应），激励地方持续创新；另一方面，地方企业家通过创建地方产业网络重新配置地方要素资源，促进资源、技术与信息在整个地区的流动与传递（吕文栋、朱华晟，2005）。在产业集群形成和发展的所有阶段，企业家的动力都是极其明显的。企业家是集群发展的原动力（田红云等，2006），是产业集群形成和发展过程中最具能动性的主体（张小蒂等，2008、2009；张小蒂、王永齐，2010）。产业集群的发展证明，成功的企业家不是孤立出现，产业集群是企业家群体的共同行为选择的产物。它们改变了自然禀赋要素的限制，形成独特的比较优势，进而改变了地区经济发展绩效（陈翊、张一力，2011）。

第四章 社会网络在赣南等中央苏区特色产业集群形成、发展中的作用研究

第一节 研究概述

一、社会网络理论概述

社会网络之于新经济社会学具有双重含义：一是本体论意义上的社会网络，主要指各种嵌入性的社会关系。它是行动者在一定文化环境中塑造而成并反过来影响行动者的一系列社会联系或社会关系。特定区域的文化通过长期积累而成的观念，对本区域的行动者产生潜移默化的影响，从而塑造出具有本地文化禀赋的独特商性，进而通过行动者的行为推动产业集群的形成、发展。二是方法论意义上的社会网络，其主要源于英国人类学的结构分析传统（林竞君，2004），是在美国社会心理学家莫雷诺提出的社会测量法基础上发展起来的，用来研究行为者彼此之间的关系，目前已经从一种具体的研究方法拓展为一种理论框架。

社会网络不仅指基于产业关联关系而形成的生产网络，也指活跃在网络内的各类行动者之间错综复杂的关系网络（李世杰，2006）。社会经济网络理论认为，在分工协作中，经济网络和社会网络相互嵌套、相互促进、螺旋上

升。经济组织与社会组织之间的融合是减少交易费用，促进分工并产生新的生产力的另一种重要因素。而现实的社会网络关系要复杂和广泛得多，基于本地化的行为主体之间的非贸易相互依赖性在产业集群形成、演变中具有特别重要的意义（Storper，1989；王静华，2008）。

产业集群具体表现为集群内部的规范、信任与合作、知识的流动机制，以及自我增强的社会网络。社会资本可以增强个体或企业对网络关系的忠诚度和责任感，从而减少交易过程中的不确定性并提高合作的效率（Coleman James，1988），促进组织之间的合作，改善相互信任的关系。产业集群实际上就是某产业以网络形式而落户于某地，形成了产业与区域的有机结合，表现为企业集团式网络组织，产业间和产业内的网络组织，营利部门和非营利部门之间的网络组织，以及生产部门与服务部门之间形成的网络组织（卢福财、胡大立等，2004）。产业集群是企业通过纵向联系、横向联系和社会联系组成的网络，产业集群网络有利于集群企业在资源、知识和信息方面的获取。集群网络中的企业主要包括供应商、客户、竞争企业和相关企业。这些企业既包括那些龙头大企业，也包括数量众多的中小企业；既包括核心生产企业，也包括服务配套企业。企业是网络中最核心的经济单元，也是参与创新、推动集群形成和发展过程中起直接作用的行为主体。

产业集群不是企业的"扎堆"，而是产业链的整合。产业链之间并不是平行的，而是相互交错，形成复杂的网络结构。企业之间既有合作又有竞争，因而互动机制具有双重性。合作性互动以信任为基础，依赖社会关系网络提高签约的频率和执行合约的效率。产业集群发达的社会网络有利于信息的快速流动，企业在合作过程中形成正式的与非正式的社会网络关系，因此，企业更倾向于在集群网络内部寻找合作对象。此类互动将扩展企业资源利用的边界，激励共同利益的形成，减少企业间的协调成本，发挥协同效应。竞争性互动具有双重性，理性竞争有利于企业创新和集群网络整体竞争力的提升，恶性竞争则由于网络密集的耦合性，一损俱损，将给企业和集群网络带来灾难（赵俊，2008）。

二、社会网络对产业集群的作用

(一) 社会网络对产业集群作用的一般性分析

1. 社会网络促进了信任的产生

一方面，丰富的社会资本能产生更广泛的信任，促进网络内部企业和机构之间更频繁的互动和经济联系，创新出产业网络和社会网络等丰富多彩的组织形式，从而创造出了经济的繁荣；另一方面，社会网络同样可以创造出社会资本（刘仁军，2004），即社会资本内生于动态的企业网络。在社会网络发展的不同阶段需要不同程度和类别的信任作支撑，从这个意义上讲，网络内行为主体间的信任是社会网络首要的运行机制。所以，一个运行良好的社会网络必定是一个能不断创造出足够和恰当信任的组织，信任的产生支持了社会网络的运转（赵俊，2008）。

2. 社会网络促进了知识的交流与扩散

社会网络是产业集群内部行为主体的行动基础，它为企业和各种机构提供了沟通交流的渠道和平台，提高了创新知识传播扩散的速度和广度，增加了集群网络内的创新资源存量，具体表现在如下四个方面（章建新、丁建石、白晨星，2007）：

首先，在产业集群内，知识产品处在不断更新状态，而企业的创新能力依赖于来自其他公司和机构的互补性知识。产业集群内企业之间在自身的信息、知识的构成和能力水平上不可避免地存在一定的差异，这种差异可称为"集群内的能力势差"。这些企业之间为了保持竞争地位，需要不断创新和积累，从而导致集群内的低位势成员企业，通过自主学习、模仿跟进等方式，缩小知识和能力差距，在集群内产生了"学习拉动效应"。

其次，为了便于加强信息的交流与战略联盟，获取外部经济效应，集群内企业也要加强互动学习，而空间的接近性对促进这种自学习效应的实现显得尤为重要，因此，客观上诱发了产业集群内企业以及与之具有联系的大学、研究机构、金融机构、服务机构、经济要素的区位性聚集，形成了一定区域的网络自组织学习机构，并通过社会集群网络促进企业的互动学习，以发挥集群的功能效应。

再次，产业集群内企业的集聚对创新技术的信息交流和扩散将起到促进作用。由于集群内企业间的地理空间位置接近、分工协作关系密切、信息交流频繁，以及产业集群内部中介服务机构和行业协会对技术创新扩散的推动作用，大大提高了集群内企业对创新技术的认知能力。企业不必亲自试验，只需通过信息交流和观察同类企业应用技术创新的过程和结果，就可以比较准确地预知某项技术创新的成本、风险和收益等，进而做出正确的选择。与集群外的企业相比，可以大大降低企业创新的不确定性和决策风险，有利于促进技术创新的扩散。

最后，随着产业集群内部企业间相互学习而获得的经验不断增加，各企业产品的单位生产成本降低，利润增加，使企业之间趋向于共享知识和经验，由此，将促进相关联的企业向集群化发展。由于区域经济范围的确定，置身其中的企业无论是出于自身发展的需要，还是环境的影响，它们在前沿技术领域、管理经验等方面的既有技术、信息、知识、管理经验在集群区域内迅速扩散，使集群内企业在"集体学习能力"增长的环境中，提高生产与管理技能，采用更为有效的组织方法。

3. 社会网络促进了技术的溢出与扩散

社会网络增进了产业集群内行为主体之间的信任和联系，促进了信息和知识在产业集群内的流动，有利于隐含知识和敏感信息的传播，带来了技术创新的优势（蔡铂等，2003）。

首先，在社会网络环境下，产业集群内与生产经营有关的信息、技术、管理方法和企业组织形式等方面的创新和成果会被迅速地共享和效仿。产业集群的创新技术具有一定的"公共产品"属性即"外部性"，知识和信息在产业集群内迅速和大规模地流动，会产生一种技术的自溢出效应。产业集群内某一个企业进行了技术创新之后，有利于其提高市场份额，增强竞争优势。在市场需求总量不变的情况下，技术的溢出和扩散效应使集群内企业投入减少，成本降低，利润增加，使企业之间可以共享信息，促进相关联的企业向集中化发展。

其次，产业集群内企业的规模降低了技术创新的转换成本，有利于技术创新的扩散。产业集群内的企业规模一般都不大，通常是小而精，只专注于一个零件或一道工序的生产，使用专用的生产设备进行专业化生产且产量较大。当某个企业采用创新技术时，主要是从利润角度考虑预期的收益与技术转换成本之间的比较。由于企业规模不大，其沉没成本较小，加之产量较大，单位产品分摊的转换成本小，有利于企业的技术更新和技术的溢出及扩散，使产业集群保持创新的竞争优势。许多高新技术企业随着市场竞争的加剧，利润空间被压缩得很小，但由于空间上的集聚，增强了企业与企业、企业与客户之间面对面的合作与交流，降低了搜索市场信息和生产要素的交易成本和相关费用，使企业仍然可以获得可观的利润。事实上，我国各地方大量中小型民营企业正是依靠这种群聚效应和面对面的交易模式支撑，得到快速发展。

最后，与产业集群配套的专业市场可以加速技术创新的溢出及扩散。专业市场是产品和技术的信息中心，是技术创新主体或率先采用者、跟进者之间的桥梁。专业市场降低了创新技术的信息搜寻成本、协作成本和风险，提高了采纳创新技术的成功率。专业市场丰富的商品流通和人际交流，使技术创新的信息和知识在集群内广泛交流、集中和传播，加速技术创新的溢出和扩散。

4. 社会网络促进了集群的规模增长

集聚首先获得的是规模经济，规模经济因行业的不同而有所差别，它与成本的关联性最强，同时受到专业化程度、资源要素的拥有状况、技术的更新换代及学习效应等诸多因素的影响。由于产业集聚而形成知识网络体系，产业集群内部的企业共享信息、加大交流、降低机会成本，从而强化了范围经济。此外，外部经济的效益也将促使生产要素具有集聚的趋势，它与规模经济直接相关。产业集群内的企业客观上形成一种关联密切企业的集聚，而这种关联性主要体现为知识技术关联。获得强化的技术外部性吸引外部经济相关的经济要素主体不断集聚。由于规模经济及外部经济的共同作用，实现产业集群的规模增长效应（章建新、丁建石、白晨星，2007）。

（二）社会网络密度与产业集群竞争力关系分析

社会网络密度反映了网络中联结的疏（弱）密（强）情况以及通过联结的疏密所反映出来的网络中社会资本的大小。网络密度的高低，直接影响集群中企业对资源的可获得性及其质量，从而影响企业交易成本、学习成本、生产成本和机会成本的高低。网络联结的疏密与企业的创新强度有直接关系。按照技术创新的强度不同，企业技术创新可以分为渐进创新（累进创新）和突破创新（激进创新）。紧密网络有利于企业渐进创新，疏松网络有利于突破创新。网络密度的高低各有优点，企业网络结构应均衡网络密度，保持网络一定的紧密性和开放性，从而保持乃至提高产业集群的竞争力。

1. 网络密度影响企业成本

产业集群内的企业根植于本地网络，网络密度的高低反映了网络中资源和信息的流动性和调动性的强弱，直接影响企业成本的高低。企业成本可以分成交易成本、学习成本、生产成本、机会成本四个维度。

第一，网络密度对交易成本的影响。集群中的企业根植于本地网络，拥有一定的社会资本（如信任和人际关系），在一定程度上，社会资本能减少企业的不正当行为，促进可靠信息的流动，使集群内企业共享信息，有利于交易双方增进信任与合作，从而节省了协商、谈判等时间和费用，降低交易成本。在密集的集群网络内，信息快速流动，企业采取机会主义行为更容易被网络内其他主体所认识，受到更多企业的制裁，其行为后果在密集网络中有放大作用。因此，处于密集网络内的企业由于受到声誉机制的影响，抑制自身的机会主义行为，从而节省了交易双方的监督执行成本。网络密度的高低会影响网络中企业间的联结和信任等关系。Coleman（1990）认为，高密度的网络具有封闭系统的某些功能特点，高密度网络中企业间更易发展出相互信任关系、共享准则以及共同的行为模式。网络密度越高，越有利于网络中资源的流量和流动速度，企业就越具有获得资源的优势。这是因为，企业之间通过反复的经济交易和社会交往会产生相互信任和默契，简化交易过程，降低交易成本，并形成互惠互利的稳定的合作关系，促进企业之间资源的交换。特别是稀缺性的关键资源，在不确定条件下，通过正常渠道获取，将会产生很高的成本，而且缺乏成功的保障。密集网络内的企业利用自身的社会资本，通过良好信用的影响，与相关资源拥有者建立关系，就可以具有优先获得的可能。同时，Olsen（1993）指出，网络化组织的信任将会减少对合同、律师以及其他并不创造价值反而增加交易成本的活动。

然而，高密度的网络可能抑制有效的经济活动。主要表现在抑制企业对资源获取能力的影响上，表现为集群的"过度嵌入"（吴结兵，2006）。在密集网络中，企业由于在以往交易中产生的信任和默契，形成固定的合作伙伴关系，减少了企业获取网络外部资源的机会与路径。所以，高密度网络具有较高封闭性，不利于企业为进一步降低交易成本而对外部网络资源进行搜索的行为。由此可知，网络密度越高，集群内企业交易成本越低，但要注意"过度嵌入"的可能。

第二，网络密度对学习成本的影响。网络中企业与其他主体相连接，这种外部联系方式是企业获得新知识的重要渠道。企业通过学习，获取互补企业、供应商、行业协会等连接主体的相关知识，促进自身的技术、管理和产品的创新活动，提高竞争力。网络内企业主体以及多个不同联结的存在，对一个企业来说是一种重要的优势。企业可以通过与外界其他主体联系，调动、整合和管理外界知识，并消化吸收成为企业知识体系的重要组成部分。在此过程中，企业产生学习成本。在密集网络中，企业与外界建立的联结较多，通过反复的经济交往和社会交往，企业与联结主体产生信任。当信息在信任条件下进行交换时，更有价值的信息将被交换（Oliver and Libeskind，1995），从而企业获得的异质性或互补性知识也就越多。因此，对于两个生产相同产品，规模大小相同的企业，处在网络密集关系中的一方必然会在知识（特别是有效、非冗余知识）的获取和整合、消化方面具备优势，这有利于企业学习成本的降低。另外，企业网络中的主体处于长时间稳定的网络关系，可能产生一致性思维，并且附带越来越多的承诺条件（承诺的增加会引发矛盾，使网络退化）。在这样的条件下，网络中的企业将会减少学习，使学习能力退化。当网络受到外部冲击时，企业需要学习新知识，其学习成本会由于学习能力的退化而增加。疏松网络内，企业的知识获取能力虽然较弱，学习成本

第四章　社会网络在赣南等中央苏区特色产业集群形成、发展中的作用研究

较高，但网络成员往往具有较高的多样性，疏松网络反而提供了获取多样化和独特知识的可能性。企业获取独特知识，有利于企业在产品和工艺上创新，降低生产成本。

由此可知，网络密度越高，集群内企业学习成本越低，但经过长期稳定发展后，网络中集群企业可能产生一致性思维，使学习能力退化。

第三，网络密度对生产成本的影响。较早对意大利第三产业区进行研究的皮埃尔和赛伯认为，集群成功的首要因素应归为弹性专精的生产模式，该生产模式提高了企业的市场反应能力和灵敏度。一方面，集群内企业根据自身特点和优势，专注于产业价值链上的某一环节，提高自身专业化水平，从而降低生产成本。另一方面，由于在产业价值链上的细分，企业能接触到更多外界市场信息，使企业能在短期内根据市场需求变化及时变换产品、调整产量，降低生产成本。网络密度越高，表明企业与网络中的其他行为主体有越多的信息流动和合作关系。密集网络内的企业，在与集群内其他企业进行研发合作时，常常关注在联合研究中使自己具有更高的专业化水平，促进企业专精定位能力的提升，不断提高生产的比较优势。同时，紧密网络有利于市场信息的快速传播。随着科学技术的迅猛发展和全球范围内市场竞争的加剧，产品的生命周期越来越短，消费者更倾向于尝试个性化、多样化的新产品，这就要求企业能根据消费者的需求变化快速做出反应。高密度网络意味着企业在价值链上与其他企业存在较多的资源依赖，具有更快调动资源的优势，使企业能通过较低的调整转换成本和较短的调整转换时间，迅速地从一种产品或制造过程转移到另一种产品或制造过程，在短期内调整产品规格、种类和产量，生产出新的产品，满足顾客对产品多样化和个性化的需求，从而使企业适应市场环境的变化，并且生产具备比较优势。低密度网络意味着企业在价值链上与其他企业存在着较少的资源依赖，每个企业的资源是有限的，面对迅速变化的市场需求，企业的生产调整较慢，从一种产品或制造过程转移到另一种产品或制造过程需要较高成本和较长时间。由此可知，网络密度越高，集群内企业生产成本越低。

第四，网络密度对机会成本的影响。集群内企业与其他行为主体间在业务往来过程中所建立的长期合作关系，使集群内企业易于在交易、生产上达成某种共识和默契，但这使资源产生固定单一化使用倾向。集群网络越紧密，这种倾向越明显。同时，在密集网络中，企业在交往中形成的高度信任和互惠意识，不可避免地附带更多的承诺，这使得生产的相关资源不能按照它在市场中的最优价格进行交易，从而产生机会成本。网络密度越高，企业越有可能过度嵌入集群网络，这就减少了与群外企业、机构之间的知识交流与资源交换的机会。一旦过度嵌入集群网络，企业所处关系网络中会逐渐形成一个相对封闭、稳固的信息圈，从而削弱企业到网络外部获取新信息的动机，不利于企业在动态环境中进一步降低交易、生产和学习成本。

处于较低密度网络的企业，与网络中其他企业的合作较为松散，这有利于企业更广泛地接触网络外部环境，从而有助于企业增强对动态环境所造成的机会认识，降低机会成本。由此可知，网络密度越高，集群内企业机会成本越高。

2. 网络密度影响企业技术创新

企业网络是产业集群内部行为主体的行动基础，为企业和各种机构提供了沟通交流的渠道和平台，有利于加快创新知识传播扩散的速度，增加网络内的创新资源存量。Anderson（1986）指出，技术创新对企业竞争力有着重要意义。高密度网络中企业倾向于进行渐进创新，同时网络成员倾向于维护网络的稳定性，并要求其他网络成员保持对网络规则的忠诚。企业相互合作过程中，往往会形成互惠关系，促进企业间知识共享惯例的形成，并且企业间关系专有资产的提高能促进企业吸收网络中其他相关企业的隐性知识和技术，减少获取信息的不确定性，加速隐性知识的流动，有利于企业在网络中发现新机会，因而有利于渐进创新。在长期互动合作下，企业间的认知近似性增强，网络中的信息经过循环流动出现冗余现象。此外，在密集网络中，企业间形成知识共享、认知近似关系，使企业面对维护稳定、和谐一致的网络关系的压力，客观上不利于企业进行突破创新。若企业选择突破创新，打破原有网络规则，就有可能招致网络中其他遵守规则的企业的"惩罚"；由于处于密集网络中，企业受到的制裁会被放大，从而，企业从突破创新中得到的收益可能会低于受到的损失。因此，处于高密度网络中的集群企业，由于网络有利于隐性知识、信息的传播与获取，更适合在一个相对稳定的环境内，利用现有技术进行渐进创新以维持其竞争力。

低密度网络中企业倾向于进行突破创新。①低密度网络意味着企业间进行较低水平的情感交流，使企业缺乏对其网络群体的强烈身份认同。此外，网络规则对企业的控制相对宽松，使企业更有可能远离网络准则进行自我定位，有利于企业获取和采纳外界的新思维和新方式，从而有利于企业进行突破创新。②较弱的认知近似性和缺乏信用机制的保障，使企业面临着较高的机会主义风险，阻碍了企业对专有关系资产的投入，不利于网络中企业快速使用资源。同时，疏松网络中流动的信息量较小，但在创新扩散中企业更有机会接触信息独特的不同网络，得到多样化、非冗余的资源和信息。因此，低密度网络的网络规则控制性较弱，企业面临的环境更复杂、更具有不确定性，有利于异质信息的流入和传播，有利于企业进行突破创新。

由上述分析可知，高密度网络中企业倾向于进行渐进创新，低密度网络中企业倾向于进行突破创新。

总之，网络密度的高低各有特点，企业网络结构应均衡网络密度，保持网络一定的紧密性，使企业在网络内部资源与信息的获取和整合上降低成本。同时，优化网络结构，保持网络的开放性，使企业有更多途径和新机会获取网络外部多样性的资源和信息，加强产业集群对环境的适应性。避免集群网络的路径锁定效应，从而保持乃至提高产业集群的竞争力（吴汉贤、邝国良，2010）。

第二节　特色产业集群社会网络结构特征分析

一、产业集群社会网络结构特征分析

关于产业集群社会网络的特征，赵俊（2008）进行了分析，并归纳成三大特征：开放性、系统性、根植性。

（一）开放性

产业集群的社会网络是由集群内各个行为主体的相互作用而联结，相互协作而构建，但各个行为主体之间的联结不仅局限于集群网络，必须通过与外界环境不断沟通和交换以维持其生存及发展。特别是处于核心网络的企业，不会仅满足集群网络，而是在区外寻找更多的合作伙伴，并通过区际间劳动力、技术和资产等生产要素的流动和交换，从而获得远距离的知识和互补性的资源、资产，并不断向外部开辟新的市场。因此，集群网络在与外部联结的过程中，呈现出开放性的特点。集群网络内的价值和文化对于这些过程有重要的影响。集群网络内的社会价值观渗透于知识和技能、辅助性资产与企业内部过程三个层面，对于企业有关知识的内容和结构、知识吸收和积累、应用和控制的方式都有重要的影响。同时，网络内有效的社会联系，对于产业集群的内部能力和外部能力达到良性互动，实现集群社会价值最大化具有重要意义。

本地网络的外部联结主要取决于世界范围内的金融、技术与市场的关系。特别是在经济全球化趋势和信息技术迅猛发展等外部力量的推动下，网络内各行为主体的创新行为和发展模式也发生了变化。产业集群已不可能有封闭趋势，而将社会网络的联结范围锁定在集群内部，即使出于行为主体的技术知识产权和企业发展的安全考虑，区外的网络联结不断加强的趋势也不可阻挡。而且，区外新技术和新产品的引入，也加快了集群网络内创新的步伐和增值过程。在某种程度上，集群社会网络的功能，越来越依赖于产业集群与外部全球层面的知识、信息交流。集群社会网络中的行为主体区外联结，可以在更广范围内实现资源的优化配置，实现集成发展的最优选择。

封闭的产业集群社会网络是非常危险的，这种联系过于紧密，或者说网络结构过于封闭，不能确保已有社会关系系统的开放性，产业集群可能因为无法接受区域之外的创新扩散，导致发展路径被"锁定"，导致其成长的"陷阱"。因此，必须认识到，产业集群的增长绩效取决于网络内联系与网络外联系的有效融合。集群网络需要保持足够的开放，增加与外部的联系，以避免误入发展路径中的潜在"陷阱"。也就是说，在全球化时期，产业集群应该是全球产业网络中的子系统。

（二）系统性

产业集群社会网络的发展过程，是集群整体系统作用的结果。网络中某个主体的行为，都会或多或少直接、间接影响网络内的其他主体。比如，某一项技术和产品的创新和发展，不仅创新者本身受益，创新的技术和知识可以通过各个企业之间的模仿或集体学习等方式在网络中迅速扩散，从而增加集群网络内知识、技术的不断累积，促进另一项技术和产品的创新与发展。而且，系统性强的社会网络自我调节和完善功能较强。即使是外部环境的不确定性和复杂性导致了网络中单个企业或少数企业失败、破产，也不会影响整体网络系统的发展。反之，集群网络在发展过程中，如不重视通过网络的系统性作用有效整合内部资源，就难以保持集群的核心能力和竞争优势。事实上，20世纪80年代初发展迅猛的美国波士顿128公路沿线的高技术产业带，正是由于集群网络系统的自我调节功能不通，而随着GE等大企业的衰退，整个集群的计算机产业发展受到严重冲击，而拥有完善社会网络系统的西海岸硅谷地区后来居上。

产业集群社会网络的系统性体现在网络内部主体间的互惠互利上。按照"战略缺口"假说，产业集群社会网络的各个行为主体都拥有各自的核心优势，同时又缺乏进一步发展的其他资源优势。这样，每一个成员的核心优势与自己的战略目标之间就存在着一个战略缺口。集群内不同的主体形成社会网络的凝聚点就在于这些核心优势的互补上。自身缺乏的资源优势可否在网络内成员那里得到弥补，成为产业集群社会网络内各主体合作的主要动机和基础。网络内的企业需要通过建立战略联盟、合资企业以及知识生产机构等密切的正式的合作关系，或者通过其他非正式的关系，从社会网络中获得互补的知识和技术，创造竞争优势。

产业集群社会网络是一个相对稳定的系统。集群网络是否具有不断创新和发展的可能性，不在于网络中各个行为主体同比例的获利情况，也不在于网络中关系力量短期强大，而在于合作的双方或多方能否维持长久的关系，保持动态发展中的平衡性。而企业之间的合作在社会网络的作用下具有一定的稳定性和长期性。这归因于信用创造，即每一次成功的合作都是为了网络组织成员间建立最终的多边信任添加砝码。随着合作次数的递增，信用程度不断提高，同时又促进了成员间的再度合作。如此良性循环下去，网络组织中的成员间就越趋向于稳定的、有固定伙伴的合作。集群网络内这种以信用为基础的合作形式，风险较小，交易成本较低，合作渠道更加畅通。因此，产业集群的社会网络系统是相对稳定的。

（三）根植性

产业集群是根植于本地的社会网络之中的，是多种要素、多种主体、多种联系在特定的地缘条件下形成的正式的和非正式的网络集合体，是一种基于社会联系、信任和共享互补等特别管理特征的产业网络（鲁开垠，2006）。因此，作为社会系统的产业集群，其根植性决定了它嵌入于社会、文化以及政治制度的网络系统之中。产业集群社会网络的根植性来源于两个方面：一方面，来源于产业集群的根植性。这是因为绝大多数产业集群萌芽于本地，并在本地发展，无论是人才、资源、市场，还是管理制度和文化都有浓厚的乡土气息和地方烙印。另一方面，产业集群的根植性来源于社会网络联系的根植性。集群网络节点在长期互动中逐渐累积出彼此之间的信任和声誉，这种信任和声誉关系能进一步促进网络内部互动。同时，集群网络尤其是非正式联系的社会资本有利于区域内企业间以及企业与机构间的信息交流与知识共享，在很大程度上降低了集群网络创新和发展的不确定性，尤其是网络内部的集体学习效应更能驱动企业间的内部合作，增强了网络整体的创新能力和活力。

产业集群社会网络的根植性不仅表现为产业的根植性、集群模式的根植性、网络文化的根植性，更重要的表现是社会资本的根植性（鲁开垠，2006）。社会资本则是多种主体间多种关系结合而形成的网络关系。中国社会尤其是经济欠发达的赣南等中央苏区是一个由人缘、地缘、亲缘关系交织而成的网络社会，每个人都是网上的一个结。中国人的"关系网络"——非正式的人际关系在经济活动中成为一种具有稀缺性的经济资源，同时又是一种具有要素配置功能的特殊资源。许多民营企业在快速发展过程中，技术、管理、信息等资源可能极度匮乏，社会资本正好可弥补这一不足，用"泛家族化"的"关系网络"吸纳和整合家族企业的社会资本，将亲情、信任和能力融合联结起来。这种"关系网络"往往具有决定性作用。在这一网络中，成员间拥有互补性的资源和信息，在信任这一重要纽带连接下，产业集群结成有价值的社会网络，增加组织间的联系渠道，增进相互信任和交流。不过，一般而言，人缘、地缘、亲缘所确定的关系网络往往局限于一个狭小的地理范围。产业集群的核心能力构筑在产业集群社会网络根植性的基础之上。一个产业集群具有竞争力，实质上是产业集群拥有深厚根植性的外在表现。如果产业集群缺乏社会网络根植性，这一产业集群的发展将会变为"无源之水、无本之木"，产业集群的成长因缺乏固化机制而不断削弱核心能力，自然也就失去市场竞争力。同时，产业集群的根植性，有利于吸引外来企业或者各种资源入驻集群网络，使得网络内企业遵守信用，共同维护集群网络的信誉，建立以信任与承诺为基础的社会网络，通过网络关系降低交易成本，加强相互合作。

二、特色产业集群社会网络的特征分析

特色产业集群社会网络由两个层面组成：一是由企业与其供应商、客户、竞争企业和相关企业构成的核心网络层。二是由企业和研究机构、政府机构、中介机构和金融机构一起构成的辅助网络层。这两层网络并非各自独立，而

是基于产业关联、知识共享和社会规制与公共服务等紧密联系在一起，特色产业集群的社会网络往往由这两层网络复合而成。在特色产业集群的网络中，企业、大学和研究机构、中介服务机构、政府及其所属公共部门及金融机构组成了主要节点。中介服务机构、政府及金融机构等部门虽然较少直接参与技术创新活动，但是它们为企业的技术创新活动提供资金支持或专业化的服务，为企业提供良好的技术创新环境。

特色产业集群社会网络除了具备上述产业集群一般性特征外，还具有以下特征：互惠性、对象多元性和中心性。互惠性、对象多元性和中心性使集群网络中企业接触到的信息更具有异质性，会带来新的产品、新的组织形式等，所以这三项对创新有显著正向影响。

（一）互惠性

Powell（1987）认为，由于参与者希望持续参与，根据长期交往/博弈的预期，互惠更加强化，因而能遏制投机行为。安全且稳固的关系能促成完成任务的新方法，加强信息的学习与交换，并能产生信任。互惠性无疑对企业的根植性的培养起到很好的作用，进而深入提升特色产业集群的竞争力。特色产业集群的互惠性能提高集群内企业的信任度，能为集群的长远发展提供一个良好的氛围环境，通过互惠性提升企业的根植性，使行为主体在长期相互协作的发展过程中，形成合作创新的格局。

（二）对象多元性

对象多元性指企业发生关系的利益相关方不仅在群内，而且广泛存在于群外。网络的扩大应注意接触点的多样性，否则会造成信息的重复，降低网络的利益。另外，集群内产品同质化程度高，企业间竞争大于协作，黏合度不高。对象多元化的利益之一占得先机，即信息的价值一部分来自于使信息取得者有比别人更早行动的优势。对象多元性对创新能力有正面作用，应尽可能联结不同性质的对象，厂商若想接触多元性的对象以获得异质信息，与集群外的对象进行联结是可行的办法，如吸引外资就是策略之一。

（三）中心性

中心性指企业位居集群网络的中心地位。如果位居中心地位，则可成为

网络的核心成员。通常核心成员比较容易将成本与风险转嫁给其他企业，自己则能得到较丰厚的利润。按照社会网络分析方法，将集群网络的中心性探讨分为程度、靠近、中介三部分，其中"程度"能测量出集群网络的区域中心性，"靠近"能测量出集群网络的全域中心性，"中介"能测量出集群网络结构的中介位置。按照 Freeman（1979）针对社会网络分析的观点，为了能够与其他集群比较，将区域中心性指标转换为"比例"来表示，即将某点的相邻点数目除以所有点的数目。实际中，网络特征的计算方法非常复杂且费时，可以通过社会网络分析软件所提供的功能计算各点的中心性等特征，本书不对此进行专门论述。中心性特征使企业在集群中处于居中地位，可以提高创新能力。中心性对创新有显著性影响，厂商若想从低成本战略转向差异化战略，应将自己在网络关系中维持居中地位（王贤梅、胡汉辉，2009）。

第三节 社会网络在赣南等中央苏区特色产业集群形成、发展过程中的主要作用分析
——以泰和乌鸡、南丰蜜桔特色产业集群为例

一、社会网络在泰和乌鸡特色产业集群形成、发展中的作用分析

（一）泰和乌鸡概述

泰和乌鸡原产于江西省泰和县武山北岩汪坡涂村，根据产地又称武山鸡。泰和乌鸡始录史册于唐宋，名扬天下于清朝康乾时期。泰和乌鸡体内含有 18 种氨基酸和 27 种微量元素，外表具备丛冠、缨头、绿耳、胡须、丝毛、毛脚、五爪、乌皮、乌肉、乌骨"十大"特征。西汉初期的《五十二病方》载有泰和乌鸡入药的记录。1567 年，泰和乌鸡的药用功效载入李时珍《本草纲目》。在《泰和县志》中记载："武山鸡，口内生香，以乌骨、绿耳、红冠、五爪，毛白色者为最佳……能治虚症、阴症、痘症，其功效在汤不在肉。"相传，在清

朝乾隆年间，泰和养鸡人涂文轩，选了几只最好的泰和鸡作为贡品献到京城，乾隆如获珍宝，赐名"武山鸡"，并且封了涂文轩的官职。泰和乌鸡集药用、保健、观赏于一体，一直为世人所关注。泰和乌鸡于1915年在巴拿马太平洋万国博览会上被评为"观赏鸡种"，荣获金奖。

图 4-1　泰和乌鸡

（二）地域文化催生泰和乌鸡特色产业集群

泰和乌鸡是在山鸡饲养的基础上，经千年的自然演变和人工选择历程，才形成具有稳定特质的鸡种。泰和乌鸡的秉性和特征与泰和县特定的自然禀赋密切相关。

泰和县位于江西省中部偏南，吉安市西南部，东南邻兴国、西南毗遂川、赣州，西接井冈山、永新，北与东北连吉安。主要地貌为山地、丘陵和平原，森林覆盖率达52%。泰和县境内气候温暖，光照充沛，年平均气温18.6℃，年温差23.20℃，全年日照1791.50小时。泰和特有的水体与土壤含有丰富的磷、钾、钙等有效营养成分，因此种植业发达，家禽饲料来源丰富。泰和乌鸡长期生长在依山傍水、风景秀丽的武山地区，其水源含有泰和乌鸡生长所需的多种特殊的矿物质，故有"不饮武山水，不是武山鸡"的说法。2000多年以来，灵秀的山水哺育了泰和乌鸡这一家禽珍品，相关的各种知识、技术在武山地区扩散，及于全泰和县及县境周边，形成了大规模的农户养殖群，是"中国乌鸡之乡"。

改革开放以后，随着泰和乌鸡市场需求不断提升，专门从事乌鸡经营加工的企业与养殖专业大户开始大量出现，泰和乌鸡特色产业集群初具规模，群内协同效应明显，初步形成了以泰和乌鸡原种场为保种、供种基地的种质资源保护，以汉君雄实业为基地的泰和乌鸡饲养，以半边天药业为龙头的泰和乌鸡保健药品研发，以白凤酒业为核心的泰和乌鸡保健酒生产，以汪坡涂实业为代表的泰和乌鸡旅游食品加工四大产品系列。2010 年，群内泰和乌鸡饲养量达 2000 万羽、出笼 1500 万羽，仅乌鸡蛋年产值就达 6.4 亿元，泰和乌鸡特色产业集群迎来了一个新的发展局面。目前，群内有 1 家泰和乌鸡原种场，11 家乌鸡养殖场，1 家以乌鸡入药的制药厂，5 家乌鸡酒厂，70 多家乌鸡产品营销企业，乌鸡产品涵盖养殖、饲料加工、食品加工、医药、保健食品、酒类生产等多个行业，形成了以澄江、塘洲为重点的泰和乌鸡特色产业集群。

（三）泰和乌鸡特色产业集群演变情况分析

泰和乌鸡特色产业集群形成、发展大致经历了三个阶段：初步形成阶段，柠檬市场阶段，转型、升级阶段。

1. 初步形成阶段

这是泰和乌鸡特色产业集群经历的第一个阶段，时间大致为 1991~2000 年。

虽然泰和乌鸡养殖时间长达 2000 多年，但是长期处于农副业阶段，真正形成集群是 20 世纪 90 年代初期。其标志有三个：一是出现了数量比较多的养殖户；二是出现了专门从事乌鸡销售、加工的企业化组织形式；三是初步出现了一批为乌鸡养殖、加工提供配套服务的各种组织。据资料统计，1978 年泰和全县乌鸡饲养量不足 5 万羽，到 2000 年，泰和乌鸡饲养量达到 2000 万羽，一大批乌鸡加工企业应运而生，产品涵盖八大系列，有 130 多个品种，年加工消化泰和乌鸡 400 多万羽，整个集群年产值超亿元。

2. 柠檬市场阶段

这是泰和乌鸡特色产业集群经历的第二个阶段，为集群发展陷入困境的阶段，其时间大致为 2001~2007 年。

泰和乌鸡特色产业集群进入第二个阶段后，由于在养殖环节，对泰和乌鸡的品种保护意识不强，饲养方法不科学，曾经产生了柠檬市场。主要表现在以下两个方面：

　　（1）集群形成后，带动了一批农民致富，投资其中的企业获得了丰厚的回报，示范效应非常明显，从而吸引了国内众多养殖和加工企业的眼球。在此情况下，全国各地的企业、养殖户纷纷到泰和来引种泰和乌鸡，泰和乌鸡养殖技术、技巧等由此产生外溢。由于各地从泰和乌鸡特色产业集群引走的都是纯种乌鸡，导致泰和乌鸡种质资源流失，严重影响了泰和乌鸡的竞争力。加之全国各地都是用泰和乌鸡在当地进行杂交繁育的杂交乌鸡，有些企业盗用泰和乌鸡的品牌，大肆养殖和加工杂种乌鸡及其衍生产品销往市场，原种泰和乌鸡由于成本较高，销售价格较高，不为市场接受，竞争力不强。

　　（2）随着泰和乌鸡特色产业集群影响力的不断提升，乌鸡价格不断攀升，泰和乌鸡特色产业集群内的一些养殖户急功近利，掺杂使假，导致整个网络功能严重受损。群内行为主体的短期行为主要表现有三个：一是使用激素饲料，促其疯长，人为缩短泰和乌鸡的生长周期，从而降低了泰和乌鸡的品质；二是大量引进杂交乌鸡，挤占了正宗泰和乌鸡的发展空间；三是以利为先，以次充好，以假乱真，一些地方特产供应商以低价的土鸡蛋冒充泰和乌鸡蛋包装销售，挤占了泰和乌鸡市场，损毁了泰和乌鸡的声誉。群内市场主体的这些行为对泰和乌鸡特色产业集群产生了毁灭性的影响。2001年以后，由于受价格持续低迷的影响，泰和乌鸡特色产业集群遭受了前所未有的冲击，饲养量骤然下降，泰和乌鸡种鸡存栏不过20万羽，年均饲养量不足500万羽，一些加工、配套企业也因无利可图，或者关门，或者搬离集群，泰和乌鸡特色产业集群整体陷入萎缩。

　　3. 转型、升级阶段

　　这是泰和乌鸡特色产业集群经历的第三个阶段，时间大致为2008年至今。

　　泰和乌鸡特色产业集群形成后，虽然有一批企业加入，但是绝大多数属于中小企业，甚或家庭作坊，一直缺乏大型龙头企业带动。多年来，泰和乌鸡的销售主要以活乌鸡、速冻冰鲜乌鸡、礼品包装的鲜蛋为主，不利于长途

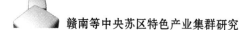

运输和保鲜，且附加值低。由于缺乏大型龙头企业带动，新的销售市场的开辟、拓展等受到制约。尽管泰和乌鸡特色产业集群现有 7 家泰和乌鸡加工企业，但由于投入不足，要么生产工艺技术水平低，要么产品科技含量不高，市场开发不力，使泰和乌鸡的加工转化一直停滞不前，自然无法带动整个乌鸡产业集群的发展。

针对泰和乌鸡特色产业集群发展中存在的问题，泰和县政府成立了专门机构，制定了优惠政策，采取了各种措施，试图引导集群转型、升级。如为了做大做强泰和乌鸡特色产业集群，自 2008 年开始，泰和县每年从县财政安排 100 万元专项资金用于扶持泰和乌鸡生态产业园、广告宣传、龙头企业与饲养大户等。泰和县政府还大力招商引资，通过整合兼并、内引外联的办法，引进并着力扶持一批龙头企业，帮助它们上规模、上档次，做大做强。针对泰和乌鸡被严重侵权的问题，泰和县政府乌鸡办还拨出经费制作了正宗泰和乌鸡防伪标识标志并启动了防伪查询系统（关于政府所采取的措施、开展的工作，下文将进行详细论述）。由于泰和县政府的支持、引导，泰和乌鸡特色产业集群逐渐走出了困境，正在向更高层次转型、升级。

（四）泰和乌鸡特色产业集群网络中行为主体的表现

Wilkinson 将社会网络分解为三大要素——行动者、行动和资源。行动者指行为人，是网络的主体，包括网络内部的生产主体（如生产商、供应商、运输商等）和非生产机构主体（如中介组织、政府机构、科研机构以及商品消费者）；行动则涵盖行动者在网络内、外市场所进行的各类经济和社会活动，例如行动者之间进行的物质资源和信息资源流动等；资源主要包括诸如设备、原材料之类的物质资源，以人的劳动为载体的人力资源和知识等信息资源，以及行动者之间的非正式互动关系。特色产业集群中的社会网络是一个独立的系统，由众多网络要素行动者、行动与资源相互联系而成，它们以某种固定的结构存在于集群网络系统中。结合对产业集群和社会网络的概念界定，集群网络的行为主体主要包括企业、研究机构、地方政府、中介机构和金融机构（赵俊，2008）。赵俊对这五个行为主体进行了比较详细的论述，本节引用其相关成果，主要研究企业、政府的行为，对研究机构、中介机构等仅作粗略论述。

1. 企业

集群网络中的企业主要包括供应商、客户、竞争企业和相关企业。既包括那些龙头大企业，也包括数量众多的中小企业甚至农户；既包括核心生产企业，也包括服务配套企业。企业是网络中最核心的经济单元，也是参与创新、推动集群形成和发展过程中起直接作用的行为主体。企业通过横向（竞争）、纵向（合作）行为与群内外的企业、科研机构、农户发生关系，建构社会网络。通过各种行为，泰和乌鸡特色产业集群中已经初步形成了比较完整的产业链，如表4-1所示。

表4-1　泰和乌鸡产业集群产业链

环节	上游环节		中游环节	下游环节
	种鸡供应	饲料生产	养殖	加工生产
主要行为主体	武山汉君雄实业有限公司	江西泰和赣泰饲料厂	泰和鸡原种场	江西生物谷生物制品有限公司
	泰和鸡原种场	江西大北农饲料厂	武山汉君雄实业有限公司	半边天药业
	江西生物谷实业	正邦集团	刘梁养殖场	汇仁药业集团
				久天实业

上游环节包括种鸡供应与饲料生产的企业。其中，武山汉君雄实业有限公司全部供应原种泰和乌鸡，而泰和鸡原种场、江西生物谷实业及各乡镇的大型养殖场除了供应原种乌鸡外，还供应肉用型乌鸡等杂交品种。此外，为了保护泰和原种乌鸡，已选定泰和鸡原种场作为示范基地，建成了一个原种乌鸡基因库，每年可获得国家80万元的财政专项拨款及地方政府的400万元资金支持，用于原种乌鸡的提纯复壮及配套系的研究。

在饲料供应方面，江西泰和赣泰饲料厂已研发出了一系列的乌鸡专用饲料，对于泰和乌鸡的品质保持起了重要作用。同时，江西大北农饲料厂、正邦集团等生产的饲料也源源不断地供应到泰和县，帮助乌鸡养殖业发展壮大。

中游环节主要指乌鸡的养殖环节。目前泰和县有泰和鸡原种场、武山汉君雄实业有限公司、刘梁养殖场等十个养殖基地，并有 2000 多个养殖户，其中有几百个养殖大户。

泰和乌鸡的养殖方式有多种，主要以企业建立养殖场自养、基地（或公司）+农户、合作社养殖三种形式为主。

第一种是企业建立养殖场自养。如泰和县武峰乌鸡养殖场，注册资金 280 万元，土地资源 200 亩，总资产 3580 万元，生产泰和乌鸡、泰和乌鸡蛋等产品，年产值 1200 万元。创建于 1983 年，目前有两套依爱巷道式孵化机，40 台箱体式孵化机，六幢万羽种鸡舍，十幢育成鸡舍，主要从事乌骨鸡的饲养和销售，存种鸡笼 20000 套，年出笼商品鸡苗 1500 万羽，年产值 2200 万元，产品主要销往广东、福建、湖南等省。鸡场现有员工 30 人，其中大专学历 2 人，中专技术员 5 人，是规模较大的泰和乌鸡养殖基地之一。1993 年胡锦涛、吴官正亲临鸡场视察并与全场员工合影留念。场长武水根先后获得江西省"十佳畜牧业专业大户"、"优秀种养能手"、"全省先进私营企业者"、"全省劳动模范"等荣誉称号。

第二种是基地（或公司）+农户。如刘梁乌鸡养殖场的养殖方式，既有自办养殖场自养的方式，也有基地+农户的方式，两者兼而有之。刘梁乌鸡养殖场为刘忠明创办。刘忠明毕业于吉安农校，先后在乡政府和粮食部门工作。1987 年，泰和县粮食局南溪粮管所鸡场不景气，刘忠明辞去公职，承包了只有几幢破旧鸡房和几台陈旧孵化机的南溪粮管所鸡场。1993 年，刘忠明在泰和文田开发区购买了 20 亩荒山，建起了 10000 平方米的标准鸡舍 10 栋。随着规模不断扩大，他又在井冈山机场建起了一个年生产商品鸡 30 万羽的分场。

除了自建养殖场外，他还采取了"基地+农户"的模式扩大养殖规模。如 2009 年，刘春元半路出家饲养乌鸡，投资 15 万元建起了小型养鸡场，该场的饲料配方、乌鸡饲养、疾病预防全部由刘忠明免费指导，同时还手把手地教刘春元饲养乌鸡，另外将药品、饲料无偿赊销给刘春元。以刘梁乌鸡养殖场为核心，通过实施"基地+农户"模式，采取以基地带专业村、以专业村带重点户的战略，从 2006 年起，刘忠明先后在泰和县的南溪、澄江、塘洲、冠朝等乡镇发展孵化小鸡，饲养乌鸡 2000 羽以上的大户 300 户。为确保乌鸡质量，提纯复壮泰和乌鸡，刘忠明加大了技术培训力度，主动给饲养户提供鸡苗、技术、饲养、销售一条龙服务。同时，为了使更多群众掌握乌鸡饲养、防疫技术，他将自费订阅的数十种科技书刊，无偿送给农户阅读。此外，他还采取巡回讲课、定点面授、定时会诊、编发简报等多种形式，将自己掌握的技术传授给农户和下岗职工。据《江西工人报》统计，刘忠明先后共免费为群众讲课 87 次，传技 1860 余人次，编发简报 150 期，带领 1200 户农户脱贫致富（《江西工人报》，2011-02-02）。

第三种是合作社方式。如泰和县泰和乌鸡养殖专业合作社有社员 76 个，社员中有泰和乌鸡养殖场 8 个，乌鸡产品加工厂 1 个，另有社员承包经营国有养殖企业泰和鸡原种场 1 个，养殖场占地面积 860 余亩，养殖鸡舍 42 栋、面积 22000 平方米，两套依爱巷道式孵化机，46 台箱体式孵化机，阶梯式养鸡笼 2000 组（套）；种鸡及后备种鸡存栏 2 万羽，商品鸡存栏 12 万羽，饲养生产能力 600 万羽。主要经营养殖正宗原种乌鸡，产品定名为泰和乌鸡，以小组（养殖场）生产为单位，由合作社按订单计划组织生产、统一销售。

下游环节指对乌鸡产品的加工生产和销售。集群内有江西生物谷生物制品有限公司、半边天药业、汇仁药业集团、久天实业等 13 家加工企业，产业涉及食品、药品、保健品等，产品有八大系列 130 多个品种。群内加工企业平均每年消耗乌鸡活体 680 万羽，极大地带动了泰和乌鸡养殖业的发展。

2. 大学和科研机构

随着知识经济时代的到来，知识和技术在经济发展过程中日益重要。作为知识、技术的主要生产者和创造者之一，大学和科研院所等研究机构不仅可以创造新思想、新知识、新技术等，还可以通过教育培训向产业集群输送人才，也可以通过和核心企业的合作，促进知识、信息、技术的扩散或市场价值的实现。所以，大学和科研机构是网络中参与创新的重要主体，也会对产业集群的形成和发展产生重要影响。产业集群能否拥有高水平的大学、科研机构，以及能否充分发挥这些行为主体在参与网络创新过程中的作用，也是产业集群形成和发展的关键。泰和乌鸡特色产业集群所在地虽然没有大学、科研机构，但是，集群内企业充分意识到大学、科研机构的重要性，通过各种渠道与政府科技管理部门、大学、科研机构建立官—产—学—研合作机制。在国家科技部的支持下，泰和县泰和鸡原种场与江西汇仁植物药业有限公司于 2000 年 12 月建立了一个泰和乌鸡 GAP 养殖示范基地，并与江西农业大学动物科技学院、江西省畜牧兽医研究院及汇仁集团现代中药研究院开展技术领域的合作，取得了长足进步。虽然如此，由于泰和乌鸡现有系列产品生产工艺技术水平低、附加值低，早已无法适应市场需求，而且新产品研发又缺少资金、技术和人才的支持，泰和乌鸡的营养、药用价值没有得到应有挖掘，从而使泰和乌鸡的加工转化能力停滞不前。这是今后必须解决的关键问题之一。

3. 政府

政府主要为产业集群网络内部各种资源的流动创造一个良好的环境，这种环境既包括交通通信等基础设施在内的硬环境，也包括引导产业集群健康发展的法律法规和投融资软环境，同时，政府也可以在网络与行为主体之间扮演桥梁角色，使知识、信息的扩散与传递更加准确和有效，为解决集群网络存在的问题创造条件。具体而言，各级政府在泰和乌鸡特色产业集群的培育、发展方面主要开展了如下工作：

第一，加强对乌鸡种源的保护工作。为了扶持和发展泰和乌鸡特色产业集群，泰和县对现有泰和乌鸡种群进行更新，加大泰和乌鸡种质资源的提纯复壮力度，扩大种群繁育规模。1959 年，政府在泰和乌鸡的发祥地建立了第一个专业化饲养场，1979 年又在武山东麓以南建成了泰和乌鸡原种场，使泰和乌鸡种质资源保护与发展进入到一个崭新的时期。1999 年 10 月，泰和建立了第一个乌骨鸡生态保护区，开始了原种乌鸡的"提纯复壮"工作。为了避免低成本发展路径的锁定，泰和县在集群内建有原种乌鸡生态保护区，占地面积 213.3 公顷，并建立了原种乌鸡基因库，从而区别于外省乌鸡品种（见图 4-2、图 4-3），以突出泰和乌鸡独特的品质与价值，向产业链的高端发展。

图 4-2　太和乌鸡荣获中国驰名商标

资料来源：360 导航网站。

图 4-3　泰和乌鸡原产地域保护

资料来源：360 导航网站。

　　在泰和乌鸡品种的保护方面，中央政府也发挥了重要作用。为还原泰和乌鸡本来面目，20 世纪 80 年代，泰和乌鸡保护工作被国家列入农业系统的"星火计划"，设立了专门的原种乌鸡种鸡场，开展了长期的乌鸡品种保护工作。2000 年，农业部将泰和乌鸡定为首批国家级畜禽保护品种；2002 年泰和乌鸡蛋在"神舟三号"宇宙飞船进行了太空生命科学试验。

第二，加大泰和乌鸡品牌的培育工作。泰和县政府注册了"泰和乌鸡"商标，2001年"泰和乌鸡"品牌在国家商标局注册，并于2007年获得中国驰名商标称号。之后，泰和县申请了泰和乌鸡原产地域产品保护，先后荣获质量地理、商标地理、农产品地理的国家级标志认证：2004年，泰和乌鸡成为地理标志保护产品（见图4-4），被列为全国第一个活体原产地域保护产品；同年10月10日，国家质量监督检验检疫总局公告（2004年第143号）批准对泰和乌鸡实施原产地域产品保护。2007年6月参加世界地理标志大会展览，并列入世界地理标志产品名录，受世界知识产权组织保护。2008年，泰和乌鸡获得中国工商行政管理总局中国地理标志证书。2010年，泰和乌鸡通过农业部地理标志登记，农业部发布《中华人民共和国农产品地理标志质量控制技术规范——泰和乌鸡》技术规范。2011年，国家技术监督总局确认泰和乌鸡为中国地理标志保护产品。泰和县经常举办多种形式的学习与交流活动，以突出泰和乌鸡的独特价值与历史人文因素，强化养殖农户、企业与消费者的品牌意识，凸显泰和乌鸡的差异化，提升泰和乌鸡的竞争力。

图4-4　国家技术监督总局确认泰和乌鸡为中国地理标志保护产品

资料来源：泰和乌鸡网站。

第三，强化对泰和乌鸡特色产业集群内乌鸡品质的管理工作。

（1）建立并发挥行业协会的作用。为了弥补市场失灵，1991年，泰和县政府牵头组建了泰和乌鸡协会，对泰和乌鸡特色产业集群内与乌鸡相关的一切经营活动进行统一管理和协调。面对 2001 年以后泰和乌鸡特色产业集群发展陷入困境的局面，当地政府逐步摸索并形成了"因地制宜、扬长避短、突出特色、制定标准"的泰和乌鸡特色产业集群发展思路。为了保证乌鸡品质，泰和县乌鸡协会对乌鸡养殖农户进行了培训与指导，对农户养殖过程进行规范管理，不断提高养殖农民的素质。同时，对企业经营进行了规范，并鼓励企业提高社会责任意识，力图建立更加规范的运行制度文化。2007 年 9 月《泰和乌鸡》国家标准发布并于 10 月 1 日起实施，泰和乌鸡协会对新的国家标准一方面积极宣传，另一方面引导群内企业、养殖户严格执行新国标，规范自身行为，以保证泰和乌鸡的品质。

（2）加强养殖基地建设，提升养殖户的组织化程度。为了进一步理顺农户之间以及农户与企业之间的合作关系，政府加强了养殖基地的建设，引进了大型龙头企业，规范了农民合作组织的运行制度，形成了稳定的"公司 + 基地 + 农户"规范经营方式，把分散的农户组织起来（胡平波，2011），确保乌鸡品质可控。

二、社会网络在南丰蜜桔特色产业集群形成、发展中的作用分析

（一）南丰蜜桔特色产业集群的基本情况

1. 南丰蜜桔概述

南丰蜜桔（橘）（见图 4-5）是我国名特优果树品种之一，其原产地和主产区在江西省南丰县，已有 1300 多年的栽培历史。南丰蜜桔果期为每年的 11~12 月，以皮薄核少、汁多化渣、色泽金黄、甜酸适口、营养丰富而享誉古今中外。南丰蜜桔食用价值和药用价值很高，全身是宝。鲜果营养丰富，桔皮有理气健脾、祛湿化痰的作用；桔络有通络舒筋、顺气活血的功效；桔核能理气、散结、止痛。南丰蜜桔还可以作为加工业的原料，如用桔皮提炼的橙皮甙能制成防治动脉粥样硬化、心肌梗死的药品；用果肉酿酒、酿醋，制作出蜜桔香槟酒、蜜桔可乐等，具有独特的香味；用桔皮桔花可提炼出天然果胶和香精，安全、广泛地应用于食品工业和医药工业。

图4-5　南丰蜜桔

资料来源：刘善庆拍摄。

2. 南丰地域环境与南丰蜜桔

唐代开元以前，乳桔落户南丰，可以说南丰蜜桔源出乳桔。南丰县四周环山，地处洪州（今南昌）以南，冬季比洪州暖，夏季比洪州凉，属亚热带季风气候区，气候温暖，雨量充沛，日照充足，无霜期长，四季分明；土壤、气候、温度、光照等自然条件均适合南丰蜜桔生长。南丰地势由东、西两侧向中央微微倾斜，南部略高于北部，形成由西南到东北向的沟谷地形，境内多红色丘陵、盆地。南丰县的土壤类型以红壤、水稻土、潮土、紫色土等为主，适宜乳桔生长。由于获得优异的生态条件，乳桔很快就成为南丰农家主要果树栽培品种。

经过南丰桔农长期繁育，种植技术不断积累而有创新，终使乳桔出现了变异，具有新的性状，味更甜美，高糖低酸，香气浓郁，在桔中独具特色。人们因其味似蜜便称之为"蜜桔"，销往外地冠以产地名称称之为"南丰蜜桔"。宋元以后，蜜桔名称始载入明正德《建昌府志》。

经过长期改良和人工选育，南丰蜜桔已形成了丰富的品种资源。南丰蜜桔目前已经选育出大果、小果、桂花蒂、早熟、短枝、无核等各具特色的优良品系和株系。每个品系各具独特的风味（见图4-6）。其中，大果是南丰蜜

图 4-6　南丰蜜桔园

资料来源：360 导航网站。

桔的丰产品种，果形大，树势强健，叶子相对较大，抗逆性好，果大汁多，外观标致，肉质脆嫩，甜酸适度，有香气，单果重 50 克左右；但与小果系相比，食味偏淡，核较多，化渣性也较低。由于大果系产量比小果系高，采摘省工也好销售，农民乐意栽培，栽培比重将会扩大。从大果系中选育果形大、核少、丰产性好、风味香甜的单株繁育推广，是当前品种改良行之有效的方法，但效果不够理想。20 世纪 50 年代在南丰县桥背乡大堡村选出的优良单株石上 1 号，是 1978 年江西省定推广株系，但至今仍不能大量繁殖，主要原因是表现尚不稳定。近年选出的白舍大果、磨刀大果较有发展前景，正在继续培育和观察。小果又称金钱蜜桔，品质特优，皮薄，每果平均种子在 1 粒左右，含糖量高，汁多味佳；树势中等，树冠较大而果实略小，果小汁多，单果重 30 克左右，肉质脆嫩，少渣无核，香味浓郁，外观美丽，丰产性好，是目前南丰蜜桔中面积最广、产量最多的品系。1975 年从南丰县杨梅村选育出来的"杨小 2-6"新株系，是小果系中风味特佳的株系，曾于 1976 年、1977年在全国柑桔良种鉴评会上连续被评为一类优良选种单株，被江西省定为优良推广株系。至今已育成并在南丰县内外推广株系苗 40 万株。1982 年在柑桔试验站，取 3 年生"杨小 2-6"子代果实进行鉴评，一般果系明显大于母系果实，单果重 34 克，且基本上保持高糖低酸、香甜可口的特色。小果系产量略逊于大果系，采收需更多劳力。桂花蒂也称柿蒂，蒂大而凸起，形似桂花而得名，香味和贮藏性能都较好。桂花蒂系是小果系中变异繁衍出来的品系，

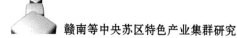

生长特性和结果习性基本上与小果系相同，品质也与小果系相似，不同的是果蒂部萼片明显加厚，形如桂花，该品系产量稳定，但果小，单产偏低，近年来几乎无人种植。早熟蜜桔比其他品系提前成熟 20 天左右。短枝株系指桔枝短，节间密而枝条粗壮，叶片深绿，适宜密植。无核品系，指种子极少，每 10 个果中，仅有 1~2 个种子，味香甜。从南丰蜜桔演变来说，小果系是大果系的枝变或变异植株，由于小果系果小，味道特别纯正香甜，更受市场欢迎，因而发展快，产量渐渐超过大果系，成为南丰蜜桔的主要形象。

从上述分析可知，南丰蜜桔是在南丰独特的自然环境里，经过南丰桔农长期选育，凭借已经形成的独特栽培技术、管理技巧而形成的有别于其他地区、具有南丰特色的特色农产品。

3. 具有深厚底蕴和社会网络特征的南丰蜜桔文化

唐宋以来，南丰蜜桔均被历代朝廷列为贡品，故有"贡桔"之称。南丰蜜桔不仅得到了中国最高统治者的青睐，其名声还传到了日本。据日本高桥郁郎所著《柑桔》、《日本园艺大辞典》、《日本园艺大事记》的记载，700~800 年前，南丰蜜桔栽培技术外溢，被引种至日本，成为江户时代至明治时代数百年的水果主要品种。南丰蜜桔发展到近代，因其经济价值高，一直供不应求，刺激了生产发展，规模越来越大，围绕蜜桔种植的各种技术遂在南丰县城周围的城郊扩散开来。晚清特别是清末民初是南丰蜜桔生产发展的鼎盛时期，最高年产曾达 12 万担之多。到民国时期，因战乱和灾害的影响，生产由盛趋衰，桔树被大量砍伐，桔园荒芜，产量急剧下降，一般年产只有 1 万~2 万担。新中国成立前夕，南丰蜜桔面积不到 3000 亩，年产蜜桔 17789 担。南丰蜜桔栽培地区集中在城区及县城附近的瑶浦、水南、杨梅、茅店等乡村，离城 5 公里外则少有栽培。

南丰蜜桔最早种植于盱江两岸的河边冲积沙洲地，成带状分布，以南丰县城为中心，不出十里。南丰蜜桔以南丰县城为中心成带状分布的原因是，因为河旁冲积土为沙质，土层深厚，有大量的污泥淤积，土质肥沃，有机质含量丰富，栽培蜜桔成林快、结果早、产量高、品质佳。

千百年来，南丰农民过着丰衣足食的安逸生活，并形成了浓厚的农业耕种文化。他们安居乐业，世代守候并耕种着自己的土地。这种文化促进了当地广大农户对南丰蜜桔种植的热爱，并催生了大量的农户种植群。农耕文化强调精耕细作，富有创新意识。这种创新精神对南丰农民产生了潜移默化的影响，他们致力于蜜桔品种及种植技术的不断改进，并不断地在广大农民中流传开来，为大面积种植南丰蜜桔奠定了基础。这种世代耕种的农耕文化已经深深地烙在南丰农民的生产与生活之中，并渗透到农村文化的每个角落，从而使南丰蜜桔这种优质果品流传至今，并在本区域形成了农户种植群，网络特征非常明显。

200多年前，南丰蜜桔就初步实现了与农业的分离，开始专业化生产。据史料记载，清朝中期有专业种植南丰蜜桔的村落。清朝鲁琪光在《南丰风俗物产志》记载："蜜桔，四方知名。秋末，篱落丹碧累累。闽广所产逊其甘芳。近城水南杨梅村人，不事农功，专以为业。"显然，蜜桔专业化生产说明两个问题：一是南丰蜜桔市场需求量增大，仅靠农民作为辅助经济作物种植已经无法满足市场的需求，为了更好地满足市场日益增加的需求，一部分蜜桔种植户从农业中分离出来，专门从事南丰蜜桔的种植；二是南丰蜜桔已经成为南丰主要的经济作物，蜜桔的种植、销售已经成为人们重要的收入来源。由此可以推论，南丰很可能开始出现了专门从事蜜桔收购、贩运、销售的人员。如此，围绕南丰蜜桔的种植、销售，除了种植户之间就蜜桔的种苗选购、栽培、管理等问题交流经验之外，也出现了专业种植户与非专业种植户之间、种植户与蜜桔贩运人员之间、以及蜜桔贩运人员之间的各种关系，还出现了蜜桔销售人员与市场管理人员之间的关系，各种关系构成了功能比较完整的社会网络。由于南丰蜜桔种植农户群是在漫长的时间内自然形成的，因此，家族因素等人格化的信任文化在集群形成过程中的影响成分更多一些，而契约文化的影响成分可能相对少一些（胡平波，2011）。又因为各种关系的发生可能仅限于比较小的范围，关系主体范围居住地很可能相隔并不远，因此，基于地域文化产生的同乡之间的信任关系在网络运行中起了支配作用，而契约关系则起辅助作用。总之，种植户之间、种植户与蜜桔贩运人员之间以及贩运人员之间在当地建立起来的信任感编织成一个固定的社会关系网络，包括以家庭为核心的家庭关系网络和以乡村精英人物为核心的社会关系网络，形成了丰富的关系生态网络（王仲智、从明珠、沈正平，2008）。

南丰蜜桔品牌历史底蕴厚重。唐宋八大家之一的曾巩，曾写诗赞美家乡的柑桔："鲜明百数见秋实，错缀众叶倾霜柯。翠羽流苏出天仗，黄金戏球相荡摩。入苞岂数桔柚贱，宅鼎始足盐梅和。江湖苦遭俗眼慢，禁御尚觉凡木多。谁能出口献天子，一致大树凌沧波。"从古至今，南丰蜜桔在不同的历史时期均获得了丰厚的荣誉（见表4-2），构成了南丰蜜桔独特的品牌文化。

表4-2 南丰蜜桔所获得的各种荣誉

时间	主要荣誉	评价单位（或个人）
唐宋以来历代	贡桔	封建朝廷
苏联	桔中之王	斯大林语
1962 年	全国十大良种之一	不详
1976 年以来	连续多年评为全国优质果品	不详
1985 年	全国优质水果	不详
1986 年	南丰县被列为"全国柑桔商品基地县"	不详
1989 年	全国优质水果	不详
1995 年	中国蜜桔之乡	农业部
1999 年	名牌产品	中国国际农业博览会
1999 年	南丰蜜桔获得铜奖	昆明世界园艺博览会
2001 年	全国园艺产品出口示范区	农业部、对外贸易经济合作部
2001 年	南丰蜜桔囊括了金、银、铜奖共 6 个名次	江西省柑桔评比赛
2002 年	"南丰蜜桔是金牌"	温家宝
2003 年	全国第二批创建无公害农产品（南丰蜜桔）示范基地县	农业部
2003 年	国家原产地域保护产品	国家质量监督检验检疫总局
2003 年	南丰蜜桔被认定为绿色食品 A 级产品，许可使用绿色食品标志	中国绿色食品发展中心
2005 年	南丰蜜桔首次出口欧盟	中国柑桔类水果首次大批出口欧盟
2006 年	中国名牌农产品	农业部
2011 年	江西省农副产品加工产业基地县	江西省工信委

时间	主要荣誉	评价单位（或个人）
不详	南丰蜜桔商标获得江西名牌产品、江西省著名商标	江西省工商局
2007 年	南丰蜜桔商标获得中国驰名商标	国家工商总局
2011 年	全国食品工业强县	中国食品工业协会

资料来源：笔者收集。

4. 中华人民共和国成立后南丰蜜桔发展概况

中华人民共和国成立后，各级政府十分重视南丰蜜桔的种植，采取了一系列行之有效的措施，从政策上、技术上、经济上、管理上帮助和扶持桔农恢复和发展蜜桔种植，成效显著，表 4-3 是 1949~2001 年南丰蜜桔产业发展概况。关于南丰县政府为南丰蜜桔特色产业集群形成、发展所采取的扶持措施，将在后文论述。

表 4-3　1949~2001 年南丰蜜桔产业发展概况

时间	发展概况	
	种植面积（亩）	产量（公斤）
1950~1958 年（恢复发展阶段）	1950：3000 亩	1950：88 万；1952：108 万；1954~1955：65 万/年；1958：227 万
1959~1972 年（低产停滞阶段）	1970：1360 亩；为新中国成立以来桔园面积最少的一年	1961~1964：100 余万/年；1972：221 余万
1973~1979 年（稳定发展阶段）	1973：5243；1977：11577；1979：22932	1973：273 万余；1979：574 万
1980~1991 年（快速发展阶段）	1982：39700；1991：81578	1983：1040 万；1986：2000 余万；1991：4000 万
1992~2001 年（迅猛发展阶段）	1991 年冬：南丰县遭受特大冻害，全县80.26%的南丰蜜桔被冻死（见图 4-9）。2001：18.2 万；2012：70 万	1999：6000 万；2001：1 亿；2012：7.5 亿

资料来源：笔者收集。

图 4-7 南丰蜜桔冻灾严重

资料来源：360 导航网站。

（二）南丰蜜桔特色产业集群的形成、演变

1. 南丰蜜桔特色产业集群形成机理分析

胡平波（2011）认为，特色农业产业集群实质上是一种复杂的网络系统，其形成需要具备三个基本条件：农户、农业流通企业、农业加工企业。一是要在独特的区域自然条件基础上形成农户种植群；二是要形成包括农村合作经济组织在内的各种企业——如农业流通企业；三是种植农户之间以及与企业之间形成分工协作关系。其中前两个条件是系统要素条件，第三个条件是系统要素之间关系的条件。

稳定的蜜桔种植群形成后，所产蜜桔需要经过市场，完成商品化，才能收回投资，获取收益。农业流通企业就是沟通市场与南丰蜜桔种植群之间关系的媒介。由于南丰蜜桔种植面积的不断扩大，产量不断提升，仅靠南丰及其周边市场已经无法消化数量巨大的蜜桔，需要不断扩展南丰蜜桔的销售市场。为了将数量不断增大的南丰蜜桔及时推向域外市场，需要新的流通企业加入。由于新的种植面孔、新的流通企业不断出现，交易双方在交易之前可能并不熟悉，甚至互不相识，之前基于地域、血缘形成的各种信任关系被突破。为了交易，需要建立基于市场互利原则的正式契约关系。种植户在面临外部强大的市场时显得更加"渺小"，为了维护自身利益，非常需要契约化形式的合作组织（农村合作经济组织），通过这种组织，便于与流通企业建立比较稳固的合作关系。

由于种植面积的不断扩大，专门为南丰蜜桔种植服务的种苗、肥料、病虫害防治、种植技术推广培训机构不断涌现。随着过剩经济时代的出现以及区域之间交流的增加，各种要素在全国甚至世界范围内配置，水果市场结构性过剩，竞争激烈。我国桔类品种多，产量高，主要有南丰蜜桔、浙江柑桔、温州蜜桔、福建芦柑、红桔、沙糖桔等，这些品种均与南丰蜜桔存在竞争，而且南丰蜜桔品种较为混杂，主要是产期过于集中，品质不高，流通不畅，早熟比例不足 10%，中晚熟占到 90% 以上，同一园中早、中、晚熟，大、小果混杂等现象严重，普遍采收期是在立冬前后，销售高峰期主要集中在 11 月上旬至春节前，重点销售期为 3 个月左右。由于南丰蜜桔在成熟期集中上市，势必造成鲜果短期供给旺盛，从而对南丰蜜桔价格的提升和出口竞争力产生负面影响。为了取得更好的收益，一方面，需要对南丰蜜桔进行储存、分级、包装；另一方面，也需要进行深加工。为了适应这种新情况，与此相应的物流企业、包装企业、深加工企业陆续出现。这些不同的利益主体均围绕南丰蜜桔产前、产中、产后各个环节，形成关联性极高的上、中、下游产业链。各个利益主体之间互为利益相关方，相互作用，南丰蜜桔产业集群由此形成。正如格兰诺维特（1985）所言，现代市场中各种社会关系对经济行动发生起着主要影响甚至是决定性影响。

南丰县位于赣闽两省七县交界处，京福高速、昌厦公路、206 国道穿境而过，向莆高速铁路、济南至香港高速公路将途经南丰，交通枢纽辐射全国，十分便利。产品运送到各大中城市和各主要港口方便快捷。南丰蜜桔自 1991 年遭遇毁灭性的冻害至今，蜜桔种植面积逐年扩大，蜜桔产量总体呈上升趋势。种植面积已由当时仅存的 2.04 万亩发展到 2012 年底的 70 万亩，产量从 1992 年的 72 吨发展到 2012 年的 75 万吨。2002 年南丰蜜桔产值首次超过全县粮食总产值。2004 年，蜜桔种植面积达 26 万亩，总产量 1.7 亿公斤，总产

赣南等中央苏区特色产业集群研究

值达 4 亿元,超过粮食总产值,已成为县域经济的支柱产业(见表 4-4)。2004 年,南丰农民人均纯收入 3645 元中有近 1/3 来自蜜桔产业,达 1170 元,其中农民增收的 803.8 元中有 467 元来自南丰蜜桔产业。至 2005 年,南丰县桔园总面积达 35 万亩,总产量达 25 万吨,总产值达 8 亿元。同年南丰县农民人均收入 4365 元,其中 40% 直接来自南丰蜜桔,农民人均纯收入增收的 701 元几乎都来自南丰蜜桔产业。2010 年,南丰蜜桔产值为 168273 万元(现价),占农林牧渔业总产值的 53%。2011 年,南丰蜜桔种植面积达 70 余万亩,年产 80 万吨,全县蜜桔产值突破 40 亿元,直接带动 5 万余农民实现家门口就业,人均纯收入达 10707 元,全县农民纯收入的 80% 来自南丰蜜桔产业。南丰蜜桔的生产需要相对固定的劳动力,给农民带来较丰厚的收入,使农民能够安居乐业。

表 4-4 南丰蜜桔特色产业集群发展与农民收入情况

年份	种植面积(万亩)	产量(公斤)	总产值(元)	占农民总收入的百分比(%)
1992	2.04	72000		不详
2004	26	170000000	400000000	33.3
2005	35	250000000	800000000	40
2006	56(含南城县)	340000000（含南城县）	不详	不详
2008	50	600000000	不详	不详
2010	58.065	601353000	1682730000	53
2011	70	800000000	4000000000	80
2012	70	750000000	不详	不详

资料来源:笔者收集。

南丰桔农通过种植蜜桔致富,产生了良好的示范效应,群众发展南丰蜜桔的积极性空前高涨,一批种桔致富的典型户和典型村不断涌现。广大桔农自筹资金,不少农民自费请挖掘机开槽建园,再现了敢为人先的气魄,许多非农人员甚至机关事业单位人员也纷纷投资蜜桔种植。社会各界开发荒山荒坡,兴办果园,建设蜜桔种植基地,使南丰蜜桔种植面积以平均每年 20% 的速度递增，蜜桔种植网络不断扩大。据不完全统计，南丰全县单位、个人开发基地面积在 13.33 公顷以上的有 300 多人。因南丰本县土地受限，有些个体户还自筹资金到广昌、黎川、南城、宜黄、临川等周边县市开垦荒山，建立自己的南丰蜜桔基地，对南丰县蜜桔特色产业集群及蜜桔产业的发展起到了有力的推动作用。随着南丰蜜桔特色产业集群的快速发展，一批南丰蜜桔专业村相继涌现，年产南丰蜜桔 2 万~2.5 万公斤、收入 5 万~8 万元的蜜桔生产大户不胜枚举，为南丰蜜桔特色产业集群的发展奠定了坚实的产业基础。

在南丰蜜桔特色产业集群中，中介组织起到了很好的组织作用，提升了组织化程度。在南丰蜜桔特色产业集群不断壮大的过程中，集群内建立了蜜桔专业合作社等农民经济合作组织。为进一步扩大南丰全县优质蜜桔种植范围，提高农民种植技术，如 2011 年 3 月 29 日，桃花江美人窝优质水果专业合作社在南丰县三堂街镇郭家洲村举办南丰蜜桔种植实用技术培训班。合作社从湖南省安化县等地聘请柑桔种植专家进行授课，并组织专家对农户现场进行手把手的技术指导、面对面的技术咨询和技术交流。三堂街镇资江沿线的乌旗山、湖莲坪等 10 个村的支部书记，三堂街镇郭家洲村、桃花江镇人和桥村、高桥乡松柏村等村的柑桔种植户代表等共计 120 多人参加了本次培训。南丰县财政局、经管局、科协等单位相关单位负责人进行了现场指导与支持。该合作社理事长范立华说，为确保南丰蜜桔种植技术，合作社每年将根据柑桔种植季节举办 3~4 期类似培训班。2007 年，合作社从外地引进南丰蜜桔优质品种，并在郭家洲村试种成功，发展种植户 150 多户，种植面积达 550 多亩，获得了可观的经济效益。再如，微红果业是一家集种植、销售、出口为一体的南丰蜜桔产业化龙头企业，通过"公司+基地+农户"的模式，带动农民组建专业合作社勇闯市场，年销售南丰蜜桔达 5000 万公斤，带动农户 5000余人致富。2011 年，南丰全县蜜桔专业合作社共计 92 家。

除了蜜桔专业合作社外，南丰蜜桔特色产业集群内还建立了南丰蜜桔协会。2006 年，南丰组建了南丰蜜桔协会，蜜桔产销大户是会员主体。随后，南丰各乡镇也成立了蜜桔产销协会。南丰蜜桔协会在蜜桔栽培管理、病虫害防治、销售等方面起到了很好的示范带动作用，在南丰蜜桔销售季节已成为

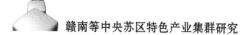

带动市场的龙头。

在各类中介服务组织大力发展的同时，南丰蜜桔特色产业集群内的专业化分工进一步发展。

（1）这种专业化分工先是蜜桔种植环节，农资生产、蜜桔苗木繁育、果树苗木嫁接从蜜桔种植中分离。蜜桔种植面积不断扩大，带动了南丰蜜桔苗木繁育业的发展。2006年，群内南丰蜜桔苗木繁育数量约500万株，其中，可出圃苗木150万~200万株。2007年春季，当地蜜桔苗木价格创历史新高，每株平均价格达3.50元，最高达6.50~7.0元。同时，为满足南丰周边县（市）南丰蜜桔基地建设所需苗木，不少育苗户将一年繁育的苗木出售。2007年，南丰全县南丰蜜桔苗木（含枳壳）繁育数量约1500万株，其中，可出圃苗木约300万株，成为苗木数量较为充足的年份，在较大程度上满足了本县及周边县（市）南丰蜜桔基地建设所需苗木。为种植提供专业服务的农资企业蓬勃发展，其中，蜜桔有机肥业的代表性企业有"兰鑫"、"超大"等。

在此过程中，苗木繁育企业还进行了以下技术创新：①培育容器蜜桔大苗壮苗，使之成为南丰县蜜桔苗木培育的一大热点。②对蜜桔品种进行提纯复壮，及时进行品种改良和结构调整，进一步提高品质，有效地开发出适宜的加工产品，提高产能效益。③进一步调整种植结构，使加工用品种和鲜食用的品种比例得到调整，使早、中、晚熟期的搭配得到合理优化。尤其是加强以早熟为主的良种选育与推广，进行高接换种，进一步开展大规模的良种选育工作，加强不同熟期、特异品种的选育，如特早熟、早熟和特晚熟品种的选育，耐贮藏品种的选育，适宜加工品种的选育，抗病抗寒品种的选育等，使南丰蜜桔品种多样化，提高品种的适应性和市场竞争能力。

（2）在南丰蜜桔果品采摘、加工处理环节，果品采摘、包装、分级打蜡、食品加工成为独立的环节，出现了一批专业蜜桔包装户（企业）、蜜桔分级打蜡商、食品加工企业。2007年，投资包装工业、蜜桔加工等行业的企业20余家，上规模企业18家，其中4家拥有南丰蜜桔自营出口权。目前，出现了一批蜜桔加工、包装等蜜桔上下游产业的工业型龙头企业。香港国元乳品、北京汇源集团、福建超大集团、北京华夏五千年、桔王红科技、吉香林食品等一批品牌企业加盟蜜桔产业。2011年8月，汇源集团投资5亿元在南丰县建设汇源集团（南丰）水果饮料食品加工项目。据统计，仅2011年，南丰拥有蜜桔加工、蜜桔包装等"桔字号"企业100余家，其中拥有南丰蜜桔自营出口权的企业25家。其中国家级龙头企业2家，省级龙头企业5家，市级龙头企业19家，形成了以"国元"、"蓝欣"、"泰纳"为龙头的40余家食品饮料精深加工业，以"欣荣"、"桔皇"为龙头的果品包装业。2011年，蓝欣、华夏五千年被评为"全国食品工业优秀龙头企业"。华夏五千年生态酒庄有限公司生产的"南丰蜜桔白兰地"、"南丰蜜桔酒"被评为江西省重点新产品。江西飞环酒业（有限）公司，成功研制开发了以南丰蜜桔为原料的飞环干黄酒，填补了国内空白。该产品获得第十一届中国新技术、新产品博览会金奖和世界果酒组织 Nonde Seoection 银质奖。江西桔王红科技有限公司的南丰蜜桔国酒小试获得成功，以南丰蜜桔为原料的深加工企业在南丰快速发展崛起，进一步延伸南丰蜜桔产业链，提高了南丰蜜桔的附加值。

（3）在蜜桔销售环节，专业性的物流企业（个体户）、销售企业（个体户）大量出现。仅2011年，群内物流公司就有30多家。以"微红"、"梦龙"为龙头的蜜桔销售加工业，销售网点遍布全国各大中城市，已远销东南亚、俄罗斯、欧盟、北美市场30多个国家和地区，年出口量20万吨。

需要指出的是，南丰物流企业的发展受到地方政府的支持。南丰县政府制定了各项优惠政策，鼓励支持桔农以入股、参股等形式参与物流运输业，不断挖掘物流市场空间和发展潜力，大力推动现代物流业的发展。目前，桔圣、桔城、桔都、桔苑等一大批物流运输公司相继组建，全县货车总数由过去的几百辆猛增到5000余辆，从业队伍突破3万人，总吨位达3万吨，实现物流创税7600万元，同比增长51.7%。

除了正规企业专门从事南丰蜜桔的运输、销售外，也大量出现了专门从事南丰蜜桔运输营销的个体户。在销售旺季，南丰县从事蜜桔经营、销售、服务的自然经纪人达5100户，其中农民占90%。全县有近10万人直接、间接从事南丰蜜桔销售工作，市场开拓能力较强。

就这样，蜜桔采摘、包装、流通销售等环节成为了南丰县农民收入的重要来源。蜜桔上市期间，采摘收购和分级包装每天用工 7000 多人，吸纳农村劳动力 30 多万人次，劳动报酬资金总流量近千万元。

（4）在南丰蜜桔服务环节，一批新兴机构、行业出现了。伴随着蜜桔市场兴旺，南丰住宿、餐饮、服务等第三产业快速增长（见图 4-8），仅 2011 年，南丰住宿、餐饮等服务行业就新增 1000 多户。

图 4-8　南丰开展特色游　迎首批自驾游团队

资料来源：南丰政府网，2014 年 8 月 30 日。

南丰蜜桔的发展带动了旅游业的发展。南丰县通过山顶植树、山腰栽种果树、山谷兴建小型水库，打造 200 多个精品蜜桔园，森林覆盖率达 74.3% 以上，形成"人、桔、花、鸟"一体的独特人文生态景观。依托南丰蜜桔绿色资源，深度挖掘以"吃农家饭、住农家屋、观赏桔海、品尝蜜桔"为主要内容的"农家乐"特色旅游，开辟精品线路 5 条、新景点 20 余个。南丰结合生态精品果园建设，重点开发以"春赏花、秋采果"为主题的特色旅游，建成生态桔园观光旅游基地 6 个，吸引了江西省内外游客纷至沓来，罗里石生态桔园被评为全国农业生态旅游示范基地。市山镇包坊村是南丰县优质生态桔园示范村，该村通过开展游园观光、赏桔品果等活动，大大提高了村里蜜桔的知名度。浙商投资 4 亿元建设的江南第一桔温泉傅坊温泉山庄，开发南丰蜜桔国礼园等景点，更进一步提升南丰县蜜桔旅游附加值。每年蜜桔收获季节吸引大量外来游客，旅游收入达 2.3 亿元。

南丰蜜桔集群的不断壮大，还吸引了为集群提供金融服务的金融机构、融资担保机构的不断诞生和迁入。如南丰农村合作银行、桔都村镇银行、九江银行分支机构、宏励小额贷款公司等金融机构，工业园区、银河、吉利等融资担保机构。

一批为蜜桔集群服务的技术机构也相继诞生，从而使集群技术基础不断夯实。成立了南丰蜜桔协会、南丰蜜桔研究会，培养了大量懂技术、会管理的农民技术员，一批符合绿色、生态、无公害要求，能够改善和提升果品质量的现代农业生产技术正在研究和普及。

总之，南丰蜜桔的种植带动采摘、包装、运输、销售、食品加工、商贸、旅游及服务业等相关产业的发展，南丰蜜桔实现了从单一种植为主向生产、流通、旅游和深加工配套的产业集群发展。

随着上述利益主体相继进入南丰蜜桔产业，构成了比较完整的产业链，并最终形成了南丰蜜桔特色产业集群。

2. 南丰蜜桔特色产业集群内的龙头企业

南丰蜜桔特色产业集群产业链各个环节相继出现了一些龙头企业，这些龙头企业引领整个集群的发展。如江西泰纳南丰蜜桔有限公司、南丰县兄弟果业有限公司、超大公司。

江西泰纳南丰蜜桔有限公司是农业产业化国家重点龙头企业，以南丰蜜桔为主导，集科研、生产、销售、品牌运营为一体。在南丰蜜桔育苗选种、种植栽培、施肥打药、采摘保鲜、加工包装等运作中，投入大量资金，进行了一系列卓有成效的创新。一方面，花钱培训员工、农户和各类技术人员，采取请进来、派出去的方法，以课堂、车间、田间、山坡、基地等场所，以不同形式进行教育指导，有效地提高企业人员、基地人员的文化技术素质，提高他们的技术技能及操作能力；另一方面，公司着力提高企业管理人员素质，严格执行生产技术标准，对关键技术、关键岗位严格把关，对关键人才则重金聘请。江西泰纳南丰蜜桔有限公司在"绿色食品"、"中国名优农产品"、ISO9000 认证、QS 认证等方面取得成效，使"泰纳"牌南丰蜜桔的品质

得到保障和提高。2006 年，为拓宽融资渠道，江西泰纳南丰蜜桔有限公司大胆创新，精心运筹，从股份合作走向股份制，并提出从国内市场走向国际市场，通过借壳反向收购的模式，在美国纳斯达克 OTCBB 板成功上市，填补了抚州市上市公司的空白。

江西泰纳南丰蜜桔有限公司的快速发展，与其总裁陈泉龙密切相关。陈泉龙认为，中国果业的发展必然朝着"水果重品质，食品重安全，经营重品牌，零售重专卖（小超市向大超市、大超市向连锁，区域连锁向全国连锁）"的趋势迈进。培育名牌产品，并以此引导产业链的延伸和优化，培育支柱产业，扩张市场，从而提高产品的竞争力，进而和国外的企业品牌相抗衡；要想成为行业中的知名品牌和行业老大，有了自己的终端将事半功倍。基于此，江西泰纳南丰蜜桔有限公司在全国各地投入巨资建设水果连锁超市。2008 年，在北京建设的"和平里店"就是一个很好的例证。"和平里旗舰店"是北京水果连锁店中最大的，该店的营业面积、覆盖人口、店内设施、品种品质等指标都远远超出了同行水果超市，标志着江西泰纳南丰蜜桔有限公司开始走出引领中国果业做大做强的坚实一步。

2011 年 9 月 21 日，国家农业部认定了第一批国家农业产业化示范基地，农业部正式批准南丰蜜桔出口产业园为"全国首家农业产业化水果出口示范产业园"，该产业园由江西泰纳南丰蜜桔有限公司创建和运营，总投资 1 亿元，2009 年开始兴建。南丰蜜桔出口产业园位于江西省南丰县富溪工业园区，目的在于搭建南丰蜜桔出口平台，拓宽南丰蜜桔出口渠道，掌握南丰蜜桔在国际市场的话语权。南丰蜜桔出口产业园按照农业产业化示范基地标准要求，经过 3 年努力建设而成，占地 75000 多平方米，蜜桔加工能力 10 万吨。产业园拥有按 GAP 国际标准认证要求建设的现代化车间 25 幢、万吨大型气调保鲜库、先进的光电选果生产线等蜜桔加工生产配套设备；同时，南丰蜜桔出口产业园能为蜜桔出口企业提供办理出口手续、外汇结算、外文翻译、招工、货运平台等全方位的服务。该项目的建成有利于资源聚集，有利于市场信息的共享，加大对国外市场的开拓。农业产业化示范基地是示范带动现代农业发展的重要内容，主要依托现代农业示范区，以农产品加工物流等园区为载体，以提升辐射带动能力为核心，以龙头企业集群集聚发展为重点，集成集约资源要素，拓展产业链功能，打造区域特色品牌，形成主导产业突出、规模效应明显、组织化程度较高、农民增收效果显著，引领现代农业发展的核心区和产业集聚区。

近年来，在南丰县委、县政府，各级农业、果业、开发办、商务、中国银行等有关部门的大力支持下，南丰蜜桔出口产业园建设不断完善。南丰蜜桔出口产业园在做大南丰蜜桔产业的同时，坚持不懈地抓好南丰蜜桔这块"金牌"的保护和价值提升，按照国际标准和有关操作规范，实行生产标准化、品质优良化、销售品牌化、加工规范化（见图4-9）。其出口的南丰蜜桔更是优中选优，采取绿色食品标准统一检验保鲜，在国际市场上赢得了良好的口碑。南丰蜜桔出口产业园先进的基础设施和完备的服务体系使众多知名南丰蜜桔出口企业在园区落户。同时，南丰蜜桔出口产业园为服务好南丰蜜桔出口企业，积极引进和培训外贸人才，依照出口国际标准指导南丰蜜桔种植，控制农药残留，对从采摘、分拣、保鲜、包装和运输等全过程实行监督，使南丰蜜桔达到出口标准。南丰蜜桔出口产业园首创水果出口示范产业园，显现平台优势，有利于南丰蜜桔品质提升、延长蜜桔精深加工产业链、打造南丰蜜桔出口平台等。目前，产业园培植和引进蜜桔出口企业有龙华、柳浪、

图4-9 南丰蜜桔出口产业园全景

资料来源：抚州新闻网。

新林、日祺、丰裕、嘉宏利、龙腾、亚联合作社等18家企业。2011年，南丰蜜桔出口产业园实现南丰蜜桔出口10万吨，年销售收入5亿元，成为中国最大的水果出口产业园、南丰蜜桔出口基地、外贸人才的聚集地。

南丰县兄弟果业有限公司是集南丰蜜桔种植、科研、技术推广、加工和销售为一体的出口创汇型民营企业。公司位于江西省南丰县富溪工业园区，紧靠国道昌厦公路，交通便捷，环境优美。该公司现有博士学位员工1名，学士学位员工6人，大专学历员工16人；有高级专业技术职称的员工1名，中级专业技术职称的员工12名，初级专业技术职称的员工22名。公司成立于2007年12月，注册资本500万元，有近3000平方米的现代化生产车间，先进的全自动化蜜桔分级选果机设施2台，质检机4台，仅在蜜桔采收期的生产加工能力实现16000吨。公司采取"公司+基地"、"基地连农户"的运作模式，拥有加盟农户8000余户，面积约达1万亩。总经理李明强从事南丰蜜桔的销售10余年，是较早走出南丰销售南丰蜜桔的成功人士之一。近年来，南丰县兄弟果业有限公司按照蜜桔产前、产中、产后管理进行全方位服务，着重抓好出口生产基地建设。生产基地坚持高标准、统一打药、施肥等的严格要求，确保质量、产量。基地取得快速发展，其中盛果树在95%以上。公

图4-10 南丰蜜桔出口产业园选果车间一角

资料来源：抚州新闻网。

司自有南丰蜜桔种植基地1个，面积约160公顷，桔树80000株，其中盛果树在95%以上，年产无公害南丰蜜桔达3200吨。

在注重种植环节品质、实行差异化战略的同时，南丰县兄弟果业有限公司还加强了产品的包装设计，自主设计各式精品和普通包装方案，满足各种层次的消费需求。在销售渠道上，与中国香港、东南亚等地外商紧密合作，充分利用现代媒体网络技术，建立南丰蜜桔销售网点，进一步扩大销路。通过这一系列举措，该公司蜜桔产品的85%以上出口东南亚、欧盟、加拿大等发达国家和地区，少部分产品销往国内的东北、华东、华南和西北等地。2009年完成销售收入4673万元，实现利润217万元，出口创汇478.32万美元；2010年实现销售收入6172万元，出口创汇820万美元。在销售收入稳定增长的情况下，种植、印刷、运输和塑料制品行业也获得稳定发展，带动相关行业劳动用工18000余人，使相关行业年收入达2.7亿元。

超大公司是南丰蜜桔有机肥龙头企业。该公司是以"走绿色道路，创生态文明"为经营理念，全面致力于绿色有机农业产业综合开发的现代农业企业。自2003年起在南丰投资兴建万亩蜜桔核心基地，建设了超大罗里石生态桔园。为推进南丰蜜桔标准化生产，超大公司建立起统一规范的蜜桔生产标准体系，确保产业上下游相互衔接、有效配套。此外，通过全面实施绿色有机栽培与管理，统一使用超大生物有机肥，统一实施技术指导，并引进意大利具有国际先进水平的南丰蜜桔加工生产线。超大有机肥改善了土壤质量，并提升蜜桔的品质。引进意大利的分选加工处理系统由计算机自动控制，可按果实大小、形状以及颜色分12个等级，使超大公司南丰蜜桔的外观和内在品质均达到了国际出口标准。同时，超大公司还持续强化超大公司南丰蜜桔质量安全追溯管理工作，确保产品的食品安全性。稳健、畅通的超大公司营销网络，使产品直接进入终端，保证市场基本稳定。

近年来，超大公司不断健全和完善绿色农资保障系统、绿色科技支撑系统、产后商品化处理系统、质量安全监测系统、物流配送系统，进一步提升南丰蜜桔的品牌价值，市场竞争力不断提高。

3. 南丰蜜桔特色产业集群的扩大和升级

南丰蜜桔特色产业集群的扩大是指集群范围自南丰向抚州市扩展。集群范围扩展的动力来自两个方面，一是市场的拉动，二是政府的推动。

（1）市场拉动。一部分南丰蜜桔种植户由于南丰本地土地资源有限或者种植成本比较高，在南丰周边县区另寻空间种植南丰蜜桔，使得南丰蜜桔逐渐在南丰周边县区得到种植。更多的是南丰周边县区的个人或组织被南丰蜜桔的高收益所吸引，自南丰引种种植，从而使得南丰蜜桔区域不断突破南丰县域范围，在南丰周边县区扩展。目前，虽然南丰、南城两县是集群的主体，但南丰县仍然是南丰蜜桔特色产业集群的核心。

作为南丰蜜桔的主产区，20 世纪七八十年代，南城县南丰蜜桔生产发展迅速，在盱江和黎滩河沿岸的潮砂土壤上成较大规模的种植，产量高，品质好。在 1986~1988 年江西省园艺所开展的南丰蜜桔选优评比中，南城县有 6 个单株评优获奖；1988 年又获江西省农业厅"百果奖"和农业部"丰收计划奖"，在抚州地区率先实现亩产万斤园。1991 年大冻前，全县柑桔面积达 3.6 万亩，总产达 1.2 万吨，面积和产量都超过南丰县。至 2006 年底，南城县南丰蜜桔总面积已达 10.7 万亩，总产达 1.8 万吨，总产值 5000 余万元。全县涌现出一大批种植能手，尤其是在上唐、里塔、徐家、天井源、株良、新丰街等地，南丰蜜桔栽培技术已为大多数农户所掌握，专业种植大户不断涌现，发展积极性空前高涨，不仅农民积极种植，而且富裕了的城镇居民也涌跃购、租山地种植南丰蜜桔，全县 100 亩以上的种植大户达 43 户，最多的达 300 多亩。该县南丰蜜桔不仅销往全国各地，还每年出口。南丰蜜桔不仅使许多农民走上了致富路，而且还是一些村级集体经济的支柱，如沙洲镇黄狮村、天井源乡河垅村、上唐镇上舍村、里塔镇鱼良村、株良镇株良村等，效益好的村集体年纯收入达七八万元。南丰蜜桔曾一度成为该县农业和农村经济的支柱产业。

（2）政府推动。2006 年，抚州市委、市政府做出了在全市大力发展南丰蜜桔产业的决定，在南丰、南城、临川、金溪、广昌、黎川六县推广发展南丰蜜桔，提出了"到 2011 年全市南丰蜜桔面积和产量分别达到 100 万亩和 100 万吨（双百工程）"的目标。为了确保"双百工程"顺利实施，抚州市专门成立了加快南丰蜜桔产业发展领导小组办公室，对全市南丰蜜桔种植、品种纯化、技术培训、病虫害防治进行统筹安排，市政府还出台了一系列优惠政策，扶持鼓励。为了充分发挥财政资金在南丰蜜桔产业发展中的作用，市财政专门安排了150万元用于南丰蜜桔"双百工程"，对新开发连片100亩以上的南丰蜜桔桔园每亩补贴30元，各县（区）也进行配套补贴。为了确保南丰蜜桔的种苗质量，市政府专门下发了《关于做好南丰蜜桔定点苗圃核定工作的通知》，加强南丰蜜桔发展所需种苗指定供应点的管理，大力推广优良品种。各级农业部门还加强了南丰蜜桔田间管理，派出技术员进行检查指导，对140个连片100亩以上新开发桔园苗木来源、日常管理等进行档案管理，跟踪服务。同时，还大力开展规范化建园、南丰蜜桔保险业务试点工作，减少蜜桔种植风险。积极引进客商企业进行南丰蜜桔深加工，增加南丰蜜桔的附加值。

几年来，各地各有关部门通力协作，积极争取国家农业开发、老建扶贫、生态林业、节水灌溉、水土保持、科技推广等专项资金向南丰蜜桔产业倾斜，迅速掀起了"双百工程"建设高潮，尤其是六个重点县（区）46个乡（镇）大力推进南丰蜜桔产业。据不完全统计，2006年以来，全市累计投入该产业资金超过16亿元。全市种植南丰蜜桔的积极性高涨，使蜜桔种植面积迅速扩大。据有关部门统计，抚州市南丰蜜桔种植面积由2006年的56万亩扩大到2011年底的106万亩，南丰蜜桔年产量由2006年的36万吨增加到2011年底的120多万吨，超额完成目标任务。

南丰蜜桔种植面积不断扩大，蜜桔产量不断增加，带动了蜜桔相关的种植、包装、运输销售、加工、旅游服务等各个环节产业的发展，各种投资相继进入。一些为南丰蜜桔深加工企业配套的企业也应运而生，如2011年8月，江西千佳生物制品有限公司投资1.5亿元兴建的5万吨果葡糖浆项目落户金溪。总计，抚州全市南丰蜜桔产业化龙头企业发展到41家，其中国家级1家、省级3家、市级29家，拥有自主出口权企业23家，"桔字号"企业呈现集群优势，形成了南丰蜜桔深加工食品工业板块、果品包装工业板块、蜜桔销售加工板块和蜜桔有机肥工业板块。与此同时，南丰蜜桔品质得到明显提高，销售渠道不断扩大。抚州全市已在全国 89 个大中城市建立了 320 个南丰蜜桔销售网点，发展从事蜜桔销售的企业、专业合作社、协会组织 160 多家和营销大户 300 多家。南丰蜜桔外贸出口更是异常活跃，2011 年一跃登上全国柑桔类出口总量冠军宝座，出口到 30 多个国家和地区，出口总量超 30 万吨，占全国柑桔出口量的 20%。

经过"双百工程"的建设，抚州市已成为全国柑桔大市，南丰蜜桔总面积占全国柑桔总面积的 1/30，总产量达到全国柑桔总产量的 1/20，南丰蜜桔产业集群已经成为抚州市的特色产业集群。

虽然抚州市南丰蜜桔产业规模做大了，品质并未做优，效益并未提高，为此，抚州市政府决定 2012~2016 年大力推进南丰蜜桔品质提升和效益提高的"双提工程"，加快南丰蜜桔特色产业集群由数量扩张型向质量效益型转变。抚州市政府出台了有关政策，着手全面提升南丰蜜桔品质，做优做强南丰蜜桔特色产业集群。

"双提工程"计划在 6 个南丰蜜桔发展重点县（区）创建标准化桔园 50 万亩，总面积达到 53 万亩（已建成 3 万亩），使南丰蜜桔果品全部达到 A 级绿色食品标准，优质果率达到 80%，商品化率达到 90% 以上；新增南丰蜜桔采后商品化处理生产线 100 条，新建南丰蜜桔贮藏保鲜能力 40 万吨；进一步拓展国内市场，五年内实现南丰蜜桔直销至全国 80% 以上的县级市；大力扶持南丰蜜桔深加工，开展果糕、果酒、果醋、果饮料等深加工产品，做大南丰蜜桔龙头企业，力争"南丰蜜桔"在创业板上市，实现年加工能力 20 万吨，连续出口年递增 10%，到 2016 年全年出口量达到总产量的 40%。为了确保这一目标的实现，抚州市举全市之力，采取上下联通、部门协调的方式，通过完善南丰蜜桔"双提工程"政策措施，加大资金扶持力度，广泛建设精品蜜桔生产基地，构建市、县、乡、村四级服务网络，开展新技术组装集成应用推广，推进南丰蜜桔产后商品化处理，加强南丰蜜桔销售市场规范与监督管理，树立品牌意识，全面提升南丰蜜桔品质，进一步增强南丰蜜桔特色产业集群的市场竞争力。

概括起来，在南丰蜜桔特色产业集群的升级过程中，抚州市政府主要采取了以下几方面的措施：

第一，规模化、规范化、标准化开发、生产。"双百工程"启动以来，抚州市广泛开展南丰蜜桔种植技术培训活动，培养了一大批"土专家"，建立了定点苗木供应基地，大力推广优良品种，为高标准、高起点搞好南丰蜜桔大规模开发奠定了基础。市农业（果业）部门作为"双百工程"实施的责任单位，主动当好参谋，加强督导，搞好服务，统筹安排品种纯化、苗木繁育供应、栽培技术培训、施肥用药及病虫害防治等，统一规划、统一苗木供应、统一技术、统一管理，积极引导桔农实行标准化生产，确保了蜜桔量的扩张和质的提高。据统计，2007 年以来，南丰蜜桔重点发展县（区）按照"统一规划、连片开发、规模经营"的原则，先后投入各种机械上千台（套），大面积开发桔园，抚州市每年新增桔园近 10 万亩。抚州市建成南丰蜜桔品系园 46 个，梦龙、柳浪、超大 3 家蜜桔种植加工企业顺利通过由中国质量认证中心组织的 CHINAGAP（中国良好农业规范）质量管理体系现场审核，成为中国首批通过 CHINAGAP 审核的柑桔加工企业，确保了蜜桔品质。

第二，加强物流建设。引进中国世妇博投资集团有限公司投资 17.38 亿元，在抚州建设一个集农副产品和粮食交易、仓储、加工、信息、检测、物流配送等功能于一体的抚州中国农业城项目；实施南丰蜜桔试行仓储北迁工程，鼓励支持销售商在北京、西安、沈阳等 10 个城市租赁水果贮藏库在销地贮藏南丰蜜桔，将南丰蜜桔市场供应期由 3 月中旬延长至 4 月底，延长 45 天左右。2012 年 11 月，南丰蜜桔出口物流园暨南丰集装箱检验检疫监管区、南丰蜜桔出口现场集中验放区举行开业典礼。南丰蜜桔出口物流园一期工程占地面积 8000 平方米，闸口、电子秤、消毒、电子监控、远程对接、信息网络六大系统已建设完毕，海关等机构已进驻现场办公。南丰蜜桔出口物流园规划面积 120 亩，分三期建设，总投资 1 亿元。南丰蜜桔出口物流园暨南丰集装箱检验检疫监管区、南丰蜜桔出口现场集中验放区的建成，有利于降低蜜桔出口成本，缩短通关时间，提高蜜桔的国际市场竞争力，对加大蜜桔出口量、促进蜜桔企业发展壮大将起到重要的促进作用。

第三，解决融资问题。通过政府出一点，企业筹一点，运作公司拿一点的方式，组建了信用担保公司，重点解决农业龙头企业的贷款担保问题；大力推进全民创业。仅南丰县就培训创业人员 620 人，发放创业扶持资金 530余万元、再就业小额担保贷款金额 6474 万元。2008 年，在抚州开展南丰蜜桔保险试点。金溪县为南丰蜜桔种植户办理投保手续，为连片种植达 50 亩以上的种植户提供投保补贴；对未达到规模的种植户，则通过专业合作组织，或以乡、村为单位，以统保方式提供投保补贴。南丰蜜桔保险金额与种植年数挂钩，保险公司按 2% 的基准费率收取保险费。南丰蜜桔的保险责任包括三级以上低温冻害造成的严重损失，山体滑坡造成的主干折断、连根拔起或死亡，以及黄龙病、衰退病致死亡。2011 年 11 月 7 日，由人保财险江西省分公司农险部开发的蜜桔气象指数保险产品在抚州南丰县成功首签，当笔签单保费规模即达 50 万元，成为抚州蜜桔保险有史以来第一大单，不仅为南丰蜜桔规模化种植提供了风险保障，还推动了江西柑桔保险试点的工作进展。

第四，以项目带动为抓手，完善蜜桔产业链。为高质量、高效率推进"双百工程"，抚州市瞄准蜜桔产业的上下游搞好服务，大胆探索建立出口生产示范基地。通过农户入股合作经营，将示范基地周边的农户纳入基地管理范畴，采取"合作社+协会+公司+基地+农户"的运作模式，重点发展蜜桔加工、包装、肥料生产等蜜桔上下游企业。严格按照 CHINAGAP（中国良好农业操作规范）要求，科学规划了果汁、果酒、果品包装、蜜桔有机肥、鲜果销售等产业项目，先后引进一批品牌企业加盟蜜桔产业，实现了种植、管理、加工、销售、出口一条龙运作。"双百工程"的实施还带动了蜜桔生态旅游业的快速兴起。近年来，由于抚州各地都是连片规划开发桔园，并鼓励企业和个人建立生态观光桔园。目前，抚州共开发果业综合休闲观光园、采摘园近百个。

第五，加强品牌建设。对于"南丰蜜桔"标识，要求各县区必须标明实际产地，严格包装管理，规范使用商标标识，严格落实包装物生产、销售登记备案制度，严格执行《农产品质量安全法》、《植物检验检疫条例》等法律法规，鼓励各公司注册各自的销售商标，包装箱上注明各销售公司企业名、地址、电话等信息，以便查寻追溯。

南城县之所以会成为南丰蜜桔的主产区之一，与该县政府的大力推动密切相关。总的来看，南城县政府采取了如下措施，推进蜜桔特色产业集群的形成：

第一，制定了优惠政策。动员和鼓励全县干部、群众参与南丰蜜桔开发，搞活经营机制，提倡以个体私营开发为主的原则，实现建一片、成一片、见效一片。一是凡租赁山地进行南丰蜜桔开发的，林业部门免费发放山地使用权证。二是允许利用稀疏林、残次林建桔园，只要建桔园，林业主管部门就允许砍伐稀疏林、残次林。三是机关单位干部、职工投身蜜桔开发，享受县上全民创业的优惠政策。四是奖励连片开发，凡连片开发50亩以上的，县政府每亩奖励40元（苗木费）；开发100亩以上的，除每亩奖励40元以外，年终再进行评比表彰。五是对下岗工人、分流干部特别是开发大户享受资金、税收、技术等多方面的优惠，并优先考虑，重点安排。

第二，强化组织管理。为了强化领导，成立南城县南丰蜜桔产业规划发展建设领导小组，县委、县政府分管农业的领导为正、副组长，相关部门主要负责人为成员，领导小组下设办公室。办公室抽调2~4名专业人员成立技术组，负责全县南丰蜜桔技术攻关、培训、推广服务等工作。各重点乡（镇）也成立相应机构，确定专职人员全力实施南丰蜜桔产业规划发展建设。

第三，增加资金投入，扶持蜜桔产业集群发展。一是资金扶持。2007~2010年，每年由县信用联社解决扶持南丰蜜桔开发专项贷款。二是县财政每年安排5万元用于南丰蜜桔科研、培训和办公经费。三是县财政安排育苗资金，用于无偿提供新开发桔园所需苗木。

第四，繁育苗木，推广良种。在管理上，政府与基地农户签订育苗合同，农户按照合同要求进行育苗。在建设苗木繁育基地的同时，着手建立南丰蜜桔优良品系母本园。

第五，强化技术支持，科技兴桔。加强技术培训，建立技术服务体系，建立蜜桔科技示范园，为使典型示范落到实处，将蜜桔科技示范园纳入目标管理范围进行考核。

值得指出的是，在南丰蜜桔特色产业集群形成、发展过程中，南丰县政府也积极作为。主要如下：

第一，完善基础设施，为蜜桔特色产业集群发展提供平台。早在1996年南丰县即建立了省级工业园。南丰工业园区包括富溪园和黄金园，规划面积约15000亩，现已开发近7000亩。先后完成了园区主次干道硬化和绿化、220kV和110kV变电站项目建设、自来水厂改造、消防设施配套等工程，协调设立了医疗、金融、通信、邮政等服务网点，完善了园区综合服务功能。2011年，园区建设加速推进，完成基础设施财政投入6324万元，清理闲置工业用地246亩。园区重点扶持发展蜜桔加工、包装、肥料生产等领域的龙头企业，在落户选址、融资贷款、招工用电等方面给予支持。初步形成了绿色食品等产业群，集结了汇源果汁、蓝欣啤酒、华夏五千年生态酒庄、国元乳品、桔王药业、泰纳科技等一批龙头企业，产品涉及啤酒、葡萄酒、桔子酒、白酒、黄酒、果汁饮料、桔饼等数十个品种。2010年南丰县获"江西省食品加工产业基地县"称号，2011年被评为"2010~2011年度全国食品工业强县"。

第二，进行行政机构改革，改善投资软环境。南丰县一方面精简20个行政许可事项和办事程序；另一方面，以行政服务体系建设为重心，落实首问负责制、服务承诺制、一次性告知制、限时办结制。对新引进的项目实行手续快办、收费从低、服务从优，并安排专人帮助企业解决办理落户、开工手续，协调建设、生产过程中遇到的问题，加快了项目由意向变谈判、由谈判变签约、由签约变动工、由动工变投产的节奏和效率。

第三，着力提升南丰蜜桔品种、品质。南丰蜜桔产业虽然呈良好的发展态势，在生产环节特别是品种、土壤、水利、投入、技术等方面，依然存在不少问题，品质提升任重道远，市场地位不够稳固。为此，南丰县坚持建园生态化、生产标准化、产后处理商品化、销售规模化的原则。县政府制定并实施了《南丰蜜桔品质提升工程实施方案》，规定2010~2014年，采取如下措施：①全面推广有机肥，培肥桔园土壤。通过政府补助等方式，在示范桔园大力推广使用生物有机肥，着力提高优质有机肥和精品饼肥的施用水平，大力推广桔园套种绿肥，不断提高土壤有机质含量。②提高良种覆盖率，适度调整结构。建立良种资源圃和良种繁育基地，进一步健全良种繁育推广体系。适度繁育、推广早熟良种品系，调整熟期结构，抢占柑桔销售空档。通过高接换种措施，加快桔树品种改造。③加快水利基础设施建设，增强抗灾能力。按照因地制宜原则，通过项目扶持、财政补贴等方式，改造示范桔园水利灌溉设施，增强抵抗旱灾风险的能力。④普及标准化生产技术，推进桔园标准化建设。结合南丰蜜桔绿色食品（原料）标准化生产基地建设，围绕生态发展目标，大力推进绿色食品标准化生产，推行配方施肥、大枝修剪、物理生物综合防治病虫害、农药残留生物降解、留树保鲜等新技术措施，全面提高南丰蜜桔质量安全水平，建设生态化桔园生产环境。⑤加强农资市场监管，确保蜜桔安全。农业、蜜桔产业、质监、供销、工商等部门联合执法，强化农资市场监督检查，加强农业投入品管理，抓好放心农资配送服务，建立农资安全使用和安全保障制度，杜绝高毒、高残留农药使用，净化农资市场。大力推广使用安全、低毒、低残留的生物源、矿物源、植物源农药。⑥提倡适地适栽，鼓励退桔还林。严格划定种植区域范围，禁止使用基本农田种植南丰蜜桔，开发山地种植南丰蜜桔必须经林业部门批准。鼓励海拔 400 米以上、坡度 35 度以上及地下水位高、地势低洼等不适宜种植南丰蜜桔的地方（部分小气候条件较好的地方除外），改种其他作物，引导进行退桔还林或退桔还田。⑦健全服务网络，完善服务体系。健全县、乡、村三级科技推广服务网络，设立乡镇柑桔技术指导站，各选配和培养 3~5 名专业技术人员，归口县蜜桔产业局管理；在每个村选配、培养 1~2 个素质高、责任心强的农民技术员或蜜桔信息员，根据工作量给予一定的补贴，归口县蜜桔产业局管理。逐步实现全县"平均百亩桔园有 1 名农民技术员、千亩桔园有 1 名初级技术员、万亩桔园有 1 名中级以上技术员"的目标。建立科技人员培训交流学习制度，不定期将科技人员送到外地和科研机构、院校交流学习，加快建设高素质科技队伍。在县电视台开辟南丰蜜桔技术服务专栏，根据农时不定期播放南丰蜜桔栽培技术、病虫害防治及销售信息等内容，每年 12 期以上，并设立专家热线。⑧加强质量监管，保护产业安全。依法对南丰蜜桔产、供、销进行全程监管控制，打击未熟上市、非法着色、掺杂使假、以次充好、违规使用南丰蜜桔商标或标识、使用不合格外包装等行为，规范行业竞争秩序。站在事关南丰蜜桔产业生死存亡的高度，统筹相关部门力量，建立健全植物检疫制度并狠抓落实，严把植保关，坚决禁止从疫区调运桔苗前来种植、调运果品前来加工销售，严防黄龙病、桔小实蝇等检疫性病虫害入侵。

为确保品质提升工程能顺利进行，南丰县制定了如下保障措施：①强化组织领导。成立县南丰蜜桔品质提升工程领导小组，领导小组下设办公室（设在县蜜桔产业局）。②加大产业投入。县财政每年安排 500 万元南丰蜜桔产业发展基金，保障南丰蜜桔品质提升工程的推进与实施。③创新扶持模式。将发改、蜜桔产业、农业、林业、科技、水利、农业开发、扶贫、移民等部门涉及蜜桔产业发展的项目资金进行整合，统筹使用。整合后的项目资金使用，经相关部门提出方案，专家组审定后，由县领导小组批准实施。④出台补助政策。对示范桔园施用以枯饼为主的有机肥、播种绿肥等予以支持；对示范园良种繁育推广和老桔园改造、桔园灌溉等基础设施建设、应用杀虫灯防治病虫害、使用生物农残降解菌剂、实施留树保鲜新技术等，均予以适当补助。⑤建立奖励机制。建立南丰蜜桔专项奖励机制，制定可行的奖励和补助政策，对在南丰蜜桔科研、推广及经营方面做出贡献的人员和纳税大户，以及发展较好、运营规范的蜜桔销售龙头企业，带动作用良好的蜜桔专业合作社等，给予相应奖励。对于获得中国、欧盟或全球 GAP 认证的蜜桔出口企业，按其出口总量予以适当奖励。具体办法由县蜜桔产业局制订后，经县领导小组、县政府批准实施。⑥实行目标考核。县领导小组办公室根据南丰蜜桔品质提升工程年度任务要求，年初将各项具体任务分解到各乡镇（场）、有关部门及相关企业。此项工作纳入全县目标管理综合考评，并进行单项考核。具体考评办法由县蜜桔产业局提出，报县领导小组及县目标管理考评工作领导小组审定后执行。由于蜜桔品质提升工程的深入实施，2011 年，南丰蜜桔等肉果率提高 2 个百分点，达 80%。

第四，积极培育南丰蜜桔品牌。南丰蜜桔品牌意识不强，市场秩序不规范。南丰蜜桔种植和销售模式多为粗放型管理，千家万户栽种柑桔，果农安全生产意识总体不强，管理松散，病虫害和农药的施用得不到科学控制，导致产品质量良莠不齐，难以树立品牌。南丰蜜桔出口主要还是以产地进行命名，统一都叫南丰蜜桔。以产地命名概念笼统，品质参差不齐，鱼龙混杂，被盗用和假冒的情况十分严重，无法受到法律的完全保护，品牌的竞争力较差。同时，大量对外供货导致逃漏检现象依旧存在，达不到质量安全要求的产品，以次充好，通过非法渠道出口，扰乱了柑桔市场的正常秩序（唐晓菊，2011）。近年来，南丰县制定了《保护南丰蜜桔品牌推行无公害生产》的实施方案，使用和管理好《南丰蜜桔原产地标识》和《南丰蜜桔产地证明商标》，实行企业使用商标申报审批制。继续隔年办好南丰国际蜜桔节，办好中国蜜桔网、农经网，加大南丰蜜桔品牌包装、宣传和扩张力度。实施品牌营销策略，推行分期采摘，分级包装，分级销售。严格规范统一包装，实行包装箱定点生产。目前，中国南丰国际蜜桔节共举办 10 届，已逐渐成为一项区域性文化盛会，进一步提高了南丰蜜桔的品牌影响力和知名度。此外，县政府投入 800 余万元在央视等主流媒体强势促销，组织 14 支由县领导带队的小分队赴主销城市宣传推介，南丰蜜桔日均流量 1.2 万吨和单日销量 2.5 万吨都创下了历史新高，销售均价在同类水果中保持较高水平。

第四节　本章小结

正是各种利益主体基于相互需要，结成了各种关系网络。各主体在长期互动成长过程中形成了独特的价值理念、行为模式和社会资本，它们在从事共同或相关事业的同时，在特定空间的集聚，特色产业集群由此形成，并产生了协同效应，节约了交易成本，增加了交易收益。特色产业集群促进组织之间更加信任，从而更加灵活地促进知识的分享与合作，提高集群整体的知识创新效率。集群要继续发展，要素之间协同效应在数量上需要增大价值量。但是，要不断提高要素之间的协同效应的价值量，促进特色产业集群发展，首先需要提高集群要素的素质，其次需要优化要素之间的关系，形成基于合

第四章　社会网络在赣南等中央苏区特色产业集群形成、发展中的作用研究

135

赣南等中央苏区特色产业集群研究

作经济组织的合作关系，最后需要摆脱路径依赖，避免协同效应产生路径在低层次上的锁定。当外部条件发生变化时，为了改变发展路径以适应环境变化，集群社会网络各相关要素需要不断地遗传与变异，共同促进集群要素结构在更高层次上形成协同效应，促进特色产业集群不断升级与发展（胡平波，2011）。

第五章　地方企业家在赣南等中央苏区 特色产业集群形成、发展中的作用研究

第一节　研究概述

一、企业家要素概述

"企业家"一词最早出现于 1755 年康替龙所著的《商业概况》一书。继康替龙之后，萨伊最早强调企业家的重要地位，并赋予企业家以企业组织"协调者"的角色。马歇尔在 1890 年出版的《经济学原理》中重新强调企业家的作用，并且比较全面地阐述了企业家的多种职能。而熊彼特在其名著《经济发展论》中，确定了企业家的明确含义："企业家即创新者"。这种创新有五种类型：引入新产品、引入新的生产方法、开辟新的市场、夺取原材料或半成品的新供应来源和创立新的工业组织。总之，企业家是一种重要的人力资源。他们以经营企业为职业，通过利用自身人力资本，对企业生产性活动和交易性活动的综合协调，以及不断的判断性决策和创新活动，最大限度地降低交易成本和生产成本，实现企业的长远发展和自身利益最大化的有效结合（陈翊、张一力，2011）。

企业家要素包括企业家精神、企业家职能、企业家才能、企业家注意力

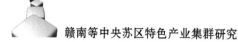

和企业家行为等。

企业家精神是指企业家在经济增长或者经济发展过程中所体现的一些品格特征，具体可以分为冒险精神、创新精神、合作精神、学习精神和诚信精神五大方面（吴传清等，2008）。企业家职能是指企业家在经济增长或者经济发展过程中所发挥的作用，如发现潜在的市场利润、把握获利机会、创造获利条件、承担获利风险、管理决策等。企业家才能是指发挥企业家在经济增长或者经济发展过程中所起作用必须具备的一些能力，如市场开拓能力、融资能力、技术选择和吸收能力、生产方式选择能力、组织管理能力、最终决策能力、创新能力等。企业家注意力则是企业家在不同产业之间和产业内部发现潜在市场利润，把握获利机会，创造获利条件以提高投入与产出的能力。而企业家行为是企业家精神、才能、职能发挥和注意力转移的具体活动体现。企业家精神是企业家职能发挥的前提和基础，企业家职能通过企业家行为体现出来，而企业家才能是企业家职能和企业家行为的重要保证，企业家注意力则是企业家的一种特殊才能。企业家才能或注意力作为一种稀缺的生产要素，同其他生产要素一样，必然涉及如何对其进行有效配置的问题。企业家注意力配置是企业家运用自己的企业家才能对外部环境做出的一种适用性选择行为，企业家注意力的优化配置更加有利于企业家精神和职能的发挥（曾世宏，2010）。

企业家行为配置的逻辑前提和基础是产业组织和经济运行中必须要有的企业家存量，这就涉及企业家职业的选择和企业家精神的发挥。企业家精神主要体现在企业家的职业选择上，是选择成为企业家进行创业和创新还是成为支薪雇员。企业家精神的发挥和企业家职业的选择主要受个人的品格特征、知识结构、信息结构、财富结构和市场环境（包括经济自由度、金融市场、资本市场的完善等）的影响。Schumpeter（1934）认为，企业家行为主要包括进行技术、组织、市场和原材料等方面的创新。Baumol（1990）则认为，企业家并不会一贯地发挥企业家的创新才能，企业家有可能把自己的稀缺性才能配置在生产性、非生产性甚至破坏性三种经济活动中，这三种行为的配置依赖于主要的经济、政治和法律制度，因为这些制度结构决定了企业家行为的相对报酬。

企业家行为配置的方向主要受制度环境的影响。企业家行为就是在不确定条件下进行市场选择；合适的制度是生产性企业家行为存在的充分必要条件。Kirzner（1997）认为，如果政府对市场干预过多，企业家发现市场获利机会存在进入壁垒，企业家就会通过寻租等方式进入市场，这样的非生产性活动会对经济绩效产生负面影响。

企业家行为配置与产业组织演化的关系一方面表现为企业家行为都是在一定的产业组织里配置的，在不同的产业组织里，企业家的行为方式是不同的；另一方面表现为企业家行为也影响产业组织的演化，两者相互影响。

企业家行为配置对产业发展效率的影响主要体现在产业结构的合理化、高级化以及产业生产率等方面。企业家的创造性破坏以及市场进入和退出等行为关系到产业之间和产业内部企业的数量、企业的边界、就业人数和产出总量的比例变化，即产业结构的合理化。企业家的技术选择和技术吸收行为、生产技术与生产组织的匹配行为影响产业生产率。企业家的自主创新行为直接影响产业结构高级化和产业发展效率。Schumpeter（1934）认为，创新是企业家的主要职能，产业发展效率源于企业家的创造性破坏过程，经济发展的创新过程需要企业家的领导职能。他们的职能不仅是要找到或者创造新事物，而且是要通过他们给社会团队留下深刻印象并跟着他们走。

企业家在经济发展中的职能主要是在不确定性和风险条件下发现获利机会并为之进行决策与创新，但企业家的创新行为具有外部性，对企业家创新行为的外部性进行内部化需要良好的法律和经济制度环境。不同的内部化方式对企业家行为和经济发展速度的可能影响是不同的，只有最大限度降低企业家创新行为的外部性，企业家才会愿意对创新进行投资。内生的企业家创新行为是产业结构高级化和产业发展效率的决定性因素，企业家的产品创新行为影响企业组织边界、企业利润和生产率水平，而自主的技术创新是本土产业结构高级化和产业组织演化的主要推动力量（曾世宏，2010）。

影响企业家行为配置的因素归纳起来主要有三大类：获取资源和竞争的市场环境；政府治理经济的制度条件；企业家的心理与非心理特征。这三类因素不仅影响企业家发现潜在利润机会，而且也影响企业家把握获利机会和创造条件实现利润的机会（Cuervo，2005）。

第一，获取资源和竞争的市场环境。企业家行为配置的交易成本来源于市场进入壁垒、生产和交易的信息不对称等。组织形式的交易成本优势和合作协调机制能够弥补转型经济中企业家产权缺失的劣势。因此，企业家对生产组织形式的关注和选择是企业家行为配置的重要内容之一，合适的生产组织形式内在地影响产业发展效率。

第二，政府治理经济的制度条件。民主、开放、平等、自由的政府治理经济制度是企业家行为配置的重要影响因素。这种经济治理制度要求政府平等对待各种所有制企业和企业家，对同一产业采用同一准入标准，不对企业家搞产业进入歧视，打破国有企业对竞争性产业的垄断，规范国有企业治理结构和企业家行为，制定和执行有利于企业家行为配置的财产和知识产权保护制度。

第三，企业家的心理与非心理特征。企业家心理特征指企业家行为的动机、目的和企业家对待风险的态度。承担风险是企业家精神的重要表现，对风险的规避程度影响企业家行为配置，低的风险规避程度更能激励企业家行为配置。企业家的非心理特征包括企业家的知识结构与认知能力，而企业家的知识结构和认知能力影响企业家发现获利的机会，是企业家行为配置的认知基础（曾世宏，2010）。

二、企业家与产业集群

（一）企业家精神与产业集群

企业家是产业集群成长的初级行动团体，企业家精神作为一种非正式制度对集群成长具有持续的影响。David（2001）指出，企业家精神是推动集群发展的主要力量。Leslie 和 Kargon（1994）从生态学的角度提出，集群可以看成相互依赖的生态学结构，企业家通过操纵激活自我系统达到预定目标，正是在企业家对外部环境的创造性反馈反映中，集群得以形成。魏江（2004）从外部性角度探讨了企业家精神及其活动对区域经济发展的影响，认为企业家精神虽然只是个人性格的体现，但在企业家行动过程中却会对外部产生积极的影响，形成外部经济性。

企业家精神贯穿整个产业集群成长的全过程。企业家作为产业集群成长的初级行动团体，其精神作为一种非正式制度（体现为文化）往往对产业集群的影响更为持久和深入。产业集群成长分为产生、发展、成熟、衰退等阶段。在集群产生阶段，企业家的冒险精神和群体创业意识是集群萌芽的开端；在发展阶段，企业家通过学习精神、创新精神和合作精神推动集群持续成长；在成熟阶段，诚信精神和相互信任又维系着集群网络的稳定；在衰退阶段，集群会面临企业家创新精神僵化的危险，只有企业家精神复苏才能有效实现产业集群转型。因此，需要通过正式制度安排，在集群成长的各个阶段，培育企业家精神，从此推动集群成长（吴传清等，2008）。

中国地区发展不平衡的原因与产业集群的程度有着直接关系。大量实证研究得出的基本共识认为，产业集群是导致中国不同区域经济增长差异的重要原因（文玫，2004；范剑勇，2006；何雄浪、李国平，2007），而企业家精神则是造成这一差异的诱因之一。以2005年为例，东部地区每百人中私营企业数量为1.01个，而中西部地区只有0.20个，相对应的是，东部产业集群指数和人均GDP分别为1.41和28717元，中西部地区分别为0.45和11041元。结合上述实证结果显然可以认为，东部地区之所以在经济表现方面优于中西部地区，一个重要的原因就在于东部地区的产业集群规模远高于中西部地区。造成东部地区产业集群规模远高于中西部地区的诱因之一在于东部地区的金融市场效率相对高于中西部地区，从而导致东部地区企业家形成的速度和产业集群规模优于中西部地区，金融市场在企业家形成和产业集群规模化过程中的联结效应是造成地区经济差距的深层次原因（张小蒂、王永齐，2010）。

实证研究同样表明，产业集群中出现的新企业大多都是从原有部门中获得了大量知识外溢的人员建立起来的（硅谷就是典型的案例），获得新知识并建立新企业人员就成为知识外溢的载体，企业家精神就成为知识扩散和产业集聚的机制（王程、席酉民，2006；陈继明，2007）。

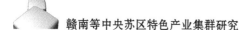

（二）企业家职能与产业集群

企业家是一种资源，具有地方性，在时间和空间的分布上并不均衡。产业集聚实质上是企业家集聚，而企业家的形成是市场过程的产物，其表现形式在于：当劳动力在现有的部门中通过培训或干中学获得的知识积累水平和个人适应市场能力值超过建立新企业对劳动力的能力要求时，如果企业家的净收益超过其现有收益，其就会从现有部门中流出而建立一个新的企业，这时企业的数量将会上升，产业集聚便随之发生。显然，这样的产业集聚路径已经涉及企业家形成与产业集群的关系（张小蒂、王永齐，2010）。Feldman（2005）等认为，企业家是集群形成的关键因素，企业家是集群作为综合的适应性系统发展的重要主体。在这个系统中，与集群相关联的外部资源随时间而被发现。那些适应创建性的危机和新机会的企业家创造了许多要素和条件来增进他们的商业利益，反过来也促进外部资源的发展。可以说，企业家是产业集群形成和发展过程中最能动的主体（王静华，2008）。

企业家创新和创业是产业集群发展的根本动力（夏兰，2006；褚丽恒，2007）。就集群形成过程而言，企业家在与周围环境的互动过程中，发现市场机会，进行创业活动，并形成创业活动的效仿和集聚。部分企业家创业创新的成功，带动了其他企业家的创业活动，同时创新的外部性以及企业家社会网络的扩散，又促进地区产业的萌发。大量的成功创业活动又为地方上资源的供给提供了条件。随着地方产业的壮大，内部资源集聚，外部资源也会进入，相关主体也会积极支持产业的发展，相应的产业支撑体系也会建立和完善。企业家的集聚和创业创新活动的外部性推动了产业集群的萌发和演化。当集群发展到一定阶段，企业家也可能成为集群竞争力和活力降低的主导因素，如心智模式的趋同导致企业家创新活动的减少，企业家为了寻求更好的发展环境而采取的区位再决策，都会导致集群变迁，甚至是衰退（赵江明，2004）。

（三）企业家行为与产业集群

产业组织结构和产业规制政策影响企业家的进入与退出行为。一般而言，大市场的企业家进入比小市场的企业家进入更加有效，因为大市场的竞争更加激烈。Lévesque，Minniti 和 Shepherd（2009）认为，企业家何时进入一个产业依赖于特定的产业组织结构。企业家等待的时间越长，他从其他企业家学到的东西可能越多，但企业家的产业进入等待也会影响企业家直接的学习能力和减少锁定比较优势的可能性。如果外部的产业组织环境较好，竞争强度较小，延迟的产业进入是值得的。Milliou 和 Petrakis（2009）认为，企业家进行技术吸收的时间不仅在对称的企业之间是不同的，而且在古诺和伯川德竞争的市场结构中也是不同的。具体来说，古诺竞争比伯川德竞争导致更早的技术吸收，而竞争的强度没有加强技术吸收的激励；当产品的差异化程度足够大时，技术吸收发生比社会的最优安排要迟。

企业家行为影响产业组织演化，主要表现为企业成长和产业组织的动态化（曾世宏，2010）。Feldman 和 Francis（2002）、Bercovitz（2005）认为，企业家是产业集群形成的关键因素。作为复杂适应性系统的产业集群，企业家是其发展的重要推动者，是产业集群形成和发展过程中最具能动性的主体（张小蒂等，2008、2009；张小蒂、王永齐，2010），是集群发展的原动力（田红云等，2006）。吕文栋、朱华晟（2005）的案例研究表明，一方面，地方企业家的行为引发外部效应（即示范效应和竞争效应），激励地方持续创新；另一方面，地方企业家通过创建地方产业网络重新配置地方要素资源，促进资源、技术与信息在整个地区的流动与传递。

产业集群的发展证明，成功的企业家不是孤立出现的。产业集群是企业家群体共同行为选择的产物。他们的行为决定了产业集群的发展路径、产业方向、集群开放度和辐射范围。他们改变了自然禀赋要素的限制，形成独特的比较优势，进而改变地区经济发展绩效（陈翊、张一力，2011），推动地区的经济发展。

（四）企业家与产业集群的关系

已有的研究表明，产业集群和企业家之间存在着强烈的互动关系。企业家群体和产业集群共同成长，产业集群发展壮大的过程也就是企业家群体形成的过程。企业家与产业集群之间是相互作用、相互影响的关系。

（1）企业家推动产业集群形成、发展、演变。上述研究文献表明，集群理论一直强调地方发展的内生力量，注意到企业家或龙头企业作为产业集群发

展的主要资源及企业网络的创建者、促进者和催化剂发挥着关键的作用。朱华晨（2003）将产业集群看成是从企业网络之间互相作用而出现的系统。由于产业集群的企业规模普遍较小，多数企业的所有者、经营者和管理者实际上是集于一体的，企业家的很多活动是以外在化的企业行为表现出来的，如新企业的诞生、企业的根植性、企业的创新活动、企业之间的合作与结网等。因此，他认为，企业家网络等同于中小企业网络，产业集群可以被看作是企业家的集聚区域。同时，他还提出，在集群内部，并不是全部的企业所有者、经营者或管理者都可以成为企业家。而且，由于产业集群内部存在着企业差异化，各企业在产业集群发展过程中所发挥的作用并不相同，那些真正意义上的企业家（如龙头企业的企业家）的重要性是一般企业的企业主（通常只是创新的模仿者或追随者）所不能企及的（赵江明，2004）。

具体而言，企业家在产业集群生命周期的每个阶段所起的作用各具特色。

第一阶段，产业集群的产生阶段。这是区域内核心产业启动、集聚开始形成的时期。此时，集群内企业结构零散，专业化分工程度低，彼此间的交互作用和自主创新有限，结网效应差，内部集体学习机制不完善，创业是集群形成的主题，创业风险最大。个别企业家创办企业，不但没有效仿的成功典范，而且还要独自承担创业失败后巨大的投入成本。"企业家的判断性决策实质上是一种冒险精神"（林竞君，2005），那些能够发现市场机会并敢于在外部环境不确定的情况下做出判断，以首创的行动干预经济的企业家所具有的冒险精神对产业集群的萌芽有着最为积极的影响。个别企业利用其社会关系和资本，率先尝试创立新的业务和开拓新的市场。首批企业家创业成功后，旺盛的社会需求和丰厚的利润会吸引大批的新企业涌入逐利。在这一过程中，原创企业在集群发展中扮演着示范者的角色。大量企业效仿（创业）以及吸引和带动的关联产业配套与要素供给条件的改善，又进一步推动区域企业集聚向产业集群发展，并促进灵活专业化分工合作的实现。

第二阶段，产业集群的发展阶段。这是集聚规模扩大、形成产业链的阶段。不断有企业进出集群，专业化程度提高，企业之间形成了长期合作的稳定关系，外部连接的网络创新功能增强，要素市场开始形成。随着企业的增加，产业集群不断壮大的同时，产业集群内的竞争环境也在不断激化。企业家的创新精神不断促进企业从事创新活动，使企业拥有竞争优势，从而在产业集群的竞争中生存下来。

企业家创新精神先通过内部传导机制，催发企业内部在市场、制度和技术等方面不断革新，从而降低企业内部的交易费用，提高组织内部的经济运行效率。同时，个别企业的创新活动也会在产业集群中产生正的外部经济效益，由于知识和技术的外溢效应使其他集群内企业受益，也直接或间接地影响同业竞争者进行创新活动，最终带动集群式的创新行为。正是这种企业创新精神的外部性转化机制产生的示范效应和竞争效应，不但降低了集群内的平均交易成本，也激发了产业集群内的创新活力，使其充满生机，大大加快了产业集群发展壮大的速度，并在不断革新中找到产业集群自身的核心竞争力和集群优势，从而为产业集群进入成熟阶段奠定了坚实的基础。

需要指出的是，集群优势不在于单个企业的创新，而在于集群内企业间不自觉的相互学习和合作所完成的集群整体创新。集群为知识溢出和代理成本的节约创造了条件，专业化程度的提高又对企业间的合作提出了客观要求。企业家在长期的竞争与合作中发现，单个企业所掌握的知识片断只有与其他相关企业的知识实现结合，才能发挥出各自知识专业化的效率。因此，产业集群的发展就是聚集企业的模仿、研究、消化及与自身实际情况结合的学习过程，而这种学习过程又与企业间横向合作交织在一起，因此，企业家所具有的合作精神和相互学习精神就成为产业集群进一步发展的推动力。企业家的合作精神促成了集群关系网络的形成，而学习精神将企业创新演化为集群创新，网络的非正式交往又进一步促成集群创新的扩散，这一系列由企业家创新引致的活动推动了集群的成长。

第三阶段，产业集群的成熟阶段。集聚趋于稳定，由配套的企业群构建成完整的产业价值体系，通过具有较强竞争力的集群产品融入全球价值链。此时，创新资源丰富，效率更高，成为集聚效益的主要来源。区域内形成特有的文化氛围，集群成员结成坚实、稳定、稠密的本地关系网络，信任成为根植性文化的核心。在这一阶段，集群处于最佳状态，已经具有特色品牌效应，形成了整体的竞争优势。集群创新网络的建立，意味着企业家创新机制的完善。这一时期，创新已经深入集群的每一个角落，初始企业成为潜在企业的孵化器（田红云等，2006）。由于网络变得相对稳定，生产过程标准化，外部企业进入的门槛也相应提高，集群的壮大大多依靠企业内部的衍生和自我强化。

企业家的诚信精神是稳定社会网络的黏合剂。产业集群作为一种社会网络结构，社会普遍信任水平在一定程度上决定了企业家从事经营活动的社会环境中的风险水平和交易成本。对于企业家而言，社会网络的重要作用不仅在于通过网络获取信息与资源，还在于通过网络结构的形态以及企业家在网络中所处位置影响着通过网络传递过来的信息和资源的质量。企业家的诚信精神是连接企业与政府、金融机构以及合作伙伴长期互信合作的纽带，更为重要的是，由于集群内企业拥有共同的区域集群品牌，任何一家集群内企业的对外违规行为都会影响整个集群企业的声誉，因此，企业家能够以战略的眼光，通过集群内企业的联合来构建一个诚信维护体系，从而规避品牌株连风险，以达成内部的稳定。

第四阶段，产业集群的衰退阶段。当集群区域的生产要素成本大幅度上涨，集群的核心产业投资回报率下降（甚至亏损），投资停滞、集群规模出现负增长、核心产业的产品市场份额开始下降时，产业集群就进入了衰退期。

进入成熟期以后，由于地理位置的接近，集群企业所获信息趋于一致或近似，集群形成一个稳定和比较封闭的发展状态，交易成本已经固定化，企业家思维模式趋同，创新行为减少，模仿行为增加，集群内部竞争程度加剧，企业间容易出现恶性竞争，这种内耗会导致集群失去活力，产品失去竞争优势。"竞争盲点"使企业家过多关注集群内部的竞争对手而忽视外部竞争，获取信息的趋同使得企业家在战略选择上趋同，"羊群效应"凸显出来，在面对外部环境变化时就无法及时应对。

产业集群的衰退期一般是一个比较缓慢的过程，首先是投资的停滞，其次是企业破产或迁往他处，最后是核心产业的优势地位丧失。在这个过程中，无论是否有政策变量的变动，集群是灭亡还是复苏或转型最终都由集群内企业自身决定。硅谷的发展表明，只要存在创新，集群就会不断保持竞争力和活力，就会不断有新企业诞生、新产品出现和新市场开辟。要获得持续的创新，就必须有企业家精神的觉醒。这一般反映在两个方面：一是集群外部创新环境的改变，通过新企业家的加入（另一批寻找到潜在利益的具有冒险精神的企业家）或原有创新网络的重构来实现；二是原有企业家自身的改变，通过对外部环境的分析和判断，重新找到创业的激情和发展的驱动力。企业家精神的觉醒意味着新一轮集群成长过程的开端。

（2）产业集群也深刻地影响企业家。首先，产业集群有利于企业家合作精神的形成。作为一种介于企业与市场的中间组织形态，产业集群降低了企业家的采购和信息搜寻等交易成本，并享受知识外溢的好处，从而有利于企业家合作精神的培育和形成。

其次，产业集群为企业家相互学习和交流创造了条件，并成为新企业诞生的孵化器。产业集群是相互关联的企业在地理空间上的集聚，由于同类企业具有空间毗邻性，使信息的交流更为便捷、通畅。非正式交流在产业集群中发挥了重要作用，咖啡厅、酒吧中具有相同知识背景和焦点关注的人们彼此交流着最新的行业动态信息，潜移默化地培养了企业的学习精神。由于产业集群内企业众多，且企业间交流频繁，集群内新建企业很多都是从老企业中衍生出来的。新晋创业者利用其熟络的人际关系和业已积累的社会资本，很容易组织和调配生产资料创办新的企业。新创企业的高层在原企业中已经熟悉了业务的流程和企业管理的模式，大大降低了企业家创业的风险，自然促进了产业集群内企业家创业精神的形成。

最后，产业集群有利于激发企业家的创新精神。产业集群创造了优胜劣汰的竞合机制，为了不落后于其他企业，企业必须想方设法进行创新，企业家必须具备创新精神。只有这样，才能在组织制度和生产技术等方面不断推陈出新，使企业在同业内保持领先地位（吴传清等，2008）。

（五）地方企业家资源供给与产业集群绩效

地方企业家资源的供给以及企业家资源的流入对于产业集群形成和发展的意义重大。企业家资源在时空上的分布很大程度上决定了集群形成的时

机和地点。

企业家和资本、劳动一样，是发展经济的稀缺资源。在很大程度上，企业家精神是一种区域性现象。由于知识扩散和人力资本存在地域差异，区域条件在企业家精神的培育方面起着一定的作用。企业家精神在行业之间、地区之间存在明显的差异。欧盟的经验表明，以技术为基础的服务，尤其是商业和通信服务，可能是企业创建和生存方面最重要的行业因素。

从时间维度来看，企业家资源的分布也不均匀。熊彼特在对企业家出现时间分布的研究中发现，在某些时期企业家出现得非常少，而在某些时期企业家大量涌现，由此产生了经济周期。

企业家资源在时空上分布不均衡与企业家资源形成的条件密切相关。各种影响企业家资源形成的因素决定一个地区的企业家资源的潜在供给。一般来说，影响企业家资源形成的主要因素有文化规范、经济发展水平、地理位置和制度等。其中，文化规范决定了一个社会对企业家行为的看法，有利于创业创新的文化环境（尊重创业创新者、认识创业者和对创业失败者的包容等），感知创业机会水平相对较高；有利于创业动机的产生和企业家才能的形成与积累。经济发展水平较高的地区，能够促进个体经济发展。在农业生产率相对较高，商业、手工业等各种产业相对发达，且人口密度相对较高的地区，会拥有较好的产生企业家资源的条件。企业家是随着企业的发展而成长，企业的发展是建立在市场经济不断发展和成熟的基础之上的，因此，市场经济所提供的产权制度、市场竞争机制和企业制度等为企业家的产生提供了良好的制度环境。

产业集群的产生与企业家资源供给关系密切。产业集群的形成过程是企业的集聚，同时也是企业家的集聚过程。经营资源分布的不均衡性形成国家和地区间比较优势的差异，导致了资本在区际之间的流动。一些国家和地区比其他国家和地区拥有更多的企业家资源，则该国家和地区拥有企业家资源上的比较优势，由此形成区域经济发展的差距。在集群的形成过程中，需要一批领头的企业家开始创立企业和进行创新活动，发挥模范、带动作用，吸引更多的创业者加入，这就要求有丰富的企业家资源。企业家要素的存在具有相对独立性，资本的丰盈和技术的先进并不表示企业家资源丰富。在要素资源不能充分流动的情况下，企业家资源分布的丰盈度将在很大程度上影响集群形成和发展的速度与潜力（赵江明，2004）。

吕文栋、朱华晟（2005）的实证研究表明，企业家作为稀缺的人力资源，成为浙江产业集群发展演变的重要驱动力。他们不仅通过改善自身企业的经营绩效、提高企业品牌知名度从而扩大地方产业规模、树立集群品牌形象，更重要的是还对地方其他行为主体产生直接的或间接的影响。一方面，地方企业家的行为活动引发外部效应（示范效应和竞争效应），降低本地其他企业的创新成本，激励地方持续创新；另一方面，在竞争日益激烈的市场中，为了降低生产成本并提高自身的核心竞争能力，地方企业家需要建立并增强与其他地方主体的协同性。他们通过创建地方产业网络，重新配置地方要素资源，并促进资源、技术与信息在整个地区的流动与传递。为了获得互补性稀缺资源，地方企业家之间缔结成各种形式的企业联盟，导致集群内部竞争势力强弱交替，并进而改变地区市场结构。区外企业家（尤其是海外投资商）进入以及区内企业家跨区域（国际）投资推动集群纵深演进。在追求各自目标的过程中，内外企业家通常结成联盟，其结果除了提高本地企业家能力与经营绩效，还推动集群技术水平提升，增强集群品牌效益，并引发浙江集群系统效应。在本地企业家学习与创新能力较强的地区，内外企业家联盟对集群发展的促进作用会更加深刻。

第二节　赣南等中央苏区企业家的文化背景与基本特征研究

一、赣南等中央苏区企业家的文化背景

作为一个地方生产系统，产业集群深深地根植于当地的文化环境中并得

到发展。作为"亚文化"范畴中的地域文化，其本质是存在于一定区域中多数人普遍认可的一种观念或行为，它根植于一定地域内政治、经济、文化等社会生活的各个方面，是历史遗存、文化形态、社会习俗、生产生活方式等的总和。同时，地域文化对区域内的社会发展产生直接或间接的各种影响（赵广华，2008）。"以文而化之"是每种文化塑造人的基本方式，文化所凝练的内在精神不断地塑造着本区域的人，对其价值观念的形成起潜移默化的作用。集群区域的创业文化积淀以一种隐性传承的方式或深或浅地影响人们的文化个性和价值体系，激励和引导创业者积极创办事业，为企业家阶层的形成提供了有利的条件（吴瀚洋，2007）。

江西古称"吴头楚尾，粤户闽庭"，历来受到周边文化的巨大影响，呈现出明显的区域特征，形成了几个比较有代表性的地域子文化，如抚州的临川文化、吉安的庐陵文化、赣南的客家文化，它们对赣南等中央苏区企业家产生了巨大的影响。赣南等中央苏区企业家分布于赣州、吉安、抚州三个地区，既受各自地域文化的熏陶，也受传统文化尤其是赣商文化、中央苏区文化以及产业集群文化的影响。

（一）传统地域文化的熏陶

1. 临川文化的内涵及其影响

临川文化的精神内涵可以归纳为以变革图强富，以开新求发展，积极进取，刚健有为（周世泉、廖应生，1994）。

抚州简称"羊城"。抚州临川是进入闽粤沿海的交通要道，从地理位置上说，临川处在荆楚文化区、吴越文化区、闽粤文化区的交叉点上，历来官宦升迁，文人漫游，商人羁旅，途经或滞留临川的人不可胜数，十分引人注目。地理位置上的独特优势，使临川成为虽不处沿海，但能纳时代风云变迁，受惠于各种先进文化思潮的形胜之地。临川土地肥沃，气候温和，雨量充沛，日照充足，丰富的特产，满足了人们的物质生活需求。再加上历代战乱祸及不多，自然灾害也不甚恶劣，在这种自给自足、丰衣足食的"牧歌式"的自然经济状态下的临川，人们勤于耕作，礼于诗书，耻于聚讼，平和而温雅，崇实而达理。临川人不耽幻想，不事冲动，注重实际，耕读皆心尽其力，体乏其劳，蕴含着一种内在的进取欲求和奋斗精神。

虽然处于半封闭的内陆型地理环境中，但临川人却能在特殊的文化交流中超越农耕文化特点，而表现出一种既恪守封建礼仪，又突破传统束缚的较为开放的眼光。临川文化给人最深刻的印象在于民众能把眼光从赖以生存的朴实泥土中解放出来，以诗书求闻达，弃自守而进取。临川人不耽幻想，但却有比较活跃、聪慧的思维机制，不事冲动但又充满着进取拓展的创新意识。

明代中叶以来，手工、商贾的发展，促进了商品经济的繁荣。临川特殊的地理位置和通畅的水陆交通，有利于商业的发展。临川商贾最重要的两条经商渠道是南达福建、广东，北上湖南、湖北，加强了荆楚文化与闽粤文化的经济联系。值得重视的是，在临川，除了夏布、米粉、西瓜、灯芯草等纯经济价值的特产畅销四海之外，更引人注目的是那些具有文化价值的特产的发展，诸如茶叶、毛笔、陶瓷、书肆、石雕、酿酒等（黄振林，1990）。商业繁荣锻造了临川文化中的进取精神和奋斗意识，至今仍鼓舞着临川企业家自强不息、开拓创新。

2. 庐陵文化的内涵及其影响

自西晋永嘉之乱至晚唐宋末，大量的北方人渡江南迁庐陵，北方人带来了当时先进的生产方式和文化观念，在南北交融的历史进程中，造就了中国历史上璀璨夺目的庐陵文化。庐陵经济不亚于长江沿岸发达地区，而且领先于闽粤湘山区，文化教育更是走在全国前列。宋明两代尤为突出。

庐陵自古就是商业贸易中心，古代庐陵人走的是耕、商、读相结合的道路。至明代则以经营竹木商贸而再度繁荣，是江南大家族仕、商、耕相结合的典型。庐陵人认为，发展商贸也是经世致用，必须有文化素养，所以他们在发展商业经济的同时，极为重视文化教育的普及和发展，孕育出"以儒行商、以商助德、商儒合一"的儒商文化（任重、陈仪，2006）。

庐陵人善于吸收，勇于改革创新，富有自强不息的进取精神。创新是人类进步的动力，也是庐陵文化发展的催化剂（文尚卿，2008）。在逆境面前不退缩，在强权之下不弯腰，是庐陵人崇尚的道德和人格（温新华、王先侯，

图 5-1　吉安文天祥纪念馆

资料来源：欣欣旅游网。

图 5-2　庐陵文化

资料来源：360 导航网。

图 5-3　吉安市白鹭洲书院

资料来源：360 导航网。

图 5-4　吉安市欧阳修钓源古村

资料来源：360 导航网。

图 5-5　吉安市欧阳修钓源古村

资料来源：360 导航网。

2002)。庐陵历史上出现了许多作家诗人、专家学者、能工巧匠，他们自强不息、奋力进取，在各自的领域作出了杰出的贡献（吕滨，2001），为后世树立了典范。

3. 赣南文化的内涵及其影响

赣州地处江西南部，简称赣南，毗邻广东、福建、湖南三省。自唐代中叶张九龄开凿大庾岭梅关古驿道以来，赣南便成了中原通向闽、粤的一条重要通道。从客家形成地域看，赣南是接受自北南迁移民最早最多的地区，是客家民系形成的摇篮地，这方神奇的水土造就了百折不挠、自强不息的客家民系（傅丽、陈宾茂，2007）。客家先民从这里走向全国、走向世界，造就了赣南"客家摇篮"的历史地位（易崇英、张素华，2010）（见图5-6）。

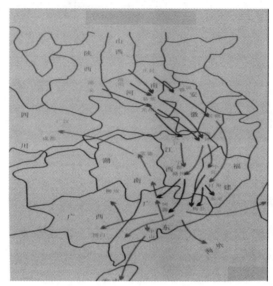

图5-6　客家迁徙示意图

资料来源：360导航网。

图5-7　梅关古道

注：梅关古道是中国有确凿年代可考、保存最久与最完整的古驿道、古商道。梅关古道是唐开元四年张九龄奉诏开凿，巅建梅关。上方先镶刻明万历年间南雄知府蒋杰题写的石刻匾额，北书"南粤雄关"，南书"岭南第一关"，是江西省重点文物保护单位。

资料来源：欣欣旅游网。

历史上，因其境内山多田少，地瘠人贫，远离历朝的政权中心，赣州向来是封建统治力量薄弱的缓冲地带。由于战乱、饥荒等历史原因，赣南客家先民举族南下，历尽颠沛流离的辛酸，最终在赣南这片土地上安家落户。在辗转流徙、开荒拓基、重建家园、共御侵犯等共同的社会生活中，他们逐渐沉淀出了一种可贵的客家精神，创造出了颇有特色的赣南文化（见图5-8、图5-9、图5-10）。赣南文化既吮吸着中华民族传统文化的乳汁，又兼蓄了本地土著文化的营养成分，形成了以坚韧不拔、开拓进取、团结友善、敬祖睦邻、重教兴学、爱国爱乡等为核心内容的文化特质。

图5-8　客家人开垦的梯田（客家人一般居住条件比较恶劣）
资料来源：360导航网。

图5-9　耕种之余，客家人在村头摆摊做点小生意
资料来源：360导航网。

图 5-10　客家妇女在集市卖自家种的蔬菜

资料来源：360 导航网。

　　赣南客家先民深居丘陵地带，交通闭塞，田地稀少且贫瘠，单靠农耕生产很难维持生计。于是，中原传统的"安天乐土"思想和"重农轻工轻商"的观念在他们心中逐渐淡薄。他们放下"父母在，不远游"的祖训，男子开始走南闯北学手艺或经商。在走南闯北中，他们开阔了眼界，磨炼了意志，铸造了赣南客家人开拓进取、坚韧不拔的品性（邱娟娟，2009）。客家精神和品性是赣南企业家要素的重要组成部分，对赣南企业家产生了重大影响。

　　（二）　赣商文化的影响

　　中央苏区企业家除了受上述各自地域文化的影响外，还共同受到赣商文化的强烈影响。赣商也叫江右商帮。赣商文化是指与赣商相关的方方面面物质的、精神的东西。赣商文化的物质表现，最为重要的是曾经有过的且至今尚存的江西商人会馆，即万寿宫（全省会馆）、三皇宫（药商会馆）、萧公庙（临江会馆）、文公庙等，以及以这些会馆为中心所形成的古镇、古村、古街。赣商文化的精神表现，是商人的个性和特点、经营理念、创造精神及组织形式、生存方式，等等（方志远，2010）。赣商主要特征如下：

　　吃苦耐劳，艰苦创业。赣商多是家境贫寒的农家子弟，自幼养成了吃苦耐劳的品格。在从商的过程中，他们吃苦耐劳、艰苦创业、勤俭持家，蔚然成风。许多赣商由于亲身体验到从商的艰难和经营的劳苦，往往能够疏远纷华声色，粗食布衣，洁身自好。

技艺精湛。江西素有"物华天宝，人杰地灵"之美誉。赣商中不乏技艺精湛者。张瀚在《松窗梦语·百工记》中有云："今天下财货聚于京师，而半产于东南，故百工技艺之人亦多出于东南，江右为夥。"

讲究"贾德"，注重诚信（见图 5-11）。赣商诚实守信，讲究职业道德。他们不卖假货、劣货，不抬高物价、欺行霸市，而且还遵守儒家的道德规范，提出了"君子爱财，取之有道"，并由此形成了"以诚待客，以义制利"、"和气生财，公平守信"、"货真价实，童叟无欺"等一系列道德要求，为赣商共同遵守。不仅如此，有的家族还将商业道德作为家规、族规的重要内容，要求全家庭的人员予以遵守。赣商的财富示范效应对原有的社会经济秩序造成了不同程度的冲击，影响了社会风气，不少家庭开始把行商作贾列为子弟族人"食力资身"的主业，认为经商与读书一样可以谋生，或有所成。不少士大夫阶层人士也明显表现出崇商理念，南丰学者梁份甚至认为商贾"劳心力以殖货财"。赣人观念之新，在本末倒置的"守本"、"务本"年代，可谓开风气之先。

图 5-11 讲究贾德的赣商

资料来源：新华网，2014 年 7 月 10 日。

赣商近千年来形成了优良的传统，这些传统可以概括为艰苦奋斗、勤劳、节俭的创业精神，博大、宽容、和合共赢的协作精神，以义制利、诚信、务实的儒商精神，潜心学艺的钻研精神，童叟无欺的和谐精神，勇于排难的奋斗精神，稳扎稳打的务实精神，胸怀大志的进取精神。赣商文化集中表现为诚信与勤恳（方志远，2011）。这些优良传统和文化品格是赣南等中央苏区企业家需要继承的优秀基因和基本品格。

当然，赣商也有劣根性。赣商的商业活动以小买卖为主，加上受程朱理学的影响深，多数追求正统，观念守旧、求稳怕输、害怕风险。多商业智慧，少商业精神，小富即安，知足常乐，一有赚头就缩短营业时间，获利够了就关门读书。崇尚读书人士，做生意半心半意，更少有做大商人的雄心；鼓励子弟考功名、做官，与经商相辅相成。认为财富能聚能散，能积财更能散财，不守财。主张息事宁人，不诉讼；父母在，不远游。知母心所乐，不在厚利。

赣商几百年来虽然形成了人数多、行业广、讲信誉、能吃苦、善筹算、渗透力强等优势，但存在着以商脱贫、资本分散、小本经营、难成规模等先天不足。在政治权力与商业资本关系密切的中国社会，赣商借助于"朝仕半江西"的优势，才得以壮大和发展。到清朝末年，朝廷为官者赣人日渐稀少，缺乏以特权为依托的赣商难以与晋商、徽商相抗衡而日益衰落。观念上的束缚更成为江西商业资本积累和赣商发展的重大障碍。明清以来活跃于各地的赣商，其商业利润的很大一部分不是用在当地扩大经营形成规模，而是拿回老家投入宗族事务。如修谱建祠、购买田地、资助科举、兴办学堂、赈济族众以及捐纳功名、光宗耀祖等。这些做法虽然对当地公益事业发展和人才培养起了很大的作用，江西人才辈出，文化兴盛，与此不无关系。但从赣商的发展观来看，这些做法严重阻碍了江西商业资本向产业资本的转化以及向资本主义的发展，赣商一直没有在江西本土营造出一个个如广州、汉口、南京、上海、杭州、苏州那样的大都市或消费中心，因而无法刺激消费水平的提高，也无法吸引外来的消费者而积累资金。同时，在江西本土也没有形成以大都市为中心的市镇网络，更没有产生有影响的百年老店、大型民族企业和优秀的领军人物。整个商业活动始终停留在以商补农、以商脱贫的低层次，始终没有达到资本化、规模化和产业化的水平。此外，有专家将赣商性格的不足主要概括为三点——盆地心态（封闭、保守、孤立、窝里斗）、边缘感觉（置身主流之外、冷漠地对待一切）、自恋情结（自满自足、陶醉落后），这些也影响了后世的企业家。

（三）中央苏区文化的影响

中央苏区即中央革命根据地，是以赣南、闽西两块根据地为基础创建的，位于江西南部、福建西部，是土地革命战争时期全国最大的革命根据地，是全国苏维埃运动的中心区域（见图5-12），是中华苏维埃共和国党、政、军首脑机关所在地。中央苏区的历史是中国共产党领导新民主主义革命的一段非常重要的历史。从时间来说，它占民主革命的1/4，是党领导的民主革命历史上所受的艰难困苦时间最长的一个时期。从内涵来说，它是以毛泽东为代表的中国共产党人探索农村包围城市、武装夺取政权的中国特色革命道路的关键时期，是对中国革命道路进行艰苦探索，并奠定了坚实基础的时期。从意义来说，它是新中国的最初雏形，是中国共产党第一次建立国家政权形态，积累治国经验和锻炼执政能力的时期（石仲泉，2006）；是作为中国共产党指

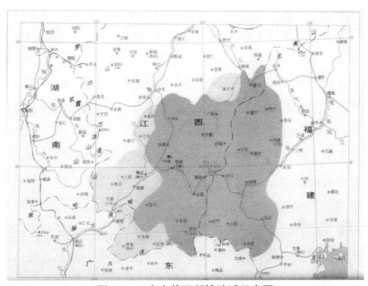

图5-12 中央苏区所辖地域示意图

资料来源：360导航网。

导思想的第一个伟大理论成果——毛泽东思想正在发育成型的时期；是开始磨砺和造就以毛泽东为核心的第一代中央领导集体的时期；是中国共产党为保持党的工人阶级先锋队性质，在加强党的先进性建设中开创新的途径和形成党的优良作风的时期；是党领导的人民军队经受艰苦卓绝的锻炼，为建设人民军队、开展人民战争积累经验的时期；是为党和人民培养造就一大批治国安邦的党政军优秀领导干部的时期。

中国共产党在中央苏区的革命孕育和锻造了中央苏区精神。中央苏区精神在共产党领导的中国革命史上占有特殊地位，具有伟大作用。中央苏区精神可以表述为："在斗争中开拓新局面"的创造精神；"真心实意地为群众谋利益"的奉献精神；"照顾大局"、"立党为公"的斗争精神；"勇敢坚决"、不怕牺牲的拼搏精神（黄少群、赖宏，2010）。在纪念中央革命根据地创建暨中华苏维埃共和国成立80周年座谈会上的讲话中，习近平同志对"苏区精神"的内涵给出了"七句话二十八个字"的概括，就是："坚定信念、求真务实、一心为民、清正廉洁、艰苦奋斗、争创一流、无私奉献"（习近平，2011）。二十八个字为主要内涵的苏区精神，既蕴含了中国共产党人革命精神的共性，又显示了苏区时期的特色和个性，是中国共产党人政治本色和精神特质的集中体现，是中华民族精神新的升华（黄少群，2012）。

改革开放以来，深受中央苏区精神影响的赣南等中央苏区企业家，继承了各自地域文化和赣商文化的优良基因，切实转变观念，坚持创新意识，艰苦创业、争创一流，勇抓机遇，以自身的努力推动产业集群形成和发展。

（四）产业集群文化的影响

1. 产业集群文化概述

进入产业集群的企业家还受到产业集群文化的深刻影响。产业集群文化是指产业集群在地域文化的基础上，在长期的创业和发展过程中形成并被集群成员共同遵守的最高目标、价值标准、基本信念及行为规范等。它是集群理念形态文化、制度（行为）形态文化和物质形态文化的有机复合体，能对集群成员行为起支配作用的共同理念和行为方式。产业集群文化是一种社会文化的亚文化，介于个体文化与民族文化、社会文化之间，属于社会文化框架中的一个中观层次。

2. 产业集群文化的影响因素及其特征

作为社会文化的亚文化，产业集群文化受多种因素影响，其中传统文化、区域文化和国外文化是产业集群文化形成的外部环境，而集群内的企业文化和特定性知识是产业集群文化的内部环境，是集群文化形成的基础。各种因素从不同角度发挥作用，孕育了丰富多彩的产业集群文化。

第一，传统文化。产业集群的发展根植于社会文化的沃土，因此，产业集群文化的形成离不开本地区、本民族传统文化的传承和支撑。不同的民族、不同的历史背景、文化制度、价值观念和思维方式等因素，决定了某产业集群文化的主体方向，因而产业集群文化无不带有本国或本民族传统文化的烙印。优秀的产业集群文化，必定融合了民族文化和历史人文精神的精华，必定注重汲取传统文化的营养来充实、丰富、发展自己。

第二，特定性知识的影响。所谓特定性知识，主要指与集群所涉及的特定产业的经营活动有关的技术、技能、技巧与经验等隐性知识，这些知识是在实践中摸索和体验得来的，"只可意会，不可言传"，必须通过身临其境的方式来学习，是世代相传、历史积淀而成的产业特定性知识，它往往需要一个时期的积累和沉淀过程才能发展成熟。这些知识资源在空间上高度集中，在集群内构成一个相对密集的知识场。企业加入集群的一个重要动力就是可以获取集群中的知识资源。几乎所有集群都是在弥漫着某种特定性知识的空间中生成，并在一定条件的催化下，将这种特定性知识的影响作用传播与扩大，营造出一种"创新—溢出"的共享文化，从而最终诱导产业集群文化的形成。

第三，区域文化的影响。产业集群是区域性的，并非所有地方都有，只有那些具有某种特殊的资源禀赋、区位条件的地方，通过历史积累或重大机遇才发展起来。体现为具有鲜明地域特色的区域文化，潜移默化地影响了产业集群的发展。地域文化是产业集群文化生成发展的基础条件，产业集群文化只有根植于地域文化才有强大的生命力。因此，必须以地域文化为基础，建立富有特色的产业集群文化。

第四，集群内的企业文化。单个的企业文化不等同于集群文化，但会外

溢到集群中形成一定的文化氛围，尤其是那些龙头企业对集群内其他企业的文化产生重要的影响和辐射，从而成为集群文化的主旨。

第五，国外文化。随着全球经济一体化进程的加快，全球文化的交流日益频繁。就中国而言，改革开放政策的实施，使中外文化思想的自由交流变为现实，互联网的普及为中外文化思想的同时交流创造了更为便捷的条件，这些决定了文化规则的选择不可能局限于本区域，而是面向全世界，所以，国外文化对产业集群文化的发展也会起到重要的作用。

第六，地方政府的促进作用。凡是能持续发展的产业集群，都有地方政府的有力支持和正确引导。地方政府的引导与调控作用主要表现在以下几方面：一是萃取区域文化、传统文化的精髓，结合集群内企业文化的优势，推敲集群文化精神，科学地进行集群文化的定位、设计和规划，并督促集群成员付诸实施。二是提供政策支持，大力进行集群文化的教育宣传，通过各种载体，举办丰富多样的活动，提高集群的知名度和美誉度，树立良好的集群形象，增强集群品牌竞争力。

产业集群文化所处的复杂环境，决定了它是通过不同文化的交流、碰撞和理解所融合而成的。优秀的产业集群文化既要整合传统文化、区域文化和国外文化的精髓，又要整合集群内各企业的文化精华，使其成为"一体多元"型文化。群内企业家是产业集群"内生优势"的集中体现，他们既是集群文化最重要的载体，又能对集群文化整体的发展和升级起到重要的推动作用。其原因在于，一方面，当地企业家继承和凝聚了当地历史文化传统，在他们的强势影响下，可以将本地文化和集群文化融为一体，使集群文化具有本地根植性特征；另一方面，当地企业家在与外界经济系统交往的过程中所特有的开放思想和敏锐眼光可以使他们有效地吸收一些外来的先进思想、观念，从而使集群文化具有开放性的特征。而这种开放性正是推动集群文化发展的重要动力。此外，当地企业家的催生与成长，可以使集群的产业网络和本地的人际网络实现有机的联结。在此过程中，必然会进一步发展集群内的协作精神。因此，要对还不是企业家的中小业主进行政策扶持和智力培训，为其创造良好的创业环境，使其成长为善于经营的企业家（赵广华，2008）。

二、赣南等中央苏区企业家的基本特征

赣南等中央苏区企业家与其他地域的企业家一样，具有一般意义上的特点，如他们都是经办实业的优秀人才，是在市场经济的竞技中脱颖而出的，都是拥有现代科学技术和经营管理知识及才能的专家，是富有冒险精神和创新精神的体现者，敢于承担风险，有强烈的进取精神。他们具有战略眼光，常常会从长远的角度看问题，往往着眼于事业发展的长远利益，而不是只应付眼前问题。他们具有充沛的精力、健康的体魄和较强的耐力。他们充满自信，相信自己的所作所为可以改变一切，确信自己能把握命运；不相信会有外界事物能够阻碍他们的追求并获得事业的成功。他们是一群非常有主见、能够自我激励的人。他们善于解决问题，通过经营企业，开辟市场、满足社会需求，引导消费潮流，建设精神文明，推动社会进步。但是，他们也具有一些与众不同的特征。概括起来，主要表现如下：

（一）人数比较少的一个群体

企业家是稀缺资源，无论以绝对数量衡量还是以相对数量衡量，企业家在整个社会中均居少数。不仅如此，还普遍呈现出分布不均衡的特征。关于企业家绩效，一般地看，企业家地区分布情况与经济发展水平正相关，经济发展水平比较高的地区，企业家数量、比例也比较高，经济发展水平较低的地区，企业家数量则比较少。

总体来看，赣南等中央苏区企业家群体人数比较少。虽然由于缺乏详细的统计资料，无法进行定量分析，但是仅从相关资料进行的定性分析也充分说明这一问题：一是与浙江、广东等沿海发达地区相比，赣南等中央苏区企业家无疑人数少、占总人口的比例低。二是与同处中部地区省份相比，赣南等中央苏区企业家人数、占总人口的比例也明显偏低。三是与同为中央苏区的福建、广东相关地区相比，赣南等中央苏区企业家人数、占总人口的比例还是偏低。四是与江西省其他地区相比，赣南等中央苏区企业家人数、占总人口的比例也低。

经过多年的发展，赣南等中央苏区企业家群体也开始逐步分化，大致出

现了三种情况：①一部分企业家因为各种原因无法完成自我超越而逐步被淘汰，退出了历史舞台，创建的企业要么被收购兼并，要么关门大吉。②一部分企业家虽然创业初步成功，但之后就故步自封，一直未能有较大突破，企业仍维持在既有规模，生存问题仍是企业面临的最大问题，这部分企业家还处在挣扎阶段。③一部分企业家则已经将事业发展到一定规模，企业已具有较强的竞争力，盈利性好，收益比较稳定。只有少数企业家在经营过程中不断丰富和完善自己的管理思想，积极实践，形成了自己独特的管理风格，企业也越做越强，集约化程度不断提高，已经成为行业领袖或知名企业家。如江西耀升工贸发展有限公司董事长郭华彬、章源钨业股份有限公司董事长黄泽兰、虔东实业集团董事长龚斌等。

（二）草根型企业家居多

从生成途径看，赣南等中央苏区企业家大致有草根型（或原生型）、转制型、空降型和职业型四种类型，其中以草根型企业家数量最多。

草根型企业家所受教育程度不高，自身素质并不高，许多是个体户、生意人和农民出身，很少有过正规企业工作经历，带着极强的小农意识、草莽意识，思维方式、行为方式带着浓烈的泥土和市井气息。本着改变命运的朴素初衷，他们义无反顾地踏上了创业之途。也许不同于世界上所有其他地区的企业家们，他们几乎都来自并不富有的平民阶层，具有超越一般人的艰苦创业、身体力行的优良禀赋。这种精神不但使他们勇敢地走出了创业的第一步，更重要的是造就了他们勇往直前、不屈不挠的进取意识。他们是现实主义者，崇尚务实但忽视运筹经营，对资本运作、风险投资等现代经济手段既不熟悉，也不太关注。在度过创业初期、解决了生存问题后，其中不少企业家缺乏创新的思维和敢于冒险的精神，创新能力不足，依靠科技进步的主导意识和培育自主知识产权的意识不强，对产品结构调整、自主开发、市场营销模式创新能力比较弱。面对激烈的市场竞争，一些企业竞争力下降，惨淡退出市场。

（三）具有商业智慧

赣南等中央苏区企业家在商机的洞察和把握上，常常表现出先人一步的智慧。改革开放之初，他们及时把握消费新趋向，几乎是在"第一时间"生产出了当时具有进口替代性质的产品和国内创新产品。如赣新电视机厂就是这方面的一个典型，以至于当时四川长虹的老总曾来赣新电视机厂取经。但是，由于受传统观念的束缚，他们缺乏发展现代商品经济所需要的商业精神和商业意识，缺乏开阔视野，具备全球战略眼光、能够主动"走出去"、开放型、外向型的企业家比较少，最终被后来者居上。

（四）行事稳健

赣南等中央苏区企业家做事讲求稳妥，经营企业习惯于主要依靠自身力量，"滚雪球"式发展，不轻易冒险，相比于沿海发达地区企业家，赣南等中央苏区企业家明显缺乏闯劲。

沿海发达地区企业家领风气之先，其成功主要是进入成本较低。他们凭借胆识和毅力把握了我国由计划经济向市场经济转轨过程中的特殊机遇和市场缝隙。如果说沿海地区企业家善于创新领跑的话，赣南等中央苏区企业家则更善于模仿。他们模仿了沿海地区企业家的创业，将其成功的要素植入赣南等中央苏区，创造了特色产业，并最终形成了特色产业集群。

对于赣南等中央苏区而言，模仿是创新的第一个阶段，同样难能可贵。每一个企业起步时，企业家不仅有自己的商业理念，而且还有将这些理念付诸实践、结出果实的意志和毅力。他们富有想象力，注重成效，精力充沛，吃苦耐劳。他们富有号召力和感染性，内心具有强烈的创业冲动，能把热情注入整个组织。个人承担一切责任和创业风险，使企业组织具有适应环境变化的市场创造力，加上企业家敢于冒一定的风险，故他们能够把起初非常简单粗糙的想法变成具体的现实，从而完成了创业者向企业家的转变。

就整体而言，中国市场经济在不长时间中几乎跨越了发达国家近百年的发展阶段。尽管经济的成熟度尚无法比拟，但就作为微观经济主体的企业而言，赣南等中央苏区企业家作为后来者，必须适应和承受来自经营、管理、改革带来的压力。从而在客观上锻炼和造就了赣南等中央苏区企业家不断学习和掌握先进的经营管理思想、理念，消化和吸收发达国家和地区领先的管理工具、科学技术的能力，同时使他们具有卓越的创新能力。他们仿佛能工

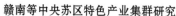

巧匠，显得非常敏锐和聪慧，通过学习先进的科技、管理，创造了许许多多适应苏区实际的管理思想，为中国企业管理文化的不断完善做出了自己的特殊贡献。

当今，赣南等中央苏区企业家面临着复杂多变的环境，具有很大的不确定性。政治体制的嬗变、市场的竞争、产品的更新、科技的迅猛发展、组织关系的改革、价值观念的变化等都对他们提出了生存挑战，也提供了机遇。他们必须学会适应不断变化的环境，对外界环境的变化保持高度的警觉和敏感，提高快速反应的能力，抓住机遇，迎接挑战，不断创新，在环境变化中始终准备应对之策（沈军伟，2008）。只有这样，才能牢牢掌握市场竞争的主动权。

（五）经营理念积极、健康向上

随着企业经营规模的扩大，赣南等中央苏区企业家的创业动机更加纯正，追求目标不断提高，对社会的贡献越来越大。在实现自身价值的过程中，注重社会责任感和员工利益，因而整体形象良好。

企业家成功后，除了客观上具有强烈的示范作用外，主观上赣南等中央苏区企业家也逐渐重视自己在当地的声誉，积极参与促进本地区的经济发展活动。通过较广泛的社会关系网络，把经验、技术扩散到当地感兴趣的人当中，增加了地方的人力资本，为产业集群的形成、发展培养了一批有用的企业经营者，从而促进了地区产业集群的萌芽、发展。

第三节　地方企业家与特色产业集群的形成与演变

一、地方企业家与赣南等中央苏区特色产业集群形成、发展的一般性分析

因某种偶然或历史或社会关系的原因，在某些地方最先出现的一个或几个企业扮演了孵化器的角色，它们的表现将影响后续企业的加入，如果它们

能够给潜在进入者足够的信心，则该地方产业聚集速度将加快。这种示范效应成为集群发育阶段的催化剂。个别企业家创新或引进的新产品或工艺在获得商业成功后，产业集群得到萌发。由于企业的创新活动具有很强的外部性，并且很容易被当地其他企业家或潜在企业家发现。受经济利益的驱动，他们将不断涌入这个新兴产业，有的成为模仿者、追随者，有的则从事相关配套产品的生产和经营活动，区域内的企业数量得以逐渐增长。某一地区大量聚集许多生产同类型产品的企业加速了区域内的社会分工，通过社会分工，企业家把一些不具优势的环节从企业中剥离出去，由于被剥离的环节集中生产，生产企业获得生产中的规模经济，从而使整个区域的生产效率得到提高，衍生出富有竞争力的产业集群（敬慧颖，2006）。在产业集群的形成、发展演变中起主要作用的赣南等中央苏区企业家既有产业工人，也有农村商贩，还有体制内的技术人员。正是在他们的带动下，一个个特色产业集群得以形成、发展，南康家具特色产业集群、信丰脐橙特色产业集群、金溪香精香料特色产业集群就是其中的典型。为了更深入地了解这些集群形成、发展的状况，本节分别予以介绍。

二、南康企业家与南康家具特色产业集群的形成、发展

（一）南康木匠与南康家具特色产业集群的渊源

1. 南康市概况

南康市位于江西省南部，居赣江上游、章江中下游，毗邻赣州市中心城区，总人口 80 多万。1995 年 3 月经国务院批准撤县设市。南康产业聚集，商贸活跃，已初步形成矿产品、家具、服装、电子信息、精细化工、食品、甜柚、生猪、饮食娱乐、商贸物流十大主导产业，是江西省的家具产业基地、纺织服装产业基地和全国 100 个重点食品加工县（市），是中国甜柚之乡、全国瘦肉型商品猪生产基地。

南康商业文化底蕴深厚，全民创业氛围较浓，民营经济是市域经济的主体，在赣州乃至江西省都有一定影响，有"江西的温州"之称。1997 年 5 月，著名社会学家费孝通前来考察后，将南康经济现象概括为："无中生有，有中

生特，特在其人，人联四方。"

2. 南康木匠返乡创业

多位南康籍人士认为，虽然人口统计中的南康人口为 80 多万，但这仅仅是户籍在南康的人口数量，事实上，还有 80 万户籍不在南康的南康人。由于人口比较多，人地矛盾比较突出，为了生存，许多南康人凭借手艺离家外出谋生，其中，木匠活就是一门重要的手艺。在同样的生活环境、文化背景、区域条件下生活的南康人，往往祖孙几辈人都从事同样的木工活，经过多年的经营与积累，逐渐形成了经营木工产业的氛围，并在此基础上形成了区域经济发展的特色。由此，南康成为"木匠之乡"，有着一大批懂技术的家具制造熟练技术工人。20 世纪 80 年代初期，一大批"南康木匠"远赴广东顺德、福建等全国各地赚钱糊口；一些没有木匠技术的南康人，因为家具厂门槛低，怀着只要肯学习、肯动手总能挣上钱的想法，也进了家具厂，从而逐步树立了"南康木匠"的名望。这些远赴外地打工糊口的木匠师傅，一部分在 20 世纪 90 年代开始陆陆续续返乡创业，南康家具特色产业集群渊源于此。

可以认为，南康家具特色产业集群是南康木匠对广东顺德家具产业集群进行复制的结果（见图 5-13）。广东顺德家具产业集群很大程度上是顺德资本与南康木匠的技术结合的结果。对于南康家具特色产业集群而言，顺德家具集群充当了南康家具集群的"黄埔军校"，至少发挥了两方面的作用：一方面，大批南康木匠、农民通过顺德家具产业集群完成了从手艺人、农民到家具产业工人的角色转变。在这个过程中，他们受到了工业化大生产的训练，熟悉了家具产品规模化、标准化生产的工艺流程，对现代化家具工业生产有了切身的感受，并且初步学习到了家具企业经营管理知识。所有这些都为他们返乡创业奠定了比较好的知识基础。另一方面，在这个过程中，顺德企业家既成就了自己的事业，又积累了财富。正是在顺德企业家、顺德家具集群成功示范效应的影响下，为了实现自己发财致富的梦想，南康木匠将顺德模式在南康进行复制，从而诞生了南康的家具企业，家具产业，家具产业集群。

图 5-13　南康企业生产的红木家具

资料来源：中国南康家具网。

（二）　南康家具特色产业集群形成、发展及其原因分析

1. 南康家具特色产业集群的初步形成

南康木匠返乡创业的第一人是林永红。1993 年，他怀揣着在广东打工积累的资金和技术，结束了打工生涯，回到南康，在老家盖了个简易的木板厂房，南康第一家家具厂就这样诞生了。创业当年的收获就颇丰，赚了 20 万元。林永红在家办厂致富的消息迅速在左邻右舍传播开来，许多人开始效仿。1994 年，林永红家具厂旁边便多了 8 家兄弟工厂，效益显著。他们成为南康家具业的第一批创业者。

众兴人造板有限公司董事长张祥福就是 8 家兄弟工厂中的一个。早在1990 年，他和大多数南康人一样，南下广东打工，凭借精湛的油漆手艺，每月收入 1000 多元，这在当时的打工阶层算是相当高的收入。然而，他并不就此满足。1994 年春节后，张祥福拿着打工赚来的 8 万元在家乡创办了自己的企业，在自家的小作坊里生产简易家具，开始了勇于吃螃蟹的尝试。如今，张祥福的企业已经拥有几千万元的资产，成为当地家具行业的"领头雁"，还吸引了一大批在顺德打工的技术人才。在林永红、张祥福们成功的示范效应影响下，一家又一家家具企业如雨后春笋般冒了出来。

镜坝镇是南康家具产业集群的发源地之一。起初，镜坝镇的家具厂大多依路而建，有路的地方就有家具厂。在从唐江镇去往南康市区几十公里的道路两旁，几乎全都是家具厂。所谓的家具厂，很多其实就是路边的木工作坊，一个木棚，一堆木料，几个工人，再加上简易的工具，便组成一个小型的家具厂。

南康家具特色产业集群九成以上的创业者都是在外长期打工、积累了一定技术与管理经验的返乡务工者。他们拿着为数不多的起步资金，采取小作坊的前店后厂的商业模式，靠着自己和家人的辛勤劳作一步步发展。在南康市 105 国道、323 国道旁边，搭建简陋的松皮棚，数公里道路两侧接连分布着规模近 50 万平方米的家具市场，向过路的司机和商旅销售南康家具。家具厂就这样在南康遍地开花、蓬勃发展起来。

2. 南康家具特色产业集群的发展历程

南康家具特色产业集群大致经历了三个阶段：初步形成阶段，发展阶段，转型、升级阶段。

第一阶段，初步形成阶段（1993~1999 年）。在第一批创业者的财富效应示范下，大量在外地打工的南康家具业工人返回家乡创办家具工厂。到了 1994 年底，南康已经有了 200 多家家具企业，南康家具特色产业集群从此试水起航。这些企业沿公路布局，集聚在公路两旁，绵延数十公里，形成了南康独具特色的家具产业集群。

第二阶段，发展阶段（2000~2009 年）。南康家具产业集群的发展，一方面，吸纳了大量劳动力，解决了政府想解决却无力解决的难题，而且随着南康家具业集群的发展，本地的劳动力已经无法满足整个集群的用工需要，南康还大量招聘外地区、外省（如湖南、四川、广东、广西等）劳动力；另一方面，南康家具产业集群也为政府提供了丰厚的税收，极大地拉动了社会投资，增加了地方 GDP，成为地方经济发展的强大推动力量。由此，南康家具产业集群引起了各级政府的关注、关心。自 1997 年开始，政府改变做法，积极介入，采取措施全方位扶持、引导南康家具产业集群的发展。在政府的引导下，南康家具产业集群的发展实现了由无序、自发到有序、稳步的发展，进入了一个新的发展时期。2006 年，南康市被江西省轻工行业办授予"江西省家具产业基地"称号。2006 年，南康的家具产业集群得到飞速发展。随着赣粤高速的通车，交通更为便捷，创业环境进一步改善，吸引了一大批草根创业者返乡，诞生了大批家具企业。2008 年，南康家具产业集群内的家具企业发展到 1505 家。2009 年，快速增加到 5300 家，销售收入达到 32 亿元，从业人员超过 10 万人。

第三阶段，转型、升级阶段（2010 年至今）。2008 年爆发了世界性的金融危机，由此引发了全球性的经济危机，世界经济从此全面衰退。危机也波及中国，对中国经济产生了全面、深刻的影响，许多之前依靠外贸出口生存的家具企业将市场转向国内，国内市场竞争进一步加剧。这种局面势必对竞争力本来就不强的南康家具特色产业集群产生巨大的压力。世界性经济危机发生、蔓延的同时，南康家具特色产业集群却呈现爆发性发展。仅一年，集群内家具企业就从 2008 年的 1500 余家发展到 5300 家，增加了近 4000 家。南康家具企业在受到群外企业激烈竞争的同时，还受到群内新增企业的竞争，为了生存，大打价格战。结果，南康家具集群销量虽大，利润率和附加值却不高。更有甚者，劣质家具、"水货"家具应运而生，并成为这一时期南康家具的代名词。在这一背景下，南康家具特色产业集群进行了艰难的转型和升级，并从此走上了健康、可持续发展的快车道。

历经 20 年的发展，南康家具特色产业集群已基本形成，配套更加完善，产业链从原辅材料供应、初级产品加工、成品制造销售到研发设计、营销推广等环节一应俱全。与此同时，家具产品结构从单一的实木家具转型生产板式家具、真皮布艺家具、藤制家具、五金家具等，原材料广泛采用进口橡胶木、中纤板、海绵、藤蔓、玻璃、五金、石材等，能满足高、中、低端消费群体的不同需要。

群内企业合作关系进一步加强。家具企业之间兼并联合，进行股份合作，组建大型企业集团，以品牌的培育和崛起引领南康家具产业发展壮大，涌现出一大批品牌骨干企业，如潘峰床垫、创业家具、双南木业等，品牌企业之间组成"品牌联盟"，提高竞争力，共同抢占市场份额。据中国家具协会统计分析，南康已经成为全国家具企业数量最多、产品种类最全、产业链最完善的县级城市，是全国第四、江西最大的家具市场。南康家具产业经过 20 多年的发展，已拥有家具生产企业5670家，实现工业总产值43亿元，从业人员近20万人，家具市场占地800亩，市场建筑面积70万平方米。南康家具产业集群内企业获得江西省著名商标2个、赣州市知名商标15个。

从最初的贴牌生产，到如今的商标林立以及化工涂料、油漆、拼板胶、螺丝和木工机械等配套产业齐全，南康已经形成了"研发—生产—销售"一条龙的完整产业链，走在一条由低附加值、代加工向生产专业化、配套完善化、产品品牌化的自主化发展道路上（见图5-14）。

图5-14 南康家具车间

资料来源：中国赣州网。

南康家具产业集群特色鲜明：①南康家具行业的生产环节模式与全国其他区域的家具产业不同，主要是分工比较专业化，比较完善，所以成本更低，这是南康家具的优势。②南康家具集群生产的软体、沙发和床垫等都不是强项，而实木是家具强项和主流，也很有代表性，如餐台椅、床。由于南康家具原料以橡木为主，使整个集群的家具价位档次保持在中端或中偏低端。

3. 南康家具特色产业集群形成的原因

南康这个既无木材资源，又无市场优势的县级市，奇迹般地成长为全国最大家具产业集群之一。南康家具特色产业集群形成的原因主要如下：

第一，能人示范。南康家具特色产业集群之所以能够形成，首要原因是

表 5–1 南康家具集群发展概况

年份	企业数量	销售收入（亿元）	从业人数（万人）	产值1000万元以上者（个）	产值3000万元以上者（个）	产值5000万元以上者（个）
1993	1	—	—	—	—	—
1994	9（一说200多家）	—	—	—	—	—
2003	620	—	—	—	—	—
2008	1505	—	—	—	—	—
2009	5300	31.9	≥10	—	—	—
2010	5670（其中家具厂2000多家）	43	13.2	50	—	—
2011	—	50		80~100	40~60	5~6

注："—"表示不详。
资料来源：笔者收集（2004年、2005年、2006年、2007年的资料缺失）。

南康木匠这样一批创业能人的示范和带动。他们完全靠着一腔热血，对美好生活的强烈追求、对自己当老板的强烈渴求，催生了南康家具产业的诞生。

第二，行业进入门槛低，利润丰厚，技术储备雄厚。家具行业进入门槛低，为南康家具产业的发展提供了可能。只要身上有几万元，在家具厂打过工，懂些技术，厂子就能办起来。当时广东家具产业刚刚兴起，利润丰厚，如一套实木沙发能有100%的利润，吸引众多资金投入该行业。南康人通过在外打工，完成了原始资金的积累，熟悉了该行业从设备采购到生产、销售等一系列环节，懂得家具生产的全套技术和相应的流程，而且人数众多，从而为南康家具特色产业集群提供了源源不断的人才资源。早期还乡人员创业成功的示范效应带动更多人投入这个行业，大批在外打工人员返乡创业，从而在短时间里造就了南康家具特色产业集群的兴起。

第三，区位优势明显，交通便利。便利的交通为南康家具的发展提供了良好的条件。南康交通便利，既有赣粤高速，也有京九铁路，还有105国道、323国道。便利的交通加之南康家具价格低廉，吸引了各地客商蜂拥到南康购买家具，南康家具成了众多客商们的新选择，从而带动了南康家具产业集群的大发展。

第四，原材料来源充足。虽然南康自身的林业资源不足，但是南康所辖的潭口镇上的赣南木材交易市场作为全国比较大的木材交易市场，不仅吸引了周边县市丰富的林业资源，而且吸引了吉安市乃至周边省份的木材商人前来进行木材交易。充足的原材料为南康家具特色产业集群发展壮大提供了良好的条件。

第五，抓住了产业转移的机会。家具产业是典型的劳动密集型产业，容易产生污染。经过改革开放30多年的发展，广东等沿海发达地区家具业进一步加快发展面临着诸多问题，资源环境约束加剧，矛盾日益突出，生产型的劳动密集型企业的发展受限，被迫向中西部经济欠发达地区转移。随着整个家具行业从广东沿海城市向中西部地区转移的推进，中西部家具行业发展面临更大的市场机会。南康具有比较好的家具产业基础，具备了较好的承接广东等沿海地区家具产业转移的条件。南康正是抓住了这个难得的机会，因势利导，促成了家具产业集群的迅速发展。

第六，宽松的政策环境。南康市政府很早就提出向温州学习，要把南康建设成为江西的"温州"。因此，南康市政府对民营经济持开放、包容态度，为民营经济的发展创造了宽松的政策环境。南康市政府的"无为"而治、"放水养鱼"的策略在南康家具诞生、家具集群形成时起到了积极的作用。政府无为而治的直接后果就是大大降低了创业门槛、节省了创业者的交易费用。返乡创业的打工人员，只要身上有几万元，在家具厂打过工，懂些技术，厂子就能办起来。没有厂房，在家乡随便租几块地，搭几个竹棚就能开厂，他们采取前店后厂、家庭作坊的方式，逐步壮大。部分草根南康家具创业人成功，一传百，百带千，形成了"村村点火木材粗加工，乡乡成片家具生产车间"的格局，南康家具销售市场也日渐扩大，南康家具产业集群由此形成。

（三）南康企业家与南康家具特色产业集群的转型、升级

1. 南康家具特色产业集群发展中的"瓶颈"

"在南康，做得大的企业还不够强，理念好的企业还没有上规模，上了规模的企业利润又还低"（吴述文，2011），这是南康某家具企业董事长对南康家具业的评价，非常贴切。南康家具产业属于典型的草根产业。草根产业具

有诸多优势，但劣势也如影随形，其发展往往缺乏上行通道。这些劣势主要表现在以下几个方面：

第一，产业层次低，同质化竞争惨烈。南康家具业主多为"洗脚上岸"的农民，虽然懂得一些实用技术，但是缺乏系统知识。自主品牌少、产品低端，只是停留在对广东等地家具产品的简单仿造，缺乏原创，没有特色产品。加之发展之初，由于在原材料加工时缺少一些重要环节和工艺，导致产品质量比较低。

群内每家企业生产的家具产品大同小异，价格竞争激烈。而且，多数企业没有品牌，销售方式千篇一律，同质化现象严重。由于产品技术含量低，南康家具多在三四线城市销售，从而造就了"南康家具就是中低档产品"的市场印象，销量虽大，利润率和附加值却不高。在对经销商政策上，南康企业大多实行铺货方式，导致经销商门槛很低，从事经销的人越来越多，为了生存，经常发生价格战，导致价格更加混乱。

即使是那些已经初具规模的企业，由于刚刚起步，品牌、设计、知名度与国内知名企业相比差距不小，更遑论与世界知名品牌相比。

第二，企业规模小，自身积累有限。南康家具行业开始于个体小作坊，虽然经过了20年的积累，但除了少部分企业完成了资本原始积累外，大部分企业仍然是小作坊。据统计，集群内的大企业比较少，销售额过亿元的凤毛麟角，5000万元以上的仅五六家，群内绝大多数企业属于中小企业，而且以小企业为主，90%的家具企业销售额均在300万元以下。以2010年为例，虽然实现了40亿元的销售收入，但是平均每个企业只有几十万元的销售收入，严重影响了自身积累。自身积累有限，对外融资又难，资金问题成为南康家具产业集群发展的又一道坎。

第三，企业家素养有待提高。南康家具产业集群的创业者基本是木工匠出身，受制于自身的局限，很少企业家能够把控行业发展趋势，更缺乏现代企业家精神。在企业管理、决策上与现代企业相去甚远。由于自身文化素质较低，又缺乏家具产业的运营经验，在生产管理上，对于生产流程、质量控制、现场管理并不擅长，雄心勃勃的回乡创业者们普遍遭遇发展困惑，缺乏

长远的规划，作坊式产品档次低，没有知名品牌和龙头企业，生产无标准，经营尚欠规范。

第四，发展场地受限制。南康家具产业集群兴起之初，由于缺乏引导和监管，家具厂布局散乱，简易的厂房大多建在公路边，原材料、货物沿路堆放，货车就在路边装货卸货，既影响交通，又埋下安全隐患。由于受场地和设施困扰，家具企业难以做大做强。江西庆富家具有限公司总经理刘庆富谈到当年的"路边厂"时，感触很深："当初我们的工厂就建在康唐公路边，占地2000多平方米，生产旺季时有工人五六十人。受场地等因素制约，先进的生产设备不敢进，新的生产线不敢上，工厂始终停留在小打小闹的阶段，当时一年的产值顶多也就五六百万元。由于生产量上不去，许多大单都不敢接，因此，企业错失了不少发展机会。"

上述问题是南康家具特色产业集群发展中出现的"瓶颈"问题。正如南康家具产业促进局工作人员所认为的那样，"南康家具产业的核心问题，就是如何从量的扩张转向质的提升"。从"南康制造"转向"南康创造"，从而实现南康家具从量到质的提升和转型，已经成为众多南康家具企业主的共识。

2. 南康家具特色产业集群转型、升级的动力因素

南康家具产业集群的转型、升级是多方合力的结果，这些合力主要有市场因素、政府因素和企业家因素。

（1）市场因素。在南康家具集群转型、升级的过程中，市场起了拉动作用。南康家具产业因满足了市场的需要而蓬勃兴起。随着1997年中国房地产改革的开展和不断深入，房地产成为拉动国民经济增长的支柱产业，极大地推动了南康等中国家具业的发展，满足了人民生活的需要。南康家具在满足市场需求的同时，自身也获得了快速发展。随着经济的发展，人民生活水平不断提高，收入不断增加，消费偏好也随之改变，由温饱型向小康型、富裕型转型、升级。人们消费偏好的改变带来了消费市场结构的改变，从而给消费品提供商、生产商既带来了压力，也带来了机遇。一些昔日以满足温饱型消费市场为主的生产商就面临产品结构调整、转型、升级的压力。面对市场压力，如果不对产品结构进行调整、升级，就有可能最终被市场抛弃，从而

走向衰亡。南康家具产业集群就面临这样的选择（见图 5-15）。

图 5-15　在南康家具喷涂中心，地盘式喷涂流水线在快速运转

注：该中心是国内首家水性木器漆自动喷涂中心，为南康家具制造企业开辟了新的生产模式（特约记者杨晓明，记者郭芷汇摄）。

资料来源：《赣南日报》，2015 年 5 月 7 日。

南康家具产业集群的发展历史只有短短 20 年，早期的大规模产业膨胀尽管使南康家具产业集群整体规模实现了迅速壮大，但也为南康家具带来了很多隐患，其中最为严重的问题就是产品的低端化。在集群形成之初，因低端产品成本低，满足了市场的需求，集群也因此得以迅速壮大。低端产品成为南康家具产业集群发展壮大的路径，并就此形成了南康家具产业集群的路径依赖，成为南康家具集群的"经济魔咒"。表现形式就是产品同质化、粗放型加工生产、品牌意识淡薄、缺少研发、互相抄袭等。"南康家具是廉价低端货"成为共识，由此导致了"柠檬市场"的出现，劣质家具充斥市场，优质家具遭到市场排斥，无法生存。"柠檬市场"致使南康家具产业集群脆弱不堪，稍遇风险，企业只能亏本。为了生存，集群必须转型、升级。

（2）政府因素。在南康家具产业集群转型、升级过程中，政府起了推动作用。为了弥补市场失灵，南康市政府对家具产业集群进行了适度干预。这种干预主要体现在集群发展阶段和集群转型、升级阶段。

1) 在集群发展阶段，南康市政府主要采取了两方面的措施：一是规划引导；二是大力投资基础设施，建立家具产业园，加强产业集聚。1997年，《南康市家具产业发展五年规划》出台，家具业成为南康市的一项重要产业。当地政府开始在南康东山镇布局，建设家具产业园区。家具产业园区毗邻南康汽车站和南康火车站，以便于原材料和家具成品的运输，此举吸引了大批家具企业陆续进入。政府通过投资、政策导向等手段全方位发挥引领作用，使南康家具产业实现了从无序、自发到有序、稳定发展，进入了一个新的历史时期。

2) 在集群转型、升级阶段，南康市政府采取了一系列措施，发挥了强大的推动作用。

首先，南康市积极争取上级管理部门的大力支持，共同促进南康家具产业集群的转型、升级。江西省委书记先后两次到南康视察家具产业，提出把南康建设成为全国一流家具市场的要求（见图5-16），并作出重要批示，要求省级有关单位和部门给予全力支持。赣州市委、市政府主要领导多次到南康调研，并亲自率领各部门在南康主持召开现场办公会，解决南康家具产业发

图5-16 南康企业生产的红木家具

资料来源：中国南康家具网。

展中遇到的实际问题。上级领导的重视和相关部门的支持，在用地指标、产业布局、基础设施建设等方面，为南康家具产业集群提供了良好的政策环境。

为贯彻落实省委、省政府和赣州市委、市政府相关意见，2010 年，南康市出台了《南康市家具产业集群发展五年规划》。该规划是一个治理、提升南康家具产业，引领产业集群健康发展的必要蓝本，标志着南康市家具产业集群发展方向、目标和体系的基本确立。规划的实施对南康家具产业集群的发展起到了积极的推进作用，加快了南康家具产业集群的转型和升级。

其次，采取了一系列政策、措施，强力推动集群转型、升级。随着南康家具产业集群的快速发展和南康家具产业对地区的贡献不断增大，南康家具产业作为南康重要的支柱产业越来越得到认可。为了促进家具产业的持续发展，政府运用经济的、法律的手段进行宏观调控和促进服务，在《促进家具产业发展的整改措施 50 条》中明确对于家具企业用地、林政、工商、税收、供电等方面的优惠、鼓励政策。进一步确立家具产业的地位，大力发展家具产业。

最后，成立专门机构，强化管理、服务功能。为保证政策、措施的贯彻落实，南康市成立了家具产业促进局，专门负责家具产业和市场、物流、基地的规划建设及日常管理服务工作。强化行业管理，组建市物流协会、市家具协会及各乡（镇、街道）分会，积极为家具企业提供交流合作、生产营销、产品研发和企业维权等服务；按市场布局共组建 5 个市场物业公司，对市场秩序、环境卫生、广告设置等日常工作进行规范管理；专门设立家具城治安巡逻中队和城市执法中队，为家具企业的发展壮大保驾护航。

为推动南康家具产业集群的转型、升级，南康市政府在如下七个方面强化了管理和服务功能：

1）实行园区化管理。对群内所有家具企业进行全面清理整顿，加快新市场建设和老市场改造，按照"扩大容量、降低密度、加强配套、完善功能"的要求，为家具产业的发展搭建良好平台。在原有家具工业园的基础上拓宽发展空间，启动唐江、龙华、镜坝、太窝四大家具生产基地规划建设，动员该市内所有的家具生产企业特别是公路沿线的家具生产企业逐步迁入四大生产基地（或工业区）内，解决企业用地难题，引导企业园区化集中发展，实现园区化生产管理。在园区建设中，按照"政府引导、市场运作、滚动发展"的原则，坚持规划和基础设施先行的建设理念，建立多元化投入机制，加快完善园区供水、通信、道路、绿化等基础设施建设，搞好园区内金融、电信、邮政和商业等配套服务布局和建设。

在强化园区管理中，南康市政府重视家具产业链的打造。2011 年启动的"中国中部家具产业基地"建设是南康市政府完善家具产业链的一大举措。中国南康家具产业基地位于南康市 105 国道沿线，包括 5000 亩家具产业工业园和 1000 亩家具产业交易市场，涵盖了泓泰家具产业交易市场、泓泰家具产业工业园、泓泰家具产业会展中心、泓泰家具产业硅谷、泓泰家具产业创意总部、泓泰家具产业物流基地六大区域，集"家具销售、原材料交易、配套产品交易、家具饰品交易、金融中心、餐饮娱乐、家具生产加工、配套材料生产加工、物流仓储、品牌集中管理"等 25 大主题功能于一体，为南康家具产业提供一个研、产、展、销一站式产业平台。建成后将使南康家具产业进行新一轮的资源整合，进而全面步入产业化的升级阶段。与此同时，项目规划的六大功能区，将完整涵盖家具产业链上、中、下游各个环节。项目建成后将吸引 1500 家厂商、8000 家经营户进场，年市场交易额达到 150 亿元，成为全国第三代研、产、展、销一体的家具产业基地。中国南康家具产业基地的建设运营，使南康家具有一个合理化、科学化、规模化、集群化的产业基地中心，在"产品设计、原料采购、产品加工、物流运输、订单处理、批发经营、终端零售"各环节上使南康家具产业真正具备产业核心竞争力。

2）龙头企业示范化。以家具企业生产用电量作为计税标准，淘汰一些规模小、能耗大、效益低的家具生产企业，选择江西木牛家具有限公司、深圳达达家私有限公司等实力强、规模大、信誉好、质量优的 30~50 家企业作为龙头企业重点扶持，实行"一企一策"制度和一名市领导、一个市直单位、一家银行，在融资、用地、人才、技术等方面予以全方位服务的"三个一"帮扶制度，帮助企业扩大规模，提升工艺，打造家具品牌。同时，鼓励龙头家具企业通过兼并、重组或股份制改造做大做强，提升家具产业集群竞争力，并通过充分发挥龙头企业的带动作用，提升南康家具品位，实现做大做强家具产业的目标。同时，以产业招商为契机，引进技术含量高、投资规模大的家具生产企业落户南康，提高家具产业的发展水平，引导家具企业规模化发展。

3）多元化发展。依据相关法规，运用经济杠杆，在对各类家具生产企业实行不同税负的基础上，对生产规模大，生产板式类、皮件类、布艺类等非实木产品的家具企业，在用地、融资等方面给予倾斜；对生产规模小，生产实木产品、质量差、资源消耗大的家具企业提高税负标准，促使家具企业改变产品结构，不断提高中纤板、胶合板等材料的用量，让其自主完成由生产实木家具向生产板式、皮制、布艺等家具产品多元化的转变。

4）规范化管理。建立木材销售台账，帮助家具业主建立统一格式的加工原材料和产品购销台账，并进行不定期检查，督促家具业主完善购销台账制度，使木材的进入、使用处于林业等职能部门的有效监控之中，以实现家具材料管理规范化。

5）行业管理社会化。设立家具产业管理办公室，充分发挥其"引导、规范、监管、服务"的作用，具体做好产业政策落实、制度建设、行业管理、协调服务、产业调研、信息统计与发布、对外交流等工作；依托家具行业协会，经常性组织开展企业之间的合作与交流活动，维护家具企业的合法权益；成立家具产业研究协会，鼓励其为家具企业研究设计新产品。这些工作的落实，强化了行业组织服务，使家具行业管理社会化。

6）品牌化引导。南康市财政设立家具产业发展专项资金，扶持家具产业做大做强，充分利用央视广告及各种报刊、电视、网络等新闻媒体宣传"南康家具"区域品牌，进一步扩大"南康家具"的知名度和影响力。对于外出参展的家具企业和获得国家驰名商标、省著名商标、赣州市知名商标的家具企业，市政府进行适当奖励。

7）企业家高素质化。南康市政府有计划地聘请全国家具界知名专家教授为业主授课，如 2010 年，南康成功举办 5 期家具业主培训班，培训家具业主和中层以上管理人员共 20000 多人次。同时，南康市政府鼓励家具业主"走出去"，参加行业各种交流学习活动，进一步开阔视野、创新理念，提高家具企业主的整体素质。

图 5-17　2015 年 1 月 19 日上午，赣州进境木材国检监管区直通运营正式启动，图为启动仪式现场

资料来源：中国赣州网—赣南日报，2015 年 1 月 20 日。

图 5-18　进入国检监管区的集装箱车必须依次通过放射性监测和喷淋消毒

资料来源：中国赣州网—赣南日报，2015 年 1 月 20 日。

需要特别指出的是，在南康家具产业集群转型升级过程中，各级政府的通力协作所发挥的巨大作用。以家具原料木材为例。为了保证南康家具企业木材所需，江西省、赣州市、南康市各级各部门政府通力协作，在中央政府相关部门大力支持下，赣州获批进境木材监管区。赣州进境木材监管区位于南康区龙岭镇，距离赣州绕城高速南康东出口处 300 米，规划占地 1000 亩，总投资 5 亿元。在相关部门的通力协作和全力推动下，仅用了 3 个月的时间就建成并正式投入运营，实现进境木材全直通。进境木材从沿海港口直接转检至监管区，在区内完成口岸通关全流程，使监管区基本具备了一般沿海口岸的全部功能，成功地把沿海口岸"搬"到了监管区、"搬"到了赣州，全面开启了赣南中央苏区振兴发展之门、开放型经济新体制构建之门、经济新常态下创新跨越之门、沿海与内陆无障碍直通之门、产业集聚转型升级之门，南康蹄疾而步稳地跨入了内陆口岸新时代。

据初步估算，监管区投入使用后，每年至少可为全市家具企业节约木材综合成本 30 亿元。同时还带来 20 万个标箱空箱资源，为各类出口企业降低物流成本近 10 亿元，实现木材批发经营企业税收约 10 亿元，直接经济效益可达 50 亿元，极大地提升了赣州市现代物流业态的发展水平，南康家具产业转型升级与国际化工程全面启动（刘荣松，2015）。

（3）企业家因素。南康家具产业集群内许多企业家对于转型、升级要求迫切。在南康家具集群转型、升级过程中，企业家的自觉、理性起了主导作用。南康家具产业的兴起得力于企业家，产业发展过程中出现的问题多数也是群内企业家所为。基于利益驱动，他们创造了南康家具产业，并从中获得了财富，成就了事业。同样，基于利益和事业，他们深切感受到产业集群转型、升级的必要性和紧迫性。他们认识到南康家具"一味靠低廉产品取胜，很难真正赢得市场，最终弄得整个行业都不挣钱"，于是提出"加强原创，要设计符合市场需求的产品款式"，"培育自己的特色，如侧重实木家具，或者古典家具，要把自己的产品与广东顺德等地的产品区别开来，加大差异化。加强原创，提升产品档次、性能，争取引领家具业发展的潮流，或者至少是走在家具业发展的前列，是目前的重要出路"。

除了南康第一代创业者外，后来兴起的家具企业领导者90%以上都是出生于20世纪70年代或80年代初期的年轻人，他们精力旺盛、朝气蓬勃，富有强烈的竞争意识，也对家具产业的转型、升级更有危机感，自觉、主动参与讨论、宣传，付诸实际行动。南康蓝天木业有限公司董事长刘学春就是其中的典型。他对于南康家具是低端产品代名词的看法是："这顶帽子在南康家具的头上一扣就是十几年，这就好像一个刑满释放的人，重出社会后即便改过自新，但要让人们再接受他，毕竟增加了很大的难度。""可以说，南康家具已经经过了早期疯狂膨胀的过程，开始痛定思痛，力求改变自身在市场上留下的负面影响，进入了产业升级的初期阶段"（刘学春，2011）。在现场管理方面，这些年轻的企业家比老一辈做得更好，分区明示，产品制作流线清晰、一目了然。

　　龙头企业是南康家具产业集群转型、升级的引领者。龙头企业及其领导人并不满足于传统的发展套路，他们逐渐认识到了品牌的重要性，并找到了南康家具销量大却利润薄的症结所在，开始完善企业内部管理，着眼于产品的研发和设计，注重产品的品质和包装，提升企业形象，拓宽营销渠道，进一步提升企业品质。龙头企业家的意识和行为客观上为南康家具产业集群的转型、升级发挥了示范和引领作用。

　　3. 企业家在南康家具特色产业集群转型、升级中的主要行为

　　南康企业家主导的家具集群的转型、升级主要是实现群内的流程再造、资源整合，方法是在横向上进行企业整合（兼并重组），在纵向上进行三大建设（产品体系升级、品牌推广、营销体系建设），重构产业链，实现从生产制造向生产服务转型，向销售终端延伸。企业的兼并重组是横向整合，是基于优势互补的原则进行的。整合方式多种多样，有委托加工——指定材料或协助选购材料，指定产品款式，确定产品标准；贴牌生产——指从原材料至包装由委托的企业负责，受委托的企业只按要求负责生产，还有以资产为纽带的企业兼并、重组。在相关政策的激励下，他们有的靠大联大，有的强弱联合，有的小小联合，且充分发挥股份制的作用，改造优化企业，促进其向规模化、集约化的方向发展。南康家具企业通过品牌联盟和兼并联合，进行股

份合作，组建大型企业集团，以品牌的培育和崛起引领家具产业发展壮大，提高竞争力，共同抢占市场份额。关于南康家具产业集群的整合重组，本文不准备进行详细论述。本书主要论述企业家在纵向建设上的主要行为，拟从产品体系升级、品牌推广、营销体系建设三个方面进行分析。

（1）产品体系升级。主要包括原材料结构、产品结构的调整。原材料方面，开展材料研发，鼓励新材料、环保材料的研发、推广，系统提升材料档次。南康企业家在政府的引导下，不断减少实木材料用量，提高中纤板、胶合板等板材的用量，广泛采用进口橡胶木、中纤板、海绵、藤蔓、玻璃、五金、石材等原材料，改善了家具生产的原材料结构。

在家具产品结构的调整中，南康企业家主要在两个方面取得了进展：

1）加强家具产品的研发设计。南康家具以粤为师，全面复制广东家具，长期忽视家具产业的关键环节——研发设计，导致集群内企业同质化竞争激烈。文化家具、蓝天、创业、嘉美瑞、世纪佳缘等企业掌门人先改变了这个做法，建立了标准的研发设计机构。其中，南康蓝天木业有限公司是南康第一个成立产品研发机构、江西第一家参与全国家具行业标准起草的家具企业。由于重视研发，产品实现了差异化，公司步入了快速发展的轨道，企业规模从 2003 年仅有 19 名员工的手工家具作坊，发展到如今拥有 620 多名员工，生产厂房 5 万多平方米，实现了机械化生产。

除了自身建立产品研发设计机构外，南康企业家还与深圳等外地研发机构合作设计。江西南康文华家具有限公司董事长吴述文就是其中的代表，为了强化产品款式，他耗资几十万元请深圳设计机构设计。江西南康金瀚床垫有限公司总经理李化高也在深圳研发院的帮助下，使金瀚品牌包装和产品设计都有了很大的提升，获得了市场的广泛好评。

2）改变单一的产品结构。南康家具企业家利用政府对企业的优惠政策、资金信贷、生产用地、配套服务等方面的支持，按照现代企业的要求，斥资兴建标准厂房和更新设备，通过技术创新、产品创新，将新技术、新工艺、新材料广泛应用于生产的各个环节，进而提升产品档次，降低材料消耗。这方面的代表人物是南康市天成家具制造有限公司总监、江西南康家有儿女家具有限公司总经理申飞。申飞改变单一产品结构的灵感来自 2010 年听到外地客商的一句抱怨："南康这么大的家具市场，怎么没儿童家具呢？"由此，他开辟了转型升级的一片新天地。在对市场进行详细考察论证后，申飞认为，儿童家具市场广阔，于是下定决心开发儿童家具。其儿童家具产品注重色彩，注重主题，注重文化，"完全跟得上时代的步伐"（申飞，2011）。在儿童家具开发成功后，他又开发了另一个系列的产品——韩式田园家具，主要针对一二线城市单身白领青年。

通过调整，南康家具产业集群实现了产品体系的转型、升级。产品结构能够满足不同年龄段消费者的需要，一举改变了南康家具产业集群以生产实木家具为主的格局，正在向板式家具、真皮沙发、布艺沙发、玻璃家具、藤制家具、金属材料等家具的多元化、中高档方向加快发展，创造出南康家具产业集群自身的产品特色。

（2）品牌推广。从本质上讲，品牌代表产品品质，是企业给消费者的抵押品，是差异化的重要内容，有利于提高附加值，是企业的核心竞争力。目前，中国家具形成了三大区域性品牌：以广东为代表的高端家具生产基地、以浙江为代表的古典家具生产基地、以四川为代表的纤板家具生产基地。南康家具属于中低端，目前有数量无质量，品牌企业数量寥寥。在过剩经济时代，只有依靠品牌，家具企业才有机会发展壮大。南康企业家对此有清醒的认识，致力于发展品牌，并花费大力气进行品牌推广。在品牌推广方面，南康企业家主要进行了如下三方面的工作：

1）重视品牌，注册品牌。越来越多的南康企业家把品牌塑造纳入了企业发展的战略规划，外出考察学习，借鉴他人经验，重视品牌建设。江西南康家有儿女家具有限公司总经理申飞就是一个典型。他认为，儿童家具和普通家具相比，只是体积小，制作工艺流程并不少，且在生产技术、安全环保方面有着更高的要求。同时，儿童家具生产尺度必须充分考虑儿童的生理、心理需求，减少尖角、凹洞的设计，最好能跟着儿童一起"成长"。因此，做好儿童家具，就要做响自己的品牌。申飞说："我想把我们的产品、我们的品牌打造成一个非常具有竞争优势的产品。要把我的产品做到多少的量，这个不是我想要的，大不等于强，但是强可能会等于大，会给我们带来更大的空间。"正是基于这种考虑，申飞从电视剧《家有儿女》中得到启发，不仅将自己开发的儿童产品的商标注册为"家有儿女"，还将企业名称改为家有儿女家具有限公司，甚至准备组建营销公司，专门进行品牌运作。

"来到九乡园，就是进了幼儿园读完了大学。"一条简单的广告语，让这个曾经濒临破产的九乡园儿童家具起死回生，淘得了儿童家具的第一桶金。儿童家具企业品牌意识的觉醒推动了儿童家具业的蓬勃发展，使众多儿童家具品牌快速崛起。"春天阳光"、"阳光宝贝"、"四季缤纷"、"九乡园"等儿童家具品牌正在走向全国。

2）积极参加各种家具产品展销会，推广品牌，增加品牌知名度。蓝天木业董事长刘学春认为，展会既可以展示企业和品牌的新形象，在南康甚至全国的家具产业内提高自身的知名度，又可以通过参展更好地稳固现有的经销商队伍，是实现企业转型非常好的平台。刘学春的观点代表了南康家具企业家对展会的普遍看法。因此，除了积极参加由南康市政府发起并组织筹划的每年一次的南康市家具博览会外，他们还积极参加广东三大展会以及苏州、成都等地举办的展会。

3）主动、积极参加 ISO 质量体系认证、环保体系认证，提升品牌影响力。积极参与家具产业的全国驰名商标、江西省著名商标、赣州市知名商标的评价和推荐工作，期望在激烈的市场竞争中抢占先机。于是，一批江西省著名商标、赣州市知名商标应运而生。

（3）营销体系建设。①确定营销战略，进行市场定位。南康家具产业集群具备技术、成本优势，其产品物美价廉，适合主打中低端市场，在具体布局上，南康家具企业家选择以国内一线城市以下的地区为突破口（陈天才，2011），设点布局，拓宽销售市场。②在具体操作上，强化传统的批发经营渠道，完善终端销售环节，大力发展电子商务（见图 5-19）。

第一，强化传统批发渠道。与其他地区不同的是，南康家具销售以批发流通为主，不同于广东厂家以经销商开店为主要销售渠道，因此，南康家具需要大量的批发流通市场以满足需求。为此，南康企业家进行了大量投资。

图 5-19　南康企业生产的儿童家具

资料来源：中国南康家具网。

南康市佳兴实业有限公司董事长王家新就是其中的代表性人物。他联合衷华松，投资建设了占地45亩的南康国际家居博览中心。该中心立足新理念，打造卖场新形象。

本着"以人为本"、精品开发的理念，他们避开了105国道等交通主道，将中心建在交通支道处，从而使经营成本相对低廉，但营销推广强有力、物流配套体系完善。中心采用"博览中心一站式"模式，集品牌家具卖场、家居饰品、家具展览为一体。中心突出安全性，在日常营运、市场营销、物业管理等各方面实现了集团、各大区域连锁化管理；成立专业营销公司，承担策划相关活动的职责，为各经销商搭建起品牌推广的舞台；全面推行会员制，开展定期和不定期的客户回访活动，收集反馈信息，提升服务水平；请来消协、质监局等相关部门进驻中心，不定期对各经销产品进行检测，一旦发现伪劣产品，予以曝光，甚至清除出场。自2006年10月开业以来，因其全新的经营模式、先进的管理方法、强势的营销方式、独特的服务理念，引来众多全国家具知名品牌的驻足。他们携着国际家具业流行趋势前来，于无形中掀起南康本地家具经营商发展理念的更新风暴，搭建了南康家具与外地家具交流的平台；南康国际家居博览中心由此也成为南康家具良好的商务平台和品牌窗口，重塑了南康家具的形象。

除了新建平台，南康企业家还对原有的平台进行升级改造。南康光明家具市场掌舵人吴明权就是其中的代表。通过改造，从家具市场到家具城，光明走出了综合家具经销平台的第一步。新的光明家具市场首先从整体规划入手。无论从外部还是内部，都力求为企业提供一个长期、稳定、高端的综合销售展示平台。市场整体采用了广州专业设计规划公司的方案，外立面采用最新的玻璃外墙装修，内部开拓了新的商场通道，从入口的商场大厅到商场整体的地面及吊顶等细节，无一不按照高端家具卖场的标准进行了大规模的改造和完善，并在商场内部加装了包括扶梯和观光电梯等近百部电梯。整个商场分为 A、B、C 三大主要片区，其功能分布按照产地及产品线进行了科学合理的划分。其次，在区位选择上，新的光明家具城位于 105 国道与工业大道交会处。离京九铁路不到 1000 米，西边紧邻 105 国道、323 国道，离赣粤高速不过 2000 米，到赣州黄金机场 25 公里。东到厦门，南到广州、深圳，西到长沙，东到南昌，都在 6 小时车程以内，优势明显。在产权配置上，新的光明家具城采用出租的经营模式，引进专业先进的管理运营团队，着眼于后期的统一经营管理运作，以解决企业和经营户进驻的后顾之忧，为他们提供一种长期稳定的良好经营氛围。在市场规模上，整体建筑面积达 20 万平方米，能够更好地实现整个商场的功能性需求，加上其完善的配套设施，未来势必能够成为南康当地一个极具影响力和吸引力的综合性家具流通中心。

第二，大力开辟终端销售渠道，实现从"生产导向"向"以营销为导向"的转型。南康家具产业集群习惯于传统的批发销售，喜欢大进大出，很少考虑终端销售。在行业利润不断下降的大背景下，南康企业家正在逐渐改变。在不放弃传统营销方式的同时，大力开辟新的终端渠道，建立正规营销团队、展厅，开设属于自己企业的品牌店、形象店、旗舰店、体验店，直接掌控市场。江西南康福林世家家具有限公司总经理伍复勇就是这样的践行者。他的目标是做规范的终端专卖店，直面消费者而非经销商。在南康本地批发市场，相比成堆分部件码放产品的小门脸来说，福林世家的店面显得很特殊、很整洁。不大的店里，分了客厅展区，卧房展区，有饰品，也有挂了"福林世家"LOGO 的收银区。他的工厂主要生产套房系列，虽然在产品设计上仍然是自己通过借鉴后加以设计，但用他的话说："更注重变化创新，更注重整体氛围。我想面对的客户不是经销商，而是消费者。我是给他们一个卧房，一个家。而不是活生生地肢解开了的床母、床子……"为此，他建立了正规的营销团队，培训自己的导购。其思维完全从"生产导向"修正为了"以营销为导向"。一部分南康企业家还在四川成都等外省地区设点布局，开设专卖店，销售自己生产的产品。南康家具企业家掌控终端销售渠道的行为，成效显著，仅在成都终端实木市场中，南康家具就由此占据了 60% 以上的市场份额。

第三，尝试发展电子商务，开辟网上销售新渠道。南康企业家在线下市场建设的基础上，尝试发展电子商务，加强了电子商务的线上市场建设。这方面的代表性企业家是李化高。

图 5-20　中国（赣州）第二届家博会开幕现场
资料来源：《中国绿色时报》，2015 年 6 月 4 日。

南康企业家采取的上述举动，取得了明显绩效。以江西庆富家具有限公司为例，在董事长刘庆富的带领下，公司顺利搬进了家具创业园。新公司占地 10 亩，有员工 150 人，建立了标准化厂房，建立了生产线，添置了许多现代化的生产设备。从泰国进口原料，专门成立了产品设计研发部，研制开发新产品，还在广东顺德等地设立了专门的销售点。目前，公司一年可以生产 2.5 万张木床，产品远销东南亚，年产值达 2000 万元，实现了从小作坊到现代化企业的华丽转身。

总之，在南康家具产业集群转型、升级的过程中，南康企业家抓住产业转型升级的良机，强化产业技术升级与产业高端环节培育的结合，加速在家具设计、制造、销售环节融入电子信息技术和业务，大力推进了生产服务业与家具制造业的改造和升级的协同发展，以创新为核心，以培育产业高端环节为方向，加强产品质量和品牌建设，全方位提高家具产业发展质量和竞争力，实现家具产业速度、质量、效益的协调发展，进一步提升了南康家具产业集群发展的水平。虽然目前南康家具仍处于"微笑曲线"的中间段，但是，南康家具正从研发、制造、营销、品牌服务等环节着手，将产业向"微笑曲线"两端延伸，使南康家具上规模、上档次，实现家具产业集群全面转型、升级。

三、企业家与信丰脐橙特色产业集群的形成

如今，信丰脐橙经历了 20 世纪 70 年代是样品、20 世纪 80 年代是礼品、20 世纪 90 年代是商品三个阶段。与之相对应，信丰脐橙的种植历史经历了试验、扩大、大发展三个时期，由最初的 5 亩发展到 26 万多亩，年产量超 15 万吨，产业集群总产值突破 10 亿元（见图 5-21）。

信丰是赣南脐橙的发源地，信丰脐橙第一人则是袁守根。调查发现，信丰脐橙经过了从体制内向体制外的转型、裂变过程。事实上，这也是赣南脐橙特色产业集群发展的一个路径——干部带头投资脐橙，以实际行动推动脐橙特色产业集群发展，是赣南脐橙特色产业集群迅速壮大的重要原因。关于赣南脐橙特色产业集群，将在第六章进行比较详细的论述。

（一）一代"橙师"袁守根

袁守根是农艺师，祖籍在浙江诸暨，属于典型的体制内人员。1962 年 7 月毕业于江西共大总校林学系，毕业后先后在信丰县林垦局、信丰西牛林场任技术员。1978 年 9 月任信丰脐橙场副场长。1979 年 5~6 月赴西班牙、美国考察脐橙生产。1982 年 5 月任信丰脐橙场场长。1991 年 10 月被国家科委评

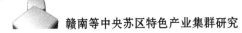

图 5-21　信丰万亩脐橙基地

资料来源：信丰脐橙网，2011-02-24 19：56。

为"全国星火科技先进工作者"。后来官至信丰县人大常委会副主任。虽然属于体制内人员，但是却有很强的创新意识和冒险精神。

其创新精神首先表现在将脐橙引入信丰的决定上。1969 年，信丰县委决定发展柑桔产业，为此，调袁守根到信丰安西园艺场任技术员。1970 年 12 月，他独自一人出差湖南，前往邵阳选购柑桔苗木。期间，他在邵阳园艺场听说有一个脐橙新品种叫"华盛顿"，邵阳原想大面积种植，试种了几年，却不成功，挂果率很低。关于脐橙，林学专业毕业的袁守根只有书本知识，却从来没有亲眼见过，更不用说种植了。听了邵阳同志介绍的情况后，他立即对这种珍稀的"洋水果"产生了兴趣，表示想引种。邵阳"讲了这个树比较难栽。摘果率很低。我说这个好，我不怕。我回去试一试，看看能不能种活"（袁守根，2011）。于是，敢想敢做的袁守根"擅自主张"，捎带了 3 捆 156 株脐橙苗和近 2 万株柑桔苗一起运回了信丰。袁守根此举填补了信丰没有脐橙的历史空白，开创了信丰果业的新纪元。正是这区区 156 株脐橙的落户，信丰才有后来国家部委批准的"两万亩出口鲜橙基地"，才有闻名全国的"百里脐橙带"，才有"中国脐橙之乡"的称号。

在脐橙培育过程中，袁守根甘冒政治风险，持之以恒，进行嫁接改良，终获巨大成功。没想到，袁守根带回"华盛顿"脐橙之举在农场引起了轩然大波。"当时有的人说宁要社会主义的草，也不要资本主义的苗，但是我认为这个脐橙还是应该试一试"（袁守根，2008）。打定主意后，在离自己住处不到 50 米的小山坡上，他偷偷种下了这 156 棵脐橙幼苗。培育过程历经整整 5 年。期间，袁守根更是以科学攻关的态度对脐橙园进行精心管理、悉心研究、细心观测、潜心探索。多少个日日夜夜，袁守根到园里观察、测量橙树发枝、抽梢、开花、结果等情况；多少次工余假日，他和职工们一起研究施肥、灌水、抹梢、修剪以及防治病虫等问题。有时半夜醒来，他都要过去瞅一眼。为了培育脐橙，袁守根甚至把家安到了农场，在土房子里一住就是 15 年。没有厨房做饭吃，就在外面搭个棚。

经过科学种植，科学管理，第三年，奇迹出现了，百余株脐橙挂果了。"脐橙在信丰试种成功了！虽然每棵树只挂了十五六个脐橙，但依然让我兴奋不已"（袁守根，2008）。1975 年 11 月，在赣南 6 个国营林场举行的农产品大比武中，袁守根获得了"华脐"的绰号。同年，赣州果茶公司派人到安西收购柑桔时，袁守根用脐橙招待客人，客人吃后当即向袁守根预订了 20 个脐橙。在 1976 年 4 月 15 日广交会上，这 20 个脐橙得到了外贸界、中国香港商界的高度评价，来自信丰的脐橙得以崭露头角。

1976 年 5 月，江西省由省外贸公司出资 10 万元，在信丰发展千亩脐橙园，专供出口。袁守根感到压力巨大。当时园艺场入不敷出，只能靠工人到附近的金盆山上砍柴卖钱发工资。为节约成本，袁守根到重庆的中国柑桔研究所买回脐橙枝条，自己钻研嫁接育苗。1977 年底，袁守根按照直径 7 厘米的出口标准，精挑细选了 1 吨脐橙，供应中国香港市场，竟卖到每公斤 36 港元的"天价"，比正宗的美国产脐橙价格还要高，引起巨大轰动。看到赣南种出的脐橙在中国香港市场一炮而红，国家有关部委于 1978 年特批在赣州的信丰、宁都、大余建立 3 个外贸脐橙基地，其中，信丰脐橙规划面积 2 万亩。作为信丰脐橙场的副场长，袁守根对种这么大的面积、怎么种、种什么品种没有把握。为此，他又进行了一次大胆的创新——引进新品种。

1981 年，在全国脐橙技术人员学习班上，袁守根再次见到了华中农业大学柑桔栽培学专家章文才教授，听说他从国外带回了近 10 个新的脐橙品种后，当即向其请求支持。学习班一结束，袁守根即将 1200 多株"纽贺尔"等品种的脐橙种苗带回信丰。于是，赣州的 3 个脐橙基地就成了这些新品种的试验田。如今，经过多年的推广种植，其他的品种逐渐被淘汰，而"纽贺尔"以其强大的综合实力成为首选品种，获得国家农业部脐橙评审的第一名。目前，"纽贺尔"占赣南脐橙种植面积的 95% 以上。

1992 年，袁守根牵头成立了一个股份制脐橙种植园，承包 1500 亩山地，一亩为一股，一股 500 元，入股的有工人、农民，还有很多机关干部。

2004 年，中国香港市场发现了大批用青果催熟染色的脐橙，面对强大外部市场的波动，"不少果农的脐橙都卖不出去，赣南脐橙的品质也受到了质疑，这个事件也使我们认识到标准化生产的重要性"（袁守根，2011）。这时，在袁守根的牵头组织下，信丰成立了脐橙专业合作社，推行统一生态种植、统一品牌、统一销售，开始了规模化、产业化发展的道路。

（二）父子教师撑起脐橙一片天

在袁守根脐橙试验刚刚成功之初，信丰县大阿公社小学当老师的朱清能就成为信丰县第一批种植脐橙的人。

朱清能找到袁守根要了 4 株脐橙苗，甘冒被"割掉资本主义尾巴"的危险，偷偷摸摸地种在了自家的后院。毕业于江西师范大学物理系的朱清能一直醉心于林业，业余时间阅读了大量相关书籍。日积月累的果树知识告诉他：赣南气候温和，雨量充沛，光照充足，昼夜温差大，无霜期长，最适宜种植脐橙等柑桔类果树。谈起当时的情景，如今已是信丰县长安园艺场董事长、拥有 10000 多株果树的朱清能依然历历在目。他说："我那时就知道脐橙在水果界的地位，就像如今汽车行业里的宝马和奔驰。"中共十一届三中全会以后，朱清能有了自己的"一亩三分地"，教书之余他终于可以光明正大地种脐橙了。1985 年，从报上得知章文才引进新品种的消息后，朱清能一个人跑到武汉，找到了章文才的助手，花 300 元买了"纽贺尔"和"朋娜"两个新品种共 11 根枝条。回到家他就忙活开了，把买回的枝条全都嫁接到了自己原有的苗木上。第三年就挂果了，挂果率明显增加。朱清能的示范效应非常明显。

附近农民看到朱清能满树的果子，喜欢的不得了，陆续来他家买苗子。卖果卖苗，朱清能很快积累了 2.8 万元的第一桶金。

1989 年，学校提出农村教育应该面向社会，给学生提供勤工俭学和社会实践的机会。由学校出面在东风村承包了 60 亩地，交给朱清能管理，自己投资，自负盈亏。朱清能从此告别三尺讲台，成了地道的农民。两年后，朱清能的脐橙果园有了效益，"纽贺尔"脐橙果大皮薄，橙红鲜艳，肉质脆嫩，清香爽口。当地政府以 4 元一斤的高价全部收购，更加坚定了朱清能种植脐橙的信心。看到现实的效益，信丰人民种植柑桔的步子也逐步跟上来了。1990 年前后，赣州柑桔种植总面积就达到了 28.15 万亩。

鼓励农民广泛种植脐橙，种苗从哪里来？机会再度眷顾了朱清能这样的有心人，他成了唯一一个能够拿出脐橙种苗的民营业主。100 元一斤，朱清能一下子卖出了 1 吨的脐橙种苗。拿着这 20 万元资金，1993 年，朱清能回到老家油山镇，办起了长安园艺场。当初跟随自己承包果园的农民，都成了园艺场的骨干。在他的带动下，信丰脐橙种植人数迅速增加，种植面积随着直线上升。

随着信丰脐橙产业集群的发展壮大，分工成为必然。分工有利于延长脐橙产业链，提升脐橙的附加值。如果说第一代脐橙人解决了脐橙的种植问题，第二代脐橙人则在此基础上进一步提升脐橙的价值。通过分级包装、营销策划等方式改善脐橙形象，是提升脐橙价值的重要手段。朱清能的大儿子朱壹就是其中的代表。

起初，朱壹走了一条跟其父亲十分相似的道路。从龙南师范毕业后只教了两年书，朱壹就改行了。1997 年，受父亲影响从小对脐橙种植感兴趣的他，进入了江西农业大学进修园艺。毕业之后回到父亲的园艺场，主管销售。那时，市场竞争尚不激烈，在父亲打下的坚实基础上，朱壹把脐橙卖到了北京、上海，供不应求。可颇具国际眼光和市场意识的朱壹，还是敏锐地嗅到了市场竞争的山雨欲来，他选择了主动出击。当时赣南脐橙在国内鲜有对手，最大的竞争对手来自美国脐橙"新奇士"。虽然信丰脐橙比它的口感要好，但价格却只有它的 1/3 甚至 1/5。通过研究，朱壹发现价格的差距来自产后处理和营销策划。在他的建议下，1997 年，朱清能的园艺场引进了赣州民营企业中

赣南等中央苏区特色产业集群研究

第一台打蜡机，在脐橙的产后加工处理上迈出了第一步。通过打蜡包装处理的脐橙，最早一批进入了外企超市，在家乐福卖到了 6 元一斤，价格翻了一番。

看到脐橙加工的巨大空间，朱壹产生了转型的念头。2001 年，他离开父亲的园艺场，自己注册了公司，一头扎进设备制造领域，成为国内首家生产脐橙采后处理机械设备的公司。两年后，中国第一台高速电脑果蔬重量分选机在朱壹的厂子问世了。脐橙、柠檬、猕猴桃都能通过这台机器进行分选，与传统靠漏斗筛选大小的分选机械不同，它定位高端，电脑控制，速度更快，更为精准。朱壹说自己并没有离开脐橙产业。一开始，由于加工量并不是很大，采后处理机械也不好卖。2003~2005 年，一年只能卖出一两台。"正是因为 2005 年以后，赣南脐橙的产量越来越大，品牌也逐渐做大做强，出口大量增加，我们的机器才有了用武之地。所以，我们和脐橙产业始终是同步发展、相辅相成的关系"（朱壹，2011）。

四、企业家与金溪香精香料特色产业集群的形成、发展

（一）金溪香精香料特色产业集群的基本情况

经过 10 余年的发展，金溪香精香料特色产业集群实现了"从无到有、从小到大、从弱到强"的不断跨越。从 1996 年一家企业、一个产品、不足 100 万元产值，至 2012 年 6 月为止，金溪香精香料特色产业集群内企业达 33 家，形成了两大系列（天然和合成）、八大类别（樟、茴、桉、松、杉、柏、山苍子、香茅草）、200 余个品种，成为国内仅次于江苏昆山的第二大香料生产基地。金溪香精香料特色产业集群有如此的成就与当地几位农民有着莫大的关系。

（二）金溪香精香料特色产业集群萌芽的关键人物：李祥林

在金溪香精香料特色产业集群最初的出现阶段，机会和企业家是两个最重要的因素，正是两者的结合形成了集群最初的企业。这个企业家就是李祥林——被称为金溪香料第一人。

李祥林从事香料事业的想法来自其早期的经验和别人的示范。从金溪县

共大毕业后，李祥林回到家乡当起了农民。1980年，一个偶然的机会，使他跟随浙江师傅游走四方，苦学熬樟油技术，并学做樟油生意，走村串户收购零星樟油，然后卖到上海、昆山等地的香料化工企业，人称樟油贩子。

在与福建蒲城民营香料厂、上海红卫国有香料厂打交道的过程中，李祥林掌握了原料油和成品油之间有较大差价这一信息。后来他又在昆山一家香料企业打了两年工，了解了香料生产的加工工艺，积累了一些香料加工的经验。李祥林发现香料加工并不是很复杂，技术难度不大，资金占用量也不是非常大，产业正在快速发展时期。想想自己长年累月四处奔波采集和提供原油，利润的大部分却被加工厂老板赚去了，心有不平，于是决定自己投资建立加工厂。1996年，他返回故里，筹集资金办香料加工厂。因自身积累不足，遂主动邀请同是合市镇的农民周振华、徐国平合伙，共同创办香料加工厂。到年底，金溪县第一家香料厂——金溪天然香料厂诞生，李祥林任厂长，周振华任副厂长。

与李祥林一样，周振华、徐国平也属于农村的能人，属于早期的创业者，头脑灵活，敢闯敢干，办过铁皮厂、贩过生猪。由于两人是同村人，他们种田之余，两人长期合伙贩卖生猪，在江西与广东来回奔波。他们在市场中摸爬滚打多年，积攒了资金，积累了经验。

三人的合伙事业并不一帆风顺。起初，投入的60万元很快打了水漂。面对重创，天生要强的李祥林接连几天闭门不出，苦思对策，分析各路信息，最后抓住了一个信息：1997年下半年，国内几家国有大型香料厂都将进入改制阶段，资产重组、人员变动，必将影响企业正常生产。此时，原料因滞销必定降价，产品因减产必然提价。只要抓住时机购进原料，组织生产能力，抢占国企改制时暂时出现的市场空间，主攻两个市场稀缺产品——天然樟脑粉和天然芳樟醇，就能站稳脚跟。成败在此一举。当年冬天，李祥林带着两个合伙人租车赶赴云南德钦县急调12吨桉叶素，那天，车过金沙江入县口羊拉乡时已是夜幕降临，安顿好司机住进旅馆后，三人没舍得住旅馆，而是默默地回到了汽车驾驶室过了一夜。当年年底，全国香料市场果真"阴转晴"，市场价格上扬了1/4，加工厂盈利60万元。加工厂由此起死回生，生机勃发，市场网络触及上海、昆山、宜宾等地。

为保证产品质量，办厂之初，李祥林即充分利用了创业之初积累的社会资本，请曾经的合作伙伴福建蒲城、上海红卫加工厂的技术骨干来厂里指教，并且请了几个师傅和土专家来厂里传授生产领域各个环节的技术要领，从而保证了工厂生产的基本运行。由于完全承接、消化了原上海红卫香料厂的国内最先进提炼技术，从而使他们的产品质量和成本始终处于同业优势地位，保证了较强的产品竞争力。适逢国内几家国有大型香料企业改制，3位农民抢抓机遇，终于站稳了脚跟。

为了寻求更大的发展空间，1999年4月，金溪天然香料厂一分为三，和平裂变为"思派思"、"东方"（依思特）、"华宇"三家香料公司，李祥林、徐国平、周振华三个农民各掌舵一家。三家企业你追我赶，当年的产值、利税家家超过原母体的规模，使金溪香料产业因裂变而实现总量的三倍扩张。如今，三家企业均成为金溪香料香精产业集群的龙头企业。其中，李祥林创办"思派思"香料公司之后，以芳樟树为原材料，生产主打产品——天然樟脑粉、天然芳樟醇，在国际市场上供不应求。公司于2006年取得《全国工业产品生产许可证》、《安全生产许可证》、《非药品类易制毒化学品生产许可证》、《ISO9001：2000质量管理体系认证证书》，先后成为抚州市农业产业化经营龙头企业、抚州市重点工业企业（集团）之一、江西省省级林业龙头企业。与国内外客户建立起了牢固的业务合作关系。产品在国内销往江苏、广东、福建、北京、浙江、四川、上海、山西、内蒙古等地；出口产品主要销往中国台湾、美国、德国、法国、中国香港、日本。

李祥林、徐国平、周振华三人的示范作用引来群起效仿。笔者调查得知，①效仿者先是与李祥林等几位农民企业家有业务往来的客户，如四川的钟利民和浙江的叶永标。他们看到这个行业在金溪有发展潜力，便分别在金溪筹资创办了汇泉香料和永青林产化工。②这些企业家的亲戚、下属员工，离开母体，实现了裂变。这些人由于在香料厂的工作经历，积累了加工经验、熟悉了工艺流程，怀着对美好生活的憧憬，离开原来的工作岗位，独立办厂。③由原来的企业基于完善产品结构、延长产业链主动裂变，一分为二。如华晨香料就是由华宇香料联合世界 500 强中粮集团下属上市公司中土集团投资创办的。④来自于产业梯度转移或出于分享集群的好处。2007 年，江苏昆山、云南昆明等地的一些香料企业纷纷登陆金溪，加快了向金溪聚集的步伐。2008 年，金溪香料企业发展到 8 家，被江西省政府评为"江西省香料产业基地县"。2008 年，经省、市批准，启动了全国唯一的香料香精产业园规划建设，该规划产业园占地面积 5000 亩。规划园的建设，为香精香料企业提供了便利条件，吸引了更多企业进入，进一步推动了金溪香精香料产业集群的发展。

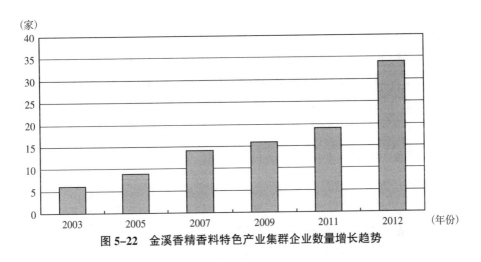

图 5-22 金溪香精香料特色产业集群企业数量增长趋势

金溪香料企业虽然"师出一门"、"技源一家"，但他们却各显其能，不断引进和消化新技术，开发新产品。金溪县香料产品由最初的樟脑油单一提炼，到现在的以蒸馏方式生产多种天然香料和人工合成香料品种，产品有以樟油为原料的芳樟醇、桉叶油、樟脑粉、黄樟油、二氢黄樟树等，形成了由最初单一的樟科系列到现在集樟科系列和松木、杉木系列及其较深层次加工开发为一体的发展格局，且每个企业的发展壮大速度很快。

（三）企业家的创新行为

金溪香精香料产业集群内的企业家进行了多方面的创新，如企业组织的创新、技术的创新、产业链的创新等，归纳起来，主要如下：

第一，企业组织的创新。龙头企业组建集团公司，进行战略合作。2005

年，国际市场对芳樟醇等产品的纯度要求提高到99.5%。为应对新形势，李祥林、徐国平、周振华不得不重新定位。于是，2006年底，三人又走到一起，组建了江西象山香料化工总公司。新组建的香料化工总公司，吸纳了原来三家老牌香料公司及新创办的两家公司，共有五家公司。其中，"华宇"2006年创产值5000余万元，实现销售收入4300万元。因其规模较大，"华宇"董事长周振华出任新组建的化工总公司董事长。五家香料公司各为独立法人，实行内部分工合作，强强联合、精诚团结、合作共赢、开拓市场。

新组建的香料化工总公司，实现了资源共享、信息共享。一是联合向银行担保贷款，资金优势明显。实现了银行联包贷款，增强了银行对企业的信任度。由于组建了总公司，银行原先分别给五家企业贷款，现在只要贷给总公司就行了，总公司内部自行调节。二是资金实行内部调剂，共享资金流。总公司成员企业之间实现了资金的互通有无，相互周转，可以解燃眉之急。三是优化了产品结构，避免了无序竞争。组建总公司之前，往往出现一个产品看好，大家纷纷而上的局面。如樟料系列，曾经四家公司同时生产，组建总公司后，实行内部分工合作，如"华宇"放弃樟料系列，让给其他厂家，"依思特"侧重开发茴香油系列，"思派思"侧重开发蓝桉系列。四是调剂货源，加速资金周转。集团企业在经营中如遇货源不足、供货品种不全，也由集团在其他厂家内部调供，既缩短了供货周期，提高了供货能力，又实现了共同发展。五是联合进行技术攻关，维护企业的信誉，保证产品质量。总公司把成员企业人才集中起来使用，成立科研攻关小组，开展技术改造，联手开发新产品。过去，按照法国工程师提供的工艺设备图纸，建一座分馏塔要30万元，攻关小组不断总结经验，对分馏塔进行改造，使每座塔的投资降至10万元。不仅如此，他们对分馏塔的内核大胆进行技改，总结出一套实用的操作规程。这样，分馏出的芳樟醇纯度一举冲破了99.5%的大关。这一成功为他们赢得了独立自主出口权，使芳樟醇打入了欧美市场。六是统一品牌，抱团开拓市场。从2006年开始，金溪所有的香料企业统一注册使用"象山"牌商标，统一打造金溪香料品牌，扩大金溪香料的市场影响力，提高知名度和美誉度。

江西象山香料化工总公司组建不到半年，就产生了明显的联合效应。2009 年第一季度，总公司实现产值近 5000 万元，产品 70%出口，另外 30%其终端也是国际市场。总公司总资产很快达到近 1 亿元，具备年产各类天然香料油 1 万吨以上的生产能力。

第二，技术的创新。在技术创新方面，通过寻求协作、引进人才以及技术工人的传帮带等途径，解决生产技术问题。

（1）由于自身缺乏技术能力，他们先与群外企业、大学、科研机构建立联系，利用企业、大学、科研机构的研发力量，进行技术创新，引进新技术、开发新产品、拓展新市场。如依思特香料与中国香港一家企业合作，开发生产了洋茉莉醛、天然复合子酮等合成香料新品种，还与瑞士芬美尼等国内外其他知名企业联合开发香料新产品。华晨香料与上海香料研究所联姻，成为国内唯一使用固体酸催化剂生产芳香化学品的企业。2005 年以来，华宇香料公司分别与四川大学、南京大学、上海香料研究所等高等院校、科研机构合作，引进了氢气制造、连续分馏、催化裂解等技术，加大了公司产能，提升了产品质量。2006 年，华宇香料公司与四川大学、云南大学等联姻，投资1000 万元，率先研发出二氢月桂烯、二氢月桂烯醇两个合成香料产品，填补了江西省内空白，成为国内仅有的三家生产企业之一。全国唯一的樟树工程研究中心，也是金溪首个国家级科研中心即与江西农业大学、江西省林业科学院合作的结果；该中心重要课题就是从事矮化速生樟树种植技术研究，从而解决了思派思香料需要大量樟树原料的问题，是产学研三方合作的成功典范。除了与大学、科研机构建立技术合作关系外，他们还利用这种便利，积极为自身培养人才。如思派思公司选派员工到上海学习，培养成熟练技术工人后再回到厂里培训新工人。

（2）引进高素质人才，打造科技创新基地，进行自主创新，提升企业核心竞争力。面对竞争，思派思公司领头人李祥林革新了香樟油的加工工艺。他大胆摒弃了传统的用铁锅煮香樟鲜叶的工艺，购进了金溪县首套香樟油蒸馏设备，利用锅炉加热水之后产生的蒸汽提取香樟鲜叶。这种蒸馏方法，既提高产品的质量和产量，又比原来的工艺提高 20%的产油率。在资金积累更加

赣南等中央苏区特色产业集群研究

雄厚后，他一方面重建标准厂房，更新原有设施、设备；另一方面，引进国外先进生产技术，并不惜以重金从上海昆山香料厂高薪聘请了两名技术专家，组建香料研发中心。2007年，在原有产品基础上，又增添了精制樟脑粉、黄樟精油、柠檬醛、蓝桉油四条生产线，并增设了香料产品精细加工设备。思派思香料通过实践探索，总结出一套实用的"分压蒸馏"操作规程，使芳樟醇的纯度从97%提高到99.9%，成为全球高端化妆品、饮料和药品生产企业眼里的香饽饽。现在，他的所有产品都经过国家商品检验检疫局的鉴定，达到出口标准，天然食品添加剂、化妆品天然香料等远销美国等10个国家。

江西华宇香料化工有限公司董事长周振华尤其重视自主创新。为了提升公司整体素质，周振华摒弃家族管理，实现职业化管理，建立现代企业制度。其经过6次登门拜访而引进的总经理毕业于福建集美大学，曾在国有大型企业历任车间主任、新产品开发组长、经营厂长，是金溪香料企业引进的第一个职业经理人。此举，为企业的科技创新拓展出广阔的空间。上任伊始，总经理俞忠华就敏锐地观察到，利用丰富的松节油原料开发系列松科类香料，不仅市场前景好，经济效益高，而且可突破资源瓶颈，引领金溪香精香料产业集群可持续发展。为确保二氢月桂烯、二氢月桂烯醇等新产品的成功开发，俞忠华充分利用自己的人脉资源优势，推行"不为我有，可为我用"的用人机制，与上海香料研究所、南昌大学等多所研究机构、高等院校建立密切合作关系，吸引了一大批经验丰富的技术人员加盟，使科研攻关节节胜利。2008年，公司"利用松节油合成二氢月桂烯醇"获江西省科技进步二等奖。利用松节油进行光敏氧化反应，即利用光的电磁波在催化剂作用下产生高能电子与β-蒎烯进行化学反应生成β-环氧蒎烷，β-环氧蒎烷再经过还原、异构、肟化得到紫苏亭产品，填补了国内空白，获江西省优秀新产品奖。之后，华宇香料公司依托"公司+科研单位+各方人才"的科技创新模式，为科研成果的成功转化建立起对接市场的"绿色通道"，产品研发的成功率达到100%，每年问世的新产品都成为企业新的经济增长点。公司现有的36名大学生来自全国各地，其中技术研发中心在2名高级工程师的带领下，每年开发4~6个新产品；营销中心的员工都精通一门外语，使公司出口业务逆市飘红。礼贤下士让"华宇香料"人才济济，公司效益逐年攀升。

"华宇模式"的成功为金溪香精香料产业集群迎来了科技兴企的春天。300多名化工、营销、管理等专业人才进入金溪，一大批企业员工在科技攻关、技术改造中锻炼成才。

依托科技创新，积极抢占竞争的制高点。华宇香料的二氢月桂烯、二氢月桂烯醇；依思特香料的洋茉莉醛、天然复合子酮；思派思香料的超高纯度芳樟醇、超高纯度桉叶素等主打产品，长年居国内外领先水平，产品供不应求。特别是香精香料产品，90%以上出口欧美、东南亚等地。像芳樟醇、二氢月桂烯等多个产品，无论是技术含量、质量水平，还是生产规模都足以和日本、瑞士、西班牙等国的名牌香料公司的产品相媲美，其中3个新产品拥有国际定价权。

第三，产业链的创新。

（1）完善产品链，由天然向人工合成延伸。樟科香料是金溪的强项，但由于生产规模迅猛增长，原料的供应问题突出。金溪的香料产业面临着结构转型，从单一加工樟科植物，转向寻找多品种开发。金溪企业家利用松木、杉木生产松节油、松香，利用1年可以砍（割）3次的桉树、香茅草生产蓝桉油、香茅油，利用广泛种植的八角、茴香开发茴香油，从而开发了众多新产品，填补了多项省内空白。

在此过程中，有的企业家更加大胆决策，跳出了对原料的过度依赖，放弃天然香料生产，转向附加值更高的合成香料。由天然向合成转型，已成为金溪香精香料产业集群转型、发展的趋势。华宇香料公司董事长周振华就是这方面的代表。早在2004年，他就开始转向合成香料加工，原材料以松节油为主，主打产品为月桂烯、二氢月桂烯和二氢月桂烯醇。由于全国各地湿地松种植面积巨大，松节油取之不尽，充足的原料保证了企业的长远发展。2004年，华宇香料有限公司主打产品只有天然芳樟醇，主营业务收入不到1000万元，上缴税金仅25万元。通过产品延伸，到2008年，华宇香料公司主打产品已分为天然和合成两大类别10多个产品，其中二氢月桂烯、二氢月桂烯醇两大主打产品占据了全球市场份额的30%，主营业务收入增至1.21亿元，上缴税金 300 万元；到 2011 年，公司主打产品更是发展至 20 多种，主营业务收入猛增至 2.89 亿元，上缴税金 826 万元。如今，金溪香精香料产业集群已实现从天然香料到合成香料的延展，既拉伸了产业链，又大大提高了产品的附加值。

（2）完善香精香料产业链，实现由香料向香精的延伸。香料是香精的上游产业，相对而言，附加值远比香精低。这方面的代表是拓普克林董事长吴思进，他创办了江西省第一家香精企业——拓普克林。与李祥林、徐国平、周振华一样，吴思进也是金溪合市镇人。高中毕业后，他只身前往上海，在上海做小工。通过半工半读，考取了建筑学校，从事建筑行业，完成了原始积累。在高中同学、金溪绿萃香料有限公司创办人叶东明的影响下，他返乡创业。他创办的拓普克林（金溪）香精香料有限公司主要生产香包、精油等系列香精产品，目前已有 30 多个品种。拓普克林的创办，填补了金溪香料的一项空白，意味着金溪香料产业在迈向精深加工方面实现了重大突破，标志着金溪香料向生产成品迈出了第一步。

吴思进坚持走技术创新之路，不断加大技改投入，加快新产品的研发。他和上海惠林生物科技有限公司合作，在研究了古今中外美容秘方的基础上，不断改进提高，把祖传秘方和现代高科技相结合，选取优质草本植物精华，运用先进的工艺流程，研发出天然绿色的生物类护肤产品——优草系列速效护理液。该系列产品拥有多项发明专利，在全国发明创新大赛上多次获奖，被抚州市科技协会作为推荐项目，在第六届国际发明展会上参展时，得到了国内外专业人士赞扬，产品功效当场得到验证，填补了香精几项体系认证的空白。其产品具备稳定的、高质量的客户群，在同行业中具备良好的声誉和品牌影响力，各项经济指标均居国内领先地位。

香樟油的原料有香樟叶和香樟木。提取香樟油后的香樟叶、香樟木材可以用于锅炉燃料，既有利于节能减排，又拓宽了香樟叶、香樟木的用途，提高了使用效率，降低了企业成本。天香香化公司总经理姜漾还对炼油后产生的枯叶进行加工，将其变成活性炭，出口到韩国和日本等国家，提高了附加值（王树标、鄢玫，2007）。

（3）先人一步建原材料基地，完善香料供应链。天然香料，原料供应非常关键。金溪县香精香料产业集群以樟树、松树、桉树等9类植物为原料，通过精深加工制成100多种香料。由于90%的原料来自广西、云南、广东、湖南等省（区），甚至从越南、缅甸等国家进口，经常受制于人，严重影响了企业正常的生产经营。为了解决原料问题，金溪企业家争取"公司＋基地"、"公司＋农户＋基地"模式，积极推进香料原料基地建设，以提高香料企业原材料的本地供应率。

在这方面，思派思公司董事长李祥林又一次成了第一个"吃螃蟹"的人。为了解决大规模种植所需的山地及管理人员这个难题，李祥林决定联合广大群众共同开发，采取"公司＋农户"的形式，建立原料林基地，种植矮化速生樟树。2008年，他投资600万元，在金溪县3个乡镇种下6000亩速生樟树。他开始分三步实施构想：一是通过林权流转，山地连片开发种植香料原料林，确保规模开发的苗木需求；二是在金溪县秀谷、对桥、琉璃等乡镇大面积租用山地；三是挑选有头脑、善管理的农民，作为合作伙伴（徐太祖、何建江，2008）。

在他的示范带动下，不少企业如天香、依思特等香料公司纷纷效仿，积极投资香料基地建设，四处承包山地种植原料林。叶永标的金溪县永青林产化工厂更在金溪建立了松树种植基地10万亩。

"公司＋农户"，租赁山地种植樟树，然后炼制成芳樟油，出售给香料加工企业，不仅解决了金溪香料企业原料供应的难题，也让金溪县不少创业者走上了致富之路，进一步壮大了金溪香精香料产业集群。戴学文就是一位代表性人物。2010年，他通过林权流转，租赁1600亩山地种植樟树。2011年，这片山地为他创造了160万元的纯利润。戴学文是金溪县对桥乡戴家村人，曾经当过兵、种过田、教过书、做过生意。2010年，他拿出全部积蓄，动员6个兄弟姐妹合伙，筹集资金200多万元，租赁对桥乡旸田林场1600亩山地，全部种植矮化速生樟树。不久，江西思派思香料有限公司董事长李祥林主动上门，与戴学文签订了合作协议。该合作协议规定，由思派思香料公司提供樟树栽培、管理及炼制芳樟油的技术，并按每吨15万元的保护价收购芳樟油；戴学文负责聘请农民管理樟树并炼制芳樟油，全部芳樟油卖给思派思香料公司。由于管理到位，戴学文种植的速生樟树长势喜人。至 2011 年 10 月收割时，树高均在 2.5 米以上，每亩炼制芳樟油约 10 公斤，亩均毛利润 1500 元。扣除人工、肥料、农药等成本开支，每亩纯利润约 1000 元。这 1600 亩樟树为周边农民创造了许多就业机会。据戴学文介绍，为了保障樟树正常生长，要经常除草、施肥、打药。一年之中，除了农忙时节与雨雪天气，每天都有 20 多名农民工来樟树林干活。在收割与炼制芳樟油的时节，旸田林场格外热闹，收割的、运输的、炼制芳樟油的……最多 1 天有 106 名农民工来干活。仅 2011 年，戴学文共支付工资 48 万元。

另外，金溪企业家也在外地、外省如广西、湖南、广东等建立由企业自己控制的原料供应基地。如依思特公司董事长徐国平在福建、云南等地建立了原料林基地，在广西玉林市承包了 2 万亩茴香林。思派思香料公司在短短三年内不但在金溪本县种植樟树 2 万亩，还在云南省 6 个县建起 8 万亩桉树基地。以加工松节油为主的永青林产公司来到上饶、景德镇等地，相继签订近 2 万亩湿地松采脂合同；汇通香料公司则在赣州市石城县种植樟树 600 亩，计划建立 10 万亩樟树基地。目前，金溪香料企业家已在县内、县外建起香料产业原材料基地 18 万亩，正在筹建的原材料基地达 20 万亩，其中，在云南等地收购、租赁桉树林就超过 10 万亩。充足的原材料让金溪县香精香料产业集群"根深叶茂"。思派思香料、依思特公司、永青林产公司 3 家企业由于原材料基地规模大、管理到位，已为企业提供原材料约 50%，从而有效降低了企业成本，增强了市场竞争力。

在外地建立原材料基地的同时，金溪一些企业家还在金溪境外建立原油采购机构。如思派思香料公司在广西、湖南、云南等地设立了办事处，甚至在云南办了分厂，从而建立了稳定的采购网络体系，以确保原油的供应和质量。

第四节　本章小结

少数企业家偶然性的创业、创新活动，如发现新产品或原有产品的新市场，或新的制作工艺等，这些偶然的创业、创新活动在获得商业成功之后，为新的产业集群诞生创造了可能。这是因为企业家的经济活动具有很强的外部性，少数企业家的创业、创新活动很容易被当地其他企业家和经济主体发现，进而效仿，企业群体规模不断扩大，企业在地理空间上的集聚趋势日益明显，集群的竞争力也获得了提高。企业家的创业、创新作用不仅在于促进地区产业集群的发展，同时增加了地方企业家资源。企业家创新的外部性和企业家集聚的正反馈效应使区域中个体从事创业、创新活动的可能性提高。很多时候，创业、创新活动的追随者并不是简单地模仿前人的创新，更多的是在模仿中创新。因而少数企业家的创业、创新活动将会引致更多的创业、创新。越是企业家高度密集的地区，新生的企业家数量越多。企业家空间上的集聚以及地方根植性，企业家彼此了解，相互之间的比较和竞争就更加直接和明显，这也增加了集群创新的压力和动力（赵江明，2004）。因此，企业家对产业集群发展的影响不仅表现为其企业自身较好的经济绩效，更重要的是他们对群内企业产生的直接或间接的作用。在集群形成和发展的所有阶段，企业家的动力作用都是极为明显的，企业家是特色产业集群发展的原动力（田红云、陈继祥、田伟，2006）。

第六章 地方政府在赣南等中央苏区特色产业集群形成、发展中的作用研究

第一节 研究概述

一、地方政府的经济职能概述

（一）地方政府的经济职能

政府功能（职能）是政府对社会承担的职责和管理社会所具有的功能的规定，表现为政府"要做什么"、"能做什么"，往往要以法律的形式予以规定和规范。政府有着多种的职能，经济职能是其中一项职能。萨缪尔森等在《经济学》中提出政府有三项经济职能：①效率。政府行为试图矫正垄断一类的市场失灵。②平等。使用诸如收入再分配等工具来反映社会对穷人和残疾人的关心。③稳定。稳定化政策试图削平经济周期的高峰和低谷，减少失业和通货膨胀，并促使经济增长（傅宇峰，2007）。

与中央政府不同，地方政府的经济职能主要有五项（刘艳，2009）：①依据中央政府的总体规划与长远发展目标，科学地制定与实施本地区社会经济发展的战略目标及实施步骤，在此基础上建立与健全促进区域经济发展的、与中央宏观目标相协调的地方性政策法规。②利用地方财政与区域性收入分

配政策，引导与调节本地区的市场供求状况，协调本地区的各种社会经济关系，推动区域经济增长。③借助于地方性基础设施建设和各种形式的资金投入，保证地方性国有资产的保值与增值，并为社会提供相应的公共物品。④培育与发展地方性市场体系，推动区域市场与全国统一开放市场的有机融合。制定与全国统一的法律法规，协调工农、城乡、地区等各种社会经济关系，为现代市场经济的运行提供必要的制度保障，为本地区社会经济生活的规范运行创造良好的市场环境。⑤在中央宏观产业政策许可的框架内，及时有效地调节本地区的产业结构，最大限度地利用本地区的资源优势，建立与健全适合本地区的各具特色的经济运行格局。

（二）地方政府在特色产业集群中的经济职能分析

越来越多的学者开始关注基于产业集群的产业政策与政府行为。从大量产业集群的案例来看，无论在发达国家还是发展中国家，在产业集聚过程中，政府的作用都相当突出，尤其在特色产业集群的培育上，更发挥了关键性作用（李世杰、李凯，2009）。致力于倡导将集群理论应用于经济政策的迈克尔·波特在对多个国家产业实践调查基础上指出，政府产业政策对一国特定产业集聚的形成具有关键性影响，"在滋养和强化产业集群上，政府扮演着重要角色"，"在经济上政府不可避免要扮演多重的角色……政府最大的角色，是保持宏观经济稳定……政府的第二个角色是，改善经济体中微观经济的一般能力……政府的第三个角色是，建立整体的微观经济规则与监督竞争的诱因，而且此种竞争有助于生产力的提升……尽管政府的这些角色是促成经济进步的必要条件，但是有了这些仍未必足够，尤其当政府开始它更基本的角色，也是第四个角色：使产业集群的发展与升级更顺畅，其实更加重要……政府最后一个角色是，发展与执行一个积极有区隔且长期的经济活动方案，或改变流程，使政府、企业、机构和人民，既能提升一般的商业环境品质，也能形成本地的各种产业集群"（迈克尔·波特，2003）。

特色产业集群的形成和发展是政府与市场共同作用的结果。集群的本质是一种生产组织方式，它通过产业与区域的有机结合，导致该产业在该地区的发展获得较高的生产率，从而在一定范围内具有较强的竞争优势。从发展轨迹来看，中央政府的作用是非常有限的，但集群的发展却和地方政府的作用分不开，是同地方公共产品的有效供给密不可分的。同中央政府相比，地方政府，特别是县一级的政府由于更接近基层，更了解基层的现实情况，因而所起的作用就更明显。一些特色产业集群发展成功的实践证明，地方政府通过产业政策导向、提供公共产品和服务，对特色产业集群的形成、发展产生重要影响。

特色产业集群发展中地方政府的职能主要体现在四个方面：①政策引导。地方政府通过明确的发展规划、产业布局、规模标准、重点建设项目以及关键产品国产化进度要求，并根据具体情况，以法律、法规等形式保证专项政策和规划的落实，包括充分运用优惠贷款、生产控制、政府采购等投资鼓励政策，建立和健全财政、税收、金融、外贸等与产业政策相配套的保障体系，以保证产业政策自身、产业政策与相关政策的协调和完善，推动特色产业集群的形成与发展。②公共服务。政府为形成和发展集群提供公共产品和各项服务，构建服务于特色产业集群发展的社会服务体系。③市场监管。在特色产业集群发展中，政府应管好市场秩序，维护公平竞争，并对市场环境的维护和建设进行管理。④经济指导。政府在供给公共产品、提供制度保障、维护市场环境之外，还需要对特色产业集群的一些基本生产要素的配置进行有效适度的干预，提高这些要素的配置效率，降低本地要素市场的泡沫，保持本地经济和集群体的可持续发展（傅宇峰，2007）。

二、地方政府与特色产业集群的关系

地方政府与特色产业集群是相互促进和相互作用的关系，两者是互利互惠的合作关系（崔宏伟，2007）。

从特色产业集群角度看，地方政府对其影响巨大，主要体现在以下三个方面：

第一，特色产业集群的形成和发展受地方政府提供的各种资源、要素的影响。特色产业集群在地理上处在地方政府行政管辖范围内，其赖以生存的土地、水、电等各种资源受地方政府管制，交通、通信等基础设施有赖于地方政府提供，原材料和人力资源主要来源于当地。此外，特色产业集群的形成、发展还受到集群所在地特定的历史、文化、风土人情等人文环境的影响。

第二，特色产业集群的形成、发展以至演变，均受到地方政府的经济政策、科技政策、劳动保障政策、环境保护政策等各种扶持政策的影响。

第三，特色产业集群的发展受到地方政府行为的影响，如工商管理部门的市场监管活动、税务部门的税务监管活动、质量部门的质量管制行为均对特色产业集群产生重要影响。

从地方政府的角度看，特色产业集群对地方政府意义重大。特色产业集群的发展可以促进区域经济发展，解决城市化过程中农村的劳动力转移问题，以工业化促进城市化水平，增加地方政府的公共财政收入。具体体现在以下四个方面：

第一，特色产业集群一般都是地方经济和地方财政税收的支柱，对区域经济发展和进步产生了较大的推动力。

第二，特色产业集群吸纳了大量的当地劳动力，解决了大量就业问题，提高了当地居民的收入，对地方的社会稳定与发展、人口管理以及素质的提高具有重大意义。

第三，特色产业集群集中于某一个特定的区域空间，虽然需要大量的土地、能源和原材料，但是，有利于地方政府集约化管理，集中治理污染，节约环境治理的成本，建设能源、原材料和产品交易市场，提升地方政府辐射能力。

第四，科技进步是地方发展水平的一个重要指标，特色产业集群是地方科技进步的主要载体和实现者。

三、地方政府扶持特色产业集群发展的必要性分析

地方政府介入特色产业集群的发展，从理论上、实践上看，均有必要。理论上，产业集群在市场化运作中由于市场失灵，产生对公共政策的现实需求，需要政府介入。实践上，国内外国家成功的实践证明，产业集群的发展需要政府介入，而且中国地方政府承担着发展地方社会经济的职能，产业集群成为地方政府快速发展区域经济的政策工具，需要政府介入（余焕新、刘爱军，2011）。

(一) 地方政府参与产业集群发展的理论依据

市场经济条件下，市场在资源配置中起基础性作用。在完全竞争的市场中，通过价格机制和市场机制，可以自动实现供求均衡，个人和厂商追求利益最大化的经济活动的总和可以使整个社会的经济活动进入最佳状态，实现最高效率，达到帕累托最优。但是，完全竞争只是一种理想的市场状态，在实际经济生活中并不存在。由于市场机制本身无法克服的缺陷和不足，仅通过"看不见的手"调节经济的运行，必然出现市场失灵。市场不能保持经济的综合平衡和稳定协调的发展；自由放任的市场竞争最终必然会走向自己的反面——垄断；市场机制无法补偿和纠正经济外在效应，无力于组织与实现公共产品的供给；市场分配机制会造成收入分配不公和贫富两极分化。因此，要保持区域经济健康、有序发展，必须借助政府力量的适当支持。

1. 基于消除集群外部负效应的需要

社会经济活动的效率不仅取决于每一个体单位的资源配置效率，而且还受到区域内社会经济活动及各个行为主体相互作用的影响。在一定的区域内，由于社会经济活动空间集中，其外部性特征更为显著。外部性分为正的外部性和负的外部性。集群的外部负效应是说，当某一区域内企业聚集的数量超过了最佳规模后，由于对公共资源和生产要素的需求量大大超过其供给量，会造成公共资源的紧缺和生产要素的价格上涨，这将同样加大企业的成本，从而形成外部不经济，直接危及集群的继续存在和发展。这时，仅依靠市场本身的力量是不可能解决的，必须有政府的介入和干预，通过控制集聚的负外部性，实现资源的有效配置。

2. 基于提供公共产品的需要

公共产品包括公共基础设施和公用事业。公共产品具有两个特性：非竞争性和非排他性。由于公共产品的非竞争性和非排他性，决定了市场经济中追求利润最大化的生产者不会提供这些产品，也就是说，公共产品不能由市场机制的方式配置，只能由政府行为配置，或者在政府参与下配置。

本质上，公共产品是形成区域聚集的物质承载者，是控制区域聚集规模的关键因素。公共基础设施和公用事业越完善，质量越高，该区域或局部地区的聚集效应就越大，对居民和企业的迁入和土地投资就越有吸引力，从而使该区域或局部地区的利用率越高，土地利用的集约性就越强。反之，公共产品的供给能力较低，则可能对集聚效应发挥作用和区域经济增长构成"门槛"约束。同时，在乘数效应的作用下，一方面，对公共产品投资、生产、经营等活动所诱发出的一系列经济活动，为许多产业的发展创造了市场；另一方面，这些产业反过来又扩大了对公共产品的需求，增加产业聚集效应，最终影响整个区域的投资状况和收入状况，以及区域经济增长的速度和持续时间。而且，居民和企业选址也总是趋向聚集效益较高的公共产品的周围地区，以"免费搭车"的方式获取经济外在化的好处，公共产品的布局成为厂商和企业区位选择活动的出发点和归宿，是形成区域聚集效应的主要来源之一。

不同的企业和居民对公共物品有不同的要求，相应的会使区域内部不同地域形成不同的聚集体。因此，通过政府对公共物品供给进行最佳配置，对区域经济发展和空间结构的优化十分重要。提供公共产品是政府的传统功能，政府需要集中力量处理具有明显公共产品特征的问题。政府对于基础教育、医疗保健和环境住房等方面的投资，配以适当的社会福利措施，能够为本地经济的持续发展带来很大利益。当然，对于企业来说，政府需要先向它们提供诸如水、电、污水治理等公共品和服务。产业集聚的优势之一，就是能够获得比分散布局更有利的外部经济。在集聚区内，不同企业可以分享公共基础设施和专业技术性人力资源，从而大大节约生产成本，提高效率。因此，地方政府搞好公共基础设施的供给就是对产业集聚的一种重要促进。良好的基础设施建设和其他公共产品的供给，不仅将提高集聚企业的经济效率，而且客观上还将给集聚区域增加吸引力，使区域外企业加入本地的企业群落，从而提高集聚的优势和区域竞争力；反之，则会降低区域的吸引力，甚至导致已有的集聚瓦解。

3. 基于维护市场秩序的需要

政府是市场发育的第一推动力。市场主体的成长有赖于政府的规范，市场经济正常秩序的形成和维护离不开政府。产业集群内部的企业行为是市场行为，市场这一"看不见的手"的作用远远大于政府的作用，但产业集群的能力是有限的，其市场性也必然导致集群内企业行为的盲目性，不利于产业集群的健康发展，因此，产业集群的发展往往需要政府的支持和帮助。无论是财产权的保护还是市场交易规则的形成和维护，都需要政府以法律的形式加以规范（崔宏伟，2007）。作为公共政策的制定者，政府在实施集群战略的过程中不但责无旁贷，而且大有可为。

（二）地方政府参与产业集群发展的实践依据

1.基于产业集群发展的历史经验

发达国家发展产业集群的经验表明，要快速有效聚集产业，单纯依靠市场机制是远远不够的，必须有政府强有力的推动。

产业集群的蓬勃发展使集群政策开始成为我国各地区地方政府推动本地区经济发展和产业成长的重要政策工具。来自我国东南沿海产业实践中的大量证据也表明，政府政策正在成为各地产业集群培育或发展的重要措施。在实践中，产业集群比较发达的沿海省、市政府纷纷出台产业发展的指导性文件，指导当地产业集群的培育与发展。例如，福建省以省委、省政府名义发文《关于加快产业集聚、培育产业集群的若干意见（试行）》，提出着力培育本地产业集群。浙江省政府在《浙江省先进制造业基地建设规划的框架和重点》中，明确要在全省范围内培育建设若干以核心企业为主体的产业集群（李世杰、李凯，2009）。特别是在经济欠发达的赣南等中央苏区，由于市场经济秩序尚未完全建立，市场还不能完全有效地配置资源，存在社会缺位，一些新兴产业集群的形成、发展和壮大需要政府的培育与扶持，尤其在新的产业集群形成初期，产业集群的优势还没有建立，还形不成集聚效应时，政府的扶持和帮助更为必要（傅宇峰，2007）。

2.基于政府自身的经济职能

对于地方政府来说，培育与发展产业集群是其经济职能使然。我国现行的对地方政府经济绩效考核的重要内容是地方经济发展水平如何。地方政府培育与发展产业集群的主要目标是形成一种有效的经济增长方式，提升地方经济发展水平。为此，地方政府致力于完善基础设施，制定各种政策，为产业集群发展创造良好的外部环境，依靠产业集群内在的运行规律，积极引导集群内的企业良性发展（沈威，2004）。

除了经济职能这个外部激励因素外，地方政府积极支持产业集群发展还有内部激励因素，作为一个利益主体，地方政府追求自身经济利益最大化也是一个非常重要的驱动因素。本章第二节地方政府角色变迁的原因分析中财政体制部分对此进行了详细的解释。

第二节　地方政府的角色变迁与主要职能研究

一、地方政府角色变迁概况

（一）中央政府出台产业集群政策

在产业集群的形成、发展过程中，中央政府和省市政府起着并不相同的作用。作为产业政策的制定者，中央政府关注的对象是大企业。产业集群是一种地方化的产业组织形式，企业的主体是数量众多的中小企业。因此，传统产业政策在这里难以奏效，需要制定专门的中小企业政策。

中央政府关于中小企业的相关政策在 21 世纪初开始陆续出台。2002 年，全国人大通过了《中华人民共和国中小企业促进法》，2003 年开始正式实施。此后，关于产业集群、特色产业集群政策文件也相继出台，主要有《国务院关于鼓励支持和引导个体私营等非公有制经济发展的若干意见》，国家发改委《关于促进产业集群发展的若干意见》，科技部发布《创新型产业集群建设工程实施方案》、《国家火炬计划特色产业基地认定办法》、《地方特色产业中小企业发展资金管理暂行办法》、《关于进一步实施火炬计划加速高新技术产业化的若干意见》、《关于继续实施高技术产业化西部专项工作的意见》、《科技富民强县专项行动计划资金管理暂行办法》等。一系列（特色）产业集群政策的相继出台表明，中央政府政策重心发生了若干改变，在继续主要扶持大企业的同时，也开始关注产业集群以及中小企业的成长、发展，开始扮演产业集群宏观管理者的角色。

（二）地方政府的行为转型

地方政府职能转变或角色调适，不是一个单纯的角色认知演变过程，在很大意义上是一个权力和利益的多元博弈过程。为了适应市场经济发展的需要，地方政府不断进行着行政管理体制的改革。市场化进程中的政府管理体制改革，在很大意义上是政府角色定位及其行为模式的"试错性"探索过程。没有普适的政府角色定位，也没有一成不变的政府行为模式。对于转型国家来说，从计划经济体制下的全能型政府向市场经济条件下的有限政府的角色转型，是一个持续性和适应性的调整过程。各级政府都需要通过"试错性"的探索，学习掌握市场经济的理论知识和市场运作的"实践性知识"，进而根据市场体系发育的进程及其客观要求不断调整自身的职能定位和行为模式（何显明，2008）。

在国家新的财政体制下，各级地方政府经常扮演企业家的角色。它们更像经济人那样基于经济利益从事经济和经营活动，树立使本辖区"富起来"的行政目标，积极致力于塑造辖区竞争力，进行政府间的竞争，发展本地经济（沈威，2004）。作为一种政策工具，产业集群被置于重要位置。为了培育集群，地方政府一方面出台一系列政策、措施，为集群提供良好的发展环境；另一方面政府积极行动，扮演企业家的角色，直接介入产业集群的活动，如政府直接投资，建立各种中介机构，为产业集群中的企业服务。从政府、市场、社会三者之间的关系看，正是在"市场失灵"和"社会缺位"的情况下出现了"政府越位"的现象，即地方政府超越了传统的行为边界，相当大程度上替代了社会中介组织的角色。

从本质上讲，地方政府的行为策略除了要合乎其政治利益之外，也必将以财政收入状况来衡量自身行为绩效，并调整之，功利色彩相当严重。在实践中，各地政府根据各自产业在财政收入中所占的比重来衡量合适的管制力度。对财政贡献较少的产业，政府对其重视程度不会过高，当然优惠政策将不可能向其倾斜。而对于占据本地财政收入重要份额的产业将给予相当的重视和大量的倾斜政策。有的甚至可能出现地方保护主义性质的政府干预。在集聚区域内，由于集聚企业群的税收占据了本地税收的主要份额，因此，政府对集聚企业的种种政策将直接影响自身的财政收入。而且，集聚群的形成是一个渐近的过程，其对本地的财政收入的贡献也是一个不断增加的过程。这样，政府对本地产业集聚重视程度也会随之增加（蒋东仁，2005）。

二、地方政府角色变迁的原因分析

研究地方政府角色变迁的原因就是要解释地方政府介入特色产业集群的驱动因素。何显明（2008）研究了浙江地方政府角色变迁的原因，并将其归结为市场化进程中制度环境的深刻演变，主要包括四个方面：财政体制、意识形态、政府间权力结构及政府间竞争。具体到赣南等中央苏区，本书认为，财政体制、政府间竞争是主要原因。此外，市场机制在解决公共产品方面的失灵、企业的产权性质约束、地方中介组织的缺位等都是造成地方政府角色转变的制度因素（蒋东仁，2005）。市场失灵、中介组织缺位等因素前文已述及，此处不再重复，仅对财政体制、政府间竞争进行分析。

（一）财政体制

财政体制改革是地方政府角色变迁的最大诱因。"1978年以前，中央政府是推动经济增长的政府主体，地方政府的经济自主权相对较小。此后，随着行政性分权改革战略和'分灶吃饭'财政体制改革的实施，地方政府被赋予了前所未有的经济权力，拥有了较大的资源配置权，在推动经济增长方面发挥着越来越重要的作用"（沈坤荣，1999）。

财政体制改革的内容是行政性分权，核心是"放权让利"，为地方政府提供了强大的制度性激励（蒋东仁，2005）。从财政包干制到分税制，财政体制改革的效应已远不只限于政府间财政关系的调整，在很大程度上无异于重构了中央与地方的关系。在分权化的财政体制下，地方政府拥有独立的财力和财权，成为具有相对独立的经济利益和效用目标的公共事务管理主体，不再是统收统支的传统财政体制下一个纵向依赖的行政组织。地方政府可以在相当程度上根据自己的偏好，自主确立行政目标，并运用自己掌握的财权最大限度地整合地方资源，扶持、培育产业集群，实现其特定的行政意图。地方利益以及政府自身利益，由此迅速显性化，成为左右地方政府行为选择最重要的变量之一。特别是 20 世纪 90 年代以来，随着地方经济增长绩效成为"政治企业家"政绩考核的主要内容，地方经济增长绩效最大化更是成为地方政府行为选择的重要内在依据。经济建设型政府的角色模式的塑造及其强化与此关联密切。

（二）政府间竞争

在行政区经济的背景下，区域经济发展的竞争，直接表现为政府间的政绩竞争。地方政府要在区域发展竞争中赢得优势，一方面，需要充分利用自身的信息优势，同上级政府和中央政府展开各种行政博弈，力求为本地经济发展获得更多的资源和更有利的政策空间，确立自身在同级政府间竞争中的优势地位；另一方面，必须通过政策和资源的竞争，同其他地方政府争夺流动性的要素资源，在限制本地资源流出的同时，最大限度地争取外部资源的涌入。政府间的无序竞争，直接刺激了地方政府干预微观经济过程的动因，助长了地方政府竞相超越权限，突破了中央政策限制的冲动。

如果说在计划经济时期，赣南等中央苏区凭借自给自足的农业经济还勉强过着不错的生活的话，那么在市场经济时期，从前经济不如赣南等中央苏区经济的区域却凭借制度优势跑到了前面，赣南等中央苏区自身的各种要素（劳动力、原材料等）受市场作用逐渐流失，流到了沿海地区，从而拉大了两者的差距，而且这种差距还在不断拉大，这就造成了一种压力，迫使赣南等中央苏区所在地政府不得不调整政策，以更加优惠的条件、更低的门槛发展经济。

三、地方政府在产业集群发展中的角色分析

（一）一般性描述

在产业集群发展中，由于内、外部环境的变化，地方政府不断转变角色。总体来看，地方政府在产业集群发展中，主要扮演了如下角色：

1. 制度创新角色

在我国转轨体制环境下，政府在制度变迁中的作用是关键性的，有时候

是主导性的。离开了政府的推动，产业集群就很难快速发展。制度安排决定经济绩效（斯蒂格利茨，1998）。计划经济体制下的公共产品供给的稀缺，通过制度创新可以大大改善。

地方政府的制度创新主要体现在两个方面：一是制定地方性行政法规，营造创业氛围；二是积极进行行政管理体制创新。地方政府推动集群战略成功实施的关键在于降低企业经营成本和提高地方产业网络的集体效率（朱华晟，2004）。地方"政府的适时政策和适度的制度安排可以创造出新的增量资源……以发展出超越本地资源禀赋优势的产业集聚"（邓宏图、康伟，2006）。地方政府行政管理体制改革的目的就在于提高政府调控经济的水平和效率，降低企业的经营成本，为地方经济的发展创造更好的外部软环境。地方政府行政管理体制改革的内容众多，如重新清理、撤并、精简政府职能，大量废止过多的审批事项，科学设置审批职能，规范职权，以取得良好的成效。

2. 完善基础设施

完善的基础设施有利于增强投资的吸引力。地方政府介入城市及基础设施建设的必要性来自基础设施本身的特点。基础设施是一个涵盖多方面活动的概念，它包括经济基础设施和社会基础设施。前者如电力、电信、自来水、卫生设施与排污、固体废旧物的收集与处理及管道煤气；公共工程如公路、大坝和灌溉及排水用的渠道工程；其他如城市和城市之间的铁路、城市交通、港口和水路以及机场。后者包括文教医疗保健。"基础设施及其建设具有以下特点：①具有自然垄断性，规模效应显著，不宜私人竞争。②具有基础性、社会性。基础设施是居民生活和经济生产活动的核心，它的完备与否关系到一国或一个地区经济社会发展的成败。基础设施任何方式的中断或限制供给都会对经济社会发展构成威胁，市场难以有效提供。③基础设施投资周期长，资金需求量大，风险较大，私人企业一般不愿提供"（史晋川、金样荣等，2002）。

产业集群的优势之一，就是能够获得比分散布局更有利的外部经济。在集群区域内，不同企业可以分享公共基础设施和专业技术劳动力资源，从而大大节约生产成本，提高效率。因此，搞好这些公共基础设施的供给就是地方政府对产业集群的一项重要的促进因素（蒋东仁，2005）。

地方政府解决产业集群发展过程中出现的基础设施的"瓶颈"问题的手段主要是建立特色园区或产业园区。通常，地方政府成立专门的园区领导小组，负责园区的规划和决策、建设。地方政府作为园区发展的长期规划者，不仅为入园企业提供完善的基础设施和服务，还在土地价格、税费减免、融资、技术创新等方面实施一系列优惠政策。合理规划产业园区、特色工业园区等，把散、乱、小的工业企业引入统一规划的工业区中，促进了集群的发展，在一些地区，特色工业园区的建设为产业集群掀起了二次创业高潮，促进了区域竞争力的提高。

3. 减少产业集群的负面性

产业集群既有正面性也有负面性。一方面，群内企业通过集聚，产生聚集效应、协同效应，通过激烈竞争和紧密合作等，提高产业集群的正面性；另一方面，产业集群自身会产生机会主义行为，从而形成产业集群的负面性，影响整个产业集群的发展。外部性一般难以通过市场调节的自发作用得到补偿和纠正，因为市场解决外部性的成本过于高昂，经济上不合算，而通过政府强制性解决外部性的成本较小，收益较大。政府通过消除集群外部的机会主义行为，从而减少产业集群的负面性，同时引导产业集群内的企业建立相关协会，杜绝内部机会主义行为的产生，并由政府部门出资，建立相关产业研究所，与区外技术部门牵线搭桥，引导企业并激励企业提高产品质量，建立地方信誉（沈威，2004）。

相关协会等各种中介组织也是产业集群发展壮大的重要组成部分。集群内中介组织不健全，除了无助于消除机会主义行为外，也无助于群内形成良好的分工协作，产业集群的整体服务体系就会不协调。地方政府应根据产业集群发展的实际需要，建立完善的产业集群中介服务体系（刘艳，2009）。

（二）地方政府在产业集群发展不同阶段的角色分析

在集群不同阶段，地方政府扮演了不同的角色（蒋东仁，2005；柳晓明、周密，2009；刘艳，2009）。在产业集群形成时期，地方政府主要扮演孵化器角色，政府机构牵头主动培植地方型企业和产业，除了在政策上支持，在资金的筹集、使用等方面政府也主动支持和赞助（王慈，2001；Paray，2005）。相对而言，柳晓明、周密（2009）所持观点比较全面，本处一并引用如下：

1. 地方政府在产业集群孕育阶段的角色分析

在孕育期，产业集群的优势尚未确立，不可能马上产生集聚效应，急需政府扶持。政府扮演了引导者、服务者、调节者的角色。

（1）引导者角色。通过创造有利于产业集群的形成环境和利益机制，不断调整自身政策导向，引导产业中的大多数企业在新的环境和利益机制中不断地自我调整，促进集群健康快速发展。同时，适时而动、把握方向、理顺关系，消除妨碍产业集群形成的各种障碍。

（2）服务者角色。为企业提供优质服务并制定政策，引导企业发展，敏锐地发现国内外市场机会，主动灵活、低成本地做出超前的、卓有成效的反应，抓住机遇。政府利用地理上的便利，在信息、技术、人才交流方面拓展渠道。在传统的集聚经济带来正向外部效应的同时，创造一个互动的厂商集聚区，形成区域优势，在快速变化的全球化经济中，形成可弹性调整组织结构，确立产品开发与制造过程的动态优势。

（3）调节者角色。在产业集群的形成时期，需要制定政策，对产业集群发展的主导方向进行引导，努力避免同一地区内产业结构趋同，避免与国内其他区域产业集群产品的同质化竞争。

2. 地方政府在产业集群成长阶段的角色分析

当集群内中小企业慢慢适应集群环境，产品有了一定的市场，并且开始共享各种公共设施，企业之间相互协调发展时，产业集群即步入成长期。在成长时期，产业集群的优势在集群内企业得以体现，集群内企业能够共享集群带来的规模经济和外部经济，集群的核心竞争力不断提升。因此，在产业集群成长期，政府行为的重点应放在对产业集群的治理和调控上，扮演调控者、要素提供者角色。

（1）调控者角色。抓影响产业集群形成的关键环节，加强政策引导，加强集群的横向、纵向关联性，积极引导、规范竞争、促进合作，避免企业之间的恶性竞争，使集群内企业进行合理化的专业分工。促进集群内专业性行业协会的建立，成立专业性行业协会，创造一个开放、公平、有序的市场环境，提供信息和专业性服务，实现政府管理和行业自律相互补充、相得益彰。

（2）要素提供者角色。缺乏资金和人才是产业集群在这一时期所面临的最大问题。政府在这一时期的工作重点是帮助集群融资和引进人才。通过对集群内产品项目、公用辅助设施、物流运输、环境保护和管理服务的整合，构筑有利于集群进一步发展的生产要素配置平台。

3. 地方政府在产业集群成熟阶段的角色分析

在产业集群的成熟阶段，大多数产业集群开始面临创新能力不足、过度竞争等问题，产业升级障碍空前。基于产业分工和强关系网络的集成化结构可能导致锁定和路径依赖。在这一阶段，政府按照效率和公平原则对产业集群进行治理，主要扮演公共管理者的角色。工作重点应转向促进产业集群的升级和创新。确立和维持集群基本的秩序，规范各主体间的相互关系和交往规则；同时减少信息成本和不确定性，增强合作的激励并维持竞争，并不断培养企业价值捕获能力。

4. 地方政府在产业集群衰退阶段的角色分析

随着主导产业生命周期的结束，产业集群市场需求的反应能力和创新能力衰退殆尽，产业集群逐渐走向衰落。在这一阶段，政府主要扮演挖掘者、转移者角色。

（1）挖掘者角色。大幅度降低集群网络成本，将集群的生产活动转移到成本更低的郊区，开辟新的市场，努力实现产业集群的复苏。

（2）转移者角色。当挖掘者已经无济于事时，政府就要转向转移者的角色。考虑从外部引进科研机构，输入新的信息，获取新技能或新产品，引进新的企业，降低交易成本，开展新业务，调整产业结构，寻找和扶植新的潜在产业集群，实现产业集群的"更新换代"。

（三）地方政府在不同类型产业集群中的角色分析

1. 地方政府在不同作用力产业集群中扮演的角色

产业集群有多种分类方法。在不同类型的集群中，地方政府发挥的作用也不尽相同。在市场自然作用形成的集群中，地方政府作为重要的制度供给者，扮演了"无为而治"的角色，为产业集群的萌芽提供了宽松的环境。对于政府主导形成的产业集群，政府扮演了植入者角色，将某一产业植入某一地区，强制性地培育了一些企业，但这种集群的发展大多数却是不成功的。

2. 地方政府在高端、低端产业集群中扮演的角色

对于高端产业集群，政府扮演服务者的角色，不能过多干预，集群政策侧重于技术创新和交流、专业技术培训、引进高层次人才等方面，建立企业间的协作网络，并在集群的竞争策略和规划目标上予以指导。对于低端集群，政府不能充当旁观者，而应该适当进行干预，集群政策偏向于提供基础设施、公共物品或服务以及资助，进行广泛的职业培训，提升集群的整体技术水平，制定合理的管理制度，帮助企业参与国际竞争，并引导集群向高端产业进行战略转移（蒋东仁，2005）。

3. 地方政府在资源型产业集群中扮演的角色

资源型产业集群发展过程中，地方政府主要扮演以下四个方面的角色：

（1）重大项目推动者角色。资源型产业集群往往伴随着重大项目建设而形成，需要政府的强大推动力。政府为了培育集群，往往扮演了重大项目的强力推动者角色。

（2）政策提供者角色。一个和谐、有序、稳定的市场环境是资源型产业集群发展的重要条件，政府的首要职责就是通过制定竞争政策、宏观经济政策和资源产业发展政策，弥补市场失灵。

（3）基础设施建设者角色。资源型产业集群的主体是资源企业，资源企业在开采利用资源时所带来的负外部性，给资源富集区带来一定的社会性风险和生态环境性风险。此外，资源开采利用、生态环境保护以及基础设施完善等过程带有公共物品性质。而公共产品的特性和负外部性问题的解决，也需要政府的介入，政府通过优惠政策引导对产业集群发展有影响的公共物品或准公共物品的投资，加强基础设施和与之相配套的设施建设。

（4）区域经济合作的主导者角色。在区域经济合作方面，政府也会起到主导作用。这就表明，地方政府为了加快区域经济发展，依据资源优势，以特色工业园区为载体，通过宏观经济政策，优化生产要素资源配置，推动资源

型产业集群的形成（宋敏，2010）。

4. 地方政府在农业产业集群中扮演的角色

农业产业集群，特别是我国目前的农业产业集群，由于把握市场机遇的能力较差，常常需要从公共机构获得专业化服务。政府作为公共政策的制定者和公共产品的提供者，它的参与能够加速或减缓产业集群的发展进程，地方政府扮演了制度环境的保障者、宏观调控者和公共服务者角色（王慧娟，2007），具体包括以下四个方面的内容：

（1）基础设施的提供者。通过交通、水利、市场、仓储以及农田生态环境、道路等基础设施的建设和完善，促进农业生产进一步向优势区域集中，并使不同区域的资源优势更好地转化为经济优势。

（2）合理的制度设计者和政策引导者。政府通过进行合理的制度设计，优化集群的制度环境，可以起到增进集群内农业企业之间的信任，丰富本地的社会资本的作用。同时，由于市场的不完全性、信息的不对称性和农业生产特有的时滞性，农业集群不能靠市场指导来进行长期投资，但是长期投资对其持续发展至关重要，因此，政府要依据本地的比较优势和竞争优势，通过市场机制，引导企业的长期投资，为集群可持续发展打下坚实的基础。

（3）现代化服务体系的完善者。现代化服务体系包括金融、中介服务体系的建设。政府应努力推动资金向集群企业技术创新活动和合作创新活动注入，为集群企业提供相关金融信息服务。中介服务机构在收集农业集群内市场与技术信息、制定行业标准、创建区域品牌等方面起着重要作用，但由于其大部分为非营利性或少营利性，因此，需要地方政府的参与和大力支持。

（4）市场监管者。农业产业集群中的市场行为主体主要是农民或其他自发的农业合作组织，在产权的自我保护、实施契约和争取平等竞争的市场机会等方面比较薄弱，需要权威性和普遍约束力的政府监管。政府是建立并维护与秩序有关的产权制度体系、市场法律体系和提供相应司法服务的最合适主体。在产业集群发展中，政府主要应管好市场秩序，维护公平竞争，并对市场环境的维护和建设进行管理（周韶莎、武云亮，2010）。

第三节 赣南等中央苏区地方政府在特色产业集群形成、发展过程中的主要作用分析

赣南等中央苏区地方政府在特色产业集群发展的各个阶段、各种类型的集群中扮演了不同的角色。总的来看，主要扮演了产业集群科学规划者、产业集群支持体系建立者、产业集群主导者角色。

一、特色产业集群的科学规划者

地方政府对特色产业集群的形成、发展进行了长期的规划、引领。在赣南等中央苏区，赣州是比较早明确提出通过培育产业集群推动地区经济增长的地区。随着时间的推移和实践的不断深入，不断总结实践经验，不断完善规划，统筹规划，合理布局。

(一) 赣州市特色产业集群规划概况

2004 年，赣州市委、市政府提出，力争经过 3~5 年，把钨、稀土、氟盐化工以及脐橙产业培育成产值分别超百亿元的四大产业集群，加快把赣州建设成为国际知名的钨、稀土深加工基地，全国最大、世界著名的脐橙主产区，全省重要的氟盐化工基地，努力走出一条具有赣州特色的产业集群发展之路。2005 年，《赣州市优势产业集群培植壮大工作实施意见》、《赣州市柑桔产业发展规划 2005~2020》相继出台，培育壮大产业集群成为赣州市经济工作的主攻方向和首要任务。由此，2005 年成为赣州市优势产业集群培植壮大工作的开局之年。

在产业集群规划中，赣州选择矿产资源主要产地的瑞金、兴国、会昌为氟盐化工采选冶炼加工基地；赣县、龙南、定南、寻乌为稀土采选冶炼加工基地；崇义、大余、赣县为钨产业采选冶炼加工基地。同时，以赣州中心城区和一小时经济圈为核心，规划建设资源深加工集聚基地。很快，钨产业在

2006 年就成为首个产值、销售收入双超百亿元的产业集群，提前实现赣州市委、市政府制定的优势产业集群发展战略目标。2010 年，赣南脐橙成为赣州市继钨和稀土之后的又一个产值近百亿元的产业集群。

在钨、稀土、脐橙产业集群相继实现预定目标后，赣州市委、市政府又及时提出新的目标，引领集群进一步做大做强。赣州市领导指出，赣州要做大自己的特色，避免与沿海发达地区同质同构竞争。认为资源导向型优势产业是赣州最大的优势和希望所在，必须坚定不移地重点扶持，突出承接优势矿产品精深加工产业，加快培植千亿元产业集群（潘逸阳，2009）。2010 年，赣州提出将用 5 年左右打造千亿元产值的稀土、钨产业集群，把赣州建设成为世界知名的稀土磁性材料及永磁电机产业基地、发光材料及新型光源产业基地、钨硬质合金及刀钻具产业基地，以提升赣州稀土、钨产业在全国乃至世界的竞争力。

值得注意的是，赣州市确立的培育特色产业集群的规划并没有因为政府换届、领导人变动而受到影响，而是一届接着一届，后一届在前一届的基础上，进一步深化、细化、强化、科学化。2012 年，赣州市委、市政府提出，做大做强稀土和钨及其应用、新能源汽车及其配套、铜铝钴锡大宗有色金属加工三个千亿元产业集群。为赣州培育、发展特色产业集群指明了新的方向。新规划通过对赣州全市三大产业布局合理规划，实现了资源县域为冶炼集聚，生产要素相对集中的中心城区为加工集聚，统一规划了市有色产业基地（包括有色精深加工园区、有色冶炼加工园区）和市氟化工基地，突出了资源的空间集聚特征，增强了产业配套和集聚功能。

（二）赣州市特色产业集群规划的主要特征

赣州市培育特色产业集群的规划呈现明显的层级性。集群结构完善，形成了一个集群体系。

（1）在规划中坚持推动矿产资源产业高端化、战略性新兴产业规模化、承接产业品牌化、传统产业高新化，发展高技术、高效益、低消耗、低污染产业，在做大工业总量、优化工业结构中提升工业主导地位。

（2）主攻优势产业集群建设。坚持资源整合与高端矿产产业发展相结合，战略性新兴产业发展与传统产业改造相结合，形成主导产业突出、同类行业集聚、配套企业完备的产业集群。三大千亿元集群，特别是稀土、钨产业集群是对原有集群的升级、改造，由量变到质变，不是数量的加成，而是产业层级的提升。千亿元目标实现之时就是集群从价值链低端走向价值链高端完成之日。

（3）注意集群的层级性。在重点培育三个千亿元集群的同时，加快发展电子信息、现代轻纺、食品工业三个主营业务收入分别超 500 亿元的产业集群，氟盐化工、生物制药、新型建材三个主营业务收入分别超 200 亿元的产业集群（史文清，2011），从而使赣州市的产业集群呈现明显的层级性。

（三）赣州市特色产业集群规划的主要依据

赣州市所制定的特色产业集群规划是基于自身资源优势所做出的科学选择。且不说赣州的稀土、钨资源举世皆知，素有"世界钨都"、"稀土王国"之称，赣州市萤石资源保有储量居江西省首位，远景储量全国第二，赣州规划、培育这三大产业集群理所当然。就是对脐橙产业集群的规划也是基于自身资源优势的科学决策。

从赣南脐橙特色产业集群形成和快速发展的动力看，关键因素是赣州市政府的科学规划和强力推动。

从 20 世纪 80 年代开始，中央和省级政府出于调整农业产业结构、加快经济发展的考虑，强调各地从实际出发，发挥自身优势，加快农业产业结构调整的步伐。赣南由于其特定的地理环境，具有适宜柑桔发展的良好气候条件，因此，当地政府决定发挥这一优势，大力发展柑桔等水果产业。在此过程中，赣州市委、市政府将赣南脐橙置于全球经济一体化的大环境中，综合分析了国内外水果产业发展的趋势、赣南的区位优势以及中国加入 WTO 后赣南柑桔产业的竞争力情况，不断调整柑桔种植结构，在保持其他柑桔适度发展的同时，确定将赣南脐橙作为支柱产业优先发展，在各级政府的强力推动下，赣南脐橙特色产业集群快速形成，步入了发展的快车道。

赣南种植脐橙的历史最早可追溯到 20 世纪 70 年代，迄今已有 40 多年。大致可以将赣南脐橙形成、发展的历史划分为以下四个阶段：

第一阶段，引进、试种、培育阶段，大致为20世纪70年代。20世纪70年代，信丰县安西园艺场引进、试种脐橙成功，并在1976年大量结果。此后，赣南开始推广脐橙。经过多年的试种、观察、比较，终于筛选出两个结果早、丰产优质、适应南方温暖湿润气候地区栽培的良种橙。

第二阶段，规划建设阶段，大致为20世纪80年代。中科院南方山区综合考察队在1980年对赣南实地考察后认定："赣南发展柑桔气候得天独厚，应成为我国柑桔商品生产重要基地。"时任中共中央总书记胡耀邦通过信件指示赣南要大力发展柑桔。随着柑桔种植的不断推广，赣南开始了对种植种类的选择，逐渐明确了发展思路。在柑桔各个种类的比较中，脐橙以其自身的优势胜出。1990年，江西省果业工程规划提出建设赣南脐橙带，随后，赣州地委作出建设赣南脐橙带的决定，推动了赣南脐橙的发展。

第三阶段，缓慢发展阶段，大致为20世纪90年代。1990年，赣南全区只有"朋娜"、"纽贺尔"脐橙6600亩。1993年，以新品系为主的脐橙面积增加到115995亩。1995年，赣州地委作出大力发展脐橙（包括甜柚）的决定，脐橙种植规模迅速扩大。

第四阶段，快速推进阶段，大致为2001年至今。20世纪90年代后期开始，随着中国加入WTO的进程不断加快，中国农业如何迎接世界的挑战成为各级政府和社会各界无法回避的重大课题。在此过程中，赣南脐橙作为中国水果的代表之一与洋水果抗衡的可能性日益得到认可（王小兵等，2000；邓秀新等，2001）。2001年，赣州市委、市政府决定"做大做强做优赣南脐橙产业，把赣州建成全国第一、世界著名脐橙主产区"，并于2002年下发了《关于加快赣南脐橙产业发展决定》，决定从2002年起，每年新开发脐橙16.5万亩。为此，赣州市委、市政府制定了一系列优惠政策，采取了一系列有效措施，在赣州市掀起了脐橙产业发展高潮。2002年，赣南脐橙产区和长江三峡柑桔产区被列为国家优势产业的优势区域发展规划，赣南脐橙成为全国九大优势农产品之一，江西省将其列为省内十大主导产业之一。2003，农业部正式发布《优势农产品区域规划（2003~2007）》，将赣南列入赣南湘北桂北优势产业区，成为我国重要的鲜食脐橙生产基地。随即赣州市委、市政府出台了《赣南优质脐橙产业发展规划（2003~2007）》及《实施方案》。2005 年，委托中国农科院柑桔研究所对该规划进行充实完善和提高，赣州市委、市政府制定了产业中长期规划——《赣州市柑桔产业发展规划（2005~2020）》，坚持在以脐橙为主导地位的基础上，启动早、晚熟品种和甜柚等柑桔品种的种植，巩固完善大柑桔产业格局。2007 年，为适应市场形势变化，实施产业结构战略调整，聘请国内柑桔专家评审，赣州市委、市政府制定了《赣州市加工甜橙产业发展规划（2007~2025）》，从高端切入，瞄准 NFC 橙汁市场，大力发展加工甜橙，进一步调优产业结构。

　　在中央和地方一系列政策措施的强力推动下，赣南脐橙得到了极大发展，已经从信丰一县走向了赣州全市，截至 2005 年，面积为 122 万亩，产量达到 50 万吨（《江西日报》，2005-09-20），成为全国最大的脐橙生产市（胡正月，2004）。正是在此基础上，赣南脐橙才于 2005 年被赣州市委、市政府连同稀土、钨、萤石列为优先扶持的四个百亿元特色产业集群（见图 6-1）。

图 6-1　赣南脐橙基地

资料来源：360 导航网。

　　40 多年来，赣州陆续实施了"兴果富民"、"建设世界著名脐橙主产区"、"培植超百亿元产业集群"等战略，以脐橙为主的果业产业从一个单纯的种植业发展成为一个集生产、仓储、保鲜、加工于一体的特色产业集群，成为赣州最有特色、最有优势和最具潜力、最具竞争力的农业主导产业集群。

二、特色产业集群支持体系的建立者

特色产业集群支持体系主要包括以下几个方面的内容：集群发展政策、制度创新、完善基础设施、提升产业集群组织化程度、提升服务能力等。

(一) 制定扶持特色产业集群发展的各项政策

通过政策引导，营造良好的发展环境，使人力、物力、财力向集群倾斜。集群政策可以分成激励型政策、引导型政策、保护型政策和协调型政策等，具体包括金融政策（如优先贷款和优惠贷款，设立创新风险基金等）、财政政策（如对创新的奖励，对研究与开发的投入，拨款等）、税收政策（如减免税等）、分配政策（如从利润中提取创新基金等）、信息政策（如建立区域信息化基础结构，为创新主体及时提供准确的信息）、专利政策（如保护创新成果和知识产权的专利制度等）和其他政策（如提供创新所需的基础设施等）等。在赣南等中央苏区三个市级地方政府中，赣州市比较早、比较系统地制定了扶持特色产业集群的各项政策。基于此，本处以赣州市为例，具体分析赣南等中央苏区政府为扶持特色产业集群所制定的各项政策情况。

1. 赣州市政府在矿产资源类集群中制定的政策

实事求是地讲，赣州的稀土、钨、萤石产业集群形成、发展历经了三个阶段：原材料集群、初级产品加工集群、新材料集群。原材料集群形成于改革开放后，初级产品加工集群形成于21世纪前几年，新材料集群开始于2009年后。在这三个阶段，赣州市政府均采取了扶持政策。但是，在每个阶段，扶持的具体内容并不相同。

(1) 赣州市政府在原材料集群阶段制定的政策。在集群的第一阶段，赣州地方政府面临的主要任务是将工作重点转移到经济建设中来，大力培育钨、稀土等特色产业集群，因而采取了"放水养鱼"的政策。

1907年，大余县首次发现了钨矿，此后，大余、崇义、全南、定南、上犹等地相继发现钨矿，并开始民采。至20世纪70年代末，赣州钨业逐渐形成了九大统配矿山、16个地方国营矿山及20多个集体坑口组成的国家、地方国营和集体三级结合的矿业结构，钨精矿年产量达1.5万吨，成为我国乃至世界主要的钨原料生产基地。至 20 世纪 80 年代末，已形成集体、个人全民采矿的局面，低小散乱，供大于求，带来的直接后果是竞相压价、恶性竞争，管理严重失控，资源浪费严重。进入 20 世纪 90 年代，受国际市场疲软的影响，每吨钨精矿最低时仅售 8000 余元，大大低于每吨近 2 万元的开采成本，赣南钨产业萧条景象顿现，大部分企业职工被迫下岗，不少企业职工连最基本的生计都难以维持，赣南钨业基本瘫痪，至 2000 年，已有百年历程的赣州

图 6-2 漂塘钨矿主平窿运输线

资料来源：360 导航网。

图 6-3 漂塘钨矿脱泥螺旋

资料来源：360 导航网。

钨业销售总收入仅 7.07 亿元，全市钨行业仍处于亏损状态，集群整体处于衰退阶段。

自 1971 年起，赣州各地竞相投入稀土开采，许多县的稀土开发一度"山花烂漫"，遍地"飘红"。尤其是改革开放以来，赣州稀土成为国家换取外汇的重要手段，得到国家政策支持。从桶浸、池浸，到堆浸，由于开采工艺并不复杂，成本也不高，各种资金竞相投入，国家、集体、个人均作为利益主体深度介入，呈现全民从事矿业开采的局面。赣州凡是有稀土的地方，都出现了合法、非法的采矿企业。到 20 世纪 80 年代中后期，稀土矿点曾经多达数千个，遍布全市绝大多数县（市），开采量高达 2 万多吨。过量开采不仅造成资源浪费、水土流失，而且造成产销严重失衡，市场恶性竞争，加上受国内外市场疲软、出口受阻等因素影响，至 20 世纪 90 年代中后期，赣南稀土全行业效益整体持续下滑，矿山企业经济效益低下，稀土分离加工企业纷纷倒闭，而随着宏观经济环境的变化和行业结构性矛盾的日益显露，稀土行业成为制约赣州市工业经济发展的沉重包袱。统计资料显示，"九五"期末，赣州有色工业销售收入仅 16.11 亿元、利税总额仅 0.72 亿元。

图 6-4　稀土矿山（1）

资料来源：360 导航网。

"放水养鱼"的结果，使赣南钨、稀土集群很快走上了繁荣发展的阶段，但是，集群的无序发展，也使两大集群先后步入了衰退期。

第六章　地方政府在赣南等中央苏区特色产业集群形成、发展中的作用研究

233

图 6-5　稀土矿山（2）

资料来源：360 导航网。

（2）赣州市政府在初级产业加工集群阶段制定的政策。针对第一阶段出现的情况，赣州地方政府及时调整政策，扶持、引导集群进行产业升级。

先进行了资源整合，把握源头，依法控制开采，延续资源利用。从 1999 年开始，赣州实行稀土资源开采、加工、经营、管理"四统一"（2005 年起又统一招商），控制了稀土资源。

2001 年，借鉴稀土资源的做法，赣州又启动钨资源整合，出台了《关于对全市钨业整合的决定》。主要从四个方面着手进行钨矿整合工作：一是全面清理非法采矿。仅 2005 年，就取缔关闭非法开采矿山（点）、矿窿 410 多个，清理民工下山 8000 多次。二是对持证钨矿山进行整合，使持证钨矿山由 1999 年底的 97 个减少为 66 个。从 2002 年起，实行钨矿生产配额制度，赣州钨矿山均签订了计划开采责任状，控制总量。三是关闭钨精矿生产能力 3000 余吨，保持钨精矿供求平衡。钨精矿实际产量从往年的年均 2 万多吨降到了 1.6 万吨左右。四是依照市场原则，改善采矿权的管理。2003 年，大余县将 12 宗钨矿采矿权依法向社会公开拍卖，从 188 万元起价，最终以 2996.7 万元成交。采矿权的有偿转让，彻底清理了乱采滥挖，也促使采矿权拥有人更加珍惜资源。

2005 年，赣州出台《赣州市萤石资源整合工作方案》，整合萤石资源，将原来的 78 个采矿点整合为 61 个，萤石矿采出量得到有效控制，开发秩序逐步好转。

赣州市资源整合渐次推进，一次比一次更进一步，效果也一次比一次明显。在整顿矿山开采秩序的同时，赣州积极提升产业层次，发展钨、稀土加工业，延伸产业链，引进资金和技术，积极引进了一批工艺先进、深加工能力强的企业，一批地方矿产品加工厂相继建成投产。

为了提升产业集群层次，赣州重点培植种子企业，做强龙头企业，壮大产业龙头。为此，先后出台了《关于鼓励钨稀土深加工产业发展的意见》、《关于整合矿产资源培植壮大优势产业集群切实解决资源效益从哪里来问题的意见》、《赣州稀土矿山整合工作方案》、《赣州市稀土矿山联合开采及转让工作方案（试行）》、《关于对全市钨业开展进一步整合工作的意见》、《关于进一步做好全市稀土资源整合工作的意见》和《关于对全市萤石资源实现限量开采的实施方案》等专项政策措施，在税收、用地、资金、技术、人才等方面给予重点扶持。每年选出一批重点企业、重点项目给予重点扶持，跟踪服务。

2008 年以来，受全球金融危机的冲击，赣州的矿业三大优势产业集群市场大幅度萎缩，部分产品价格不稳定；由于原材料和产品价格大幅波动，严重影响企业的正常生产经营和经济效益，导致企业资金紧张，运行困难，停产、半停产企业增多。为应对国际金融危机的不利影响，中央和江西省委、省政府相继出台并实施了一系列保企业、促发展的政策措施，多措并举减轻企业负担，扶持企业发展。在认真贯彻落实国家、省委、省政府一系列政策措施的同时，赣州市委、市政府审时度势，积极应对，相继出台了相关政策文件，如 2009 年 1 月，市政府发布《赣州市开展钨稀土产品储备工作实施意见的通知》，决定 2009 年 1~12 月，收储 18 亿元的钨和稀土产品，以支持当地钨和稀土产业。重拳一出，全球市场钨和稀土价格上升，随后周边钨和稀土产业大市也采取措施促进产业发展。

第二阶段的扶持工作成效显著。2006 年，赣南钨业集群实现销售收入110.32 亿元，占全国钨业的 35%，实现了从钨矿大市到钨冶炼大市的历史性转变，规模以上企业达到 59 家，形成了一批有一定规模的钨加工企业，成为赣州市首个产值、销售收入突破百亿元的优势产业集群。2008 年，赣州钨产业集群主营业务收入达 155.45 亿元，各种钨产品产能为：ATP 4.5 万吨、氧化钨 2.5 万吨、钨粉 2 万吨、碳化钨 1 万吨，钨条 2000 吨、钨铁 6000 吨、钨丝 20 亿米、硬质合金 3000 吨，占全国的份额分别约为：钨精矿 20%、ATP 65%、钨铁 40%、钨粉 30%、钨条 25%，钨丝及硬质合金各占 8%。稀土产业也初步形成了从矿山开采、冶炼加工、科研应用到对外贸易较为完整的产业体系，规模以上企业达到 41 家，拥有 1.5 万吨/年以上的生产能力，离子型稀土分离能力达 2800 吨/年，约占全国同类产品的 50%，稀土金属冶炼总能力达 10000 吨/年，单一稀土金属占全国总能力的 60%。赣州已成为全国钨矿及钨冶炼产品的主产区和集散地，南方离子型稀土生产、加工的重要基地。已经拥有仲钨酸铵、氧化钨、钨粉、碳化钨粉、钨条、钨铁、硬质合金和钨丝等各类产品，初步形成了两条较成熟的深加工产业链。

（3）赣州市政府在新材料集群阶段制定的政策。2008 年金融危机爆发后，赣州市委、市政府审时度势，及时提出了新目标，进一步提升赣州稀土、钨集群的层级，向价值链的高端延伸。为此，赣州出台了新的政策进行扶持、引领。赣州市的举措得到了中央政府的大力支持。2012 年，中央下发《国务院关于支持赣南等中央苏区振兴发展的若干意见》（国发〔2012〕21 号），文件明确支持赣州"建设具有较强国际竞争力的稀土、钨稀有金属产业基地。依托本地资源和现有产业基础，大力发展新材料和具有特色的先进制造业。"同时提出了系列支持政策。赣州稀土、钨集群从此进入了第三个阶段——新材料集群阶段。

为鼓励钨、稀土高新企业和深加工、应用企业进基地办厂，赣州市政府制定了《关于加快赣州市有色产业基地建设工作的意见》等政策文件，在用地、税收、资金筹措和原料保障等方面给予专项支持，努力为企业发展创造良好条件和环境。在政策支持下，集群龙头企业江西稀有稀土金属钨业集团分别与海内外有关企业合资合作，相继成立了江西东芝电子材料有限公司、江西鑫盛钨业公司、赣州远驰新材料公司和江钨友泰钨业有限公司，从事新材料开发、生产（见图 6-6）。稀土合金、磁性材料和发光材料的中间体均有了一

图 6-6 稀土分离生产车间

资料来源:《证券时报》,作者魏隋明,2011 年 9 月 19 日 02: 19。

定的进展。

经过这三个阶段,赣州稀土、钨产业集群实现了由资源开采、初级冶炼为主向深加工产品和高附加值产品的转型升级,群内一批龙头企业竞争力开始显现。如章源钨业,该公司系 2000 年组建的一家集约型全资民营企业。十几年来,公司积极应对市场,坚持走产、学、研相结合的技术创新之路,采用国内外先进的工艺技术和装备,连续实施了 APT、钨粉、碳化钨粉、硬质合金及其工具、高比重合金、钨异型材等多项钨深加工技术改造,延长了钨的产业链,实现了由资源型企业向高技术深加工型企业的快速转变,并成为全国唯一一家能够大批量生产纳米钨粉的企业,产品畅销欧美、东南亚。

2. 赣州市政府在脐橙特色产业集群中制定的政策

国发 21 号文件也同时支持赣州"建设世界最大的优质脐橙产业基地和全国重要的特色农产品"。为扶持脐橙产业集群发展,赣州市委、市政府在保持原扶持政策的连续性基础上,又连续出台一系列政策,把涉农资金捆起来使用,重点扶持 100~500 亩集中连片基地的开发,每年从市财政拿出 600 多万元进行奖励扶持;从 2008 年开始,市财政又增加 1400 万元重点扶持加工甜橙基地开发建设、技术攻关、市场营销、贮藏加工等。市、县(市、区)两级财政每年分别预算 200 万元、50 万元以上的果业发展基金，专项用于对产业重点项目的扶持。按照"统一品牌、商标各异、注明产地、政府引导、统一管理"的要求，实行统一标准、统一分级、统一包装的办法，使赣州的脐橙产品统一使用"赣南脐橙"品牌。市果业局、市质量技术监督局、赣州出入境检验检疫局共同制定发布了《赣州市赣南脐橙地理标志产品保护管理办法（试行）》，使赣南脐橙实施地理标志保护管理进入实质操作阶段。

（二）制度创新

以赣州为例，在资源整合中，赣州市坚持集约发展、均衡发展、可持续发展，提出"整合资源、保护环境、科学规划、合理布局、深度加工、做大产业"的发展方略，确保四大产业集群和资源、环境保护协调发展。为了确保政策的执行力，赣州市进一步清理、取消和调整行政审批事项，并进行了制度创新。

1. 成立专门机构

赣州市委、市政府成立了市优势产业集群培植壮大工作领导小组，负责赣州产业集聚发展工作的统一领导和综合协调。领导小组成员单位要在市委、市政府的统一领导下，围绕全市产业集聚工作目标和工作重点，结合各自职责，发挥各自优势，开创性工作。小组成员由相关的 24 个单位负责人组成，并规定了各单位的具体职责和任务。

领导小组的主要职责如下：①制定全市产业集群发展规划、产业布局及产业政策。②审定全市产业集群发展年度工作目标、重点和任务。③制定促进全市产业集群发展的政策措施。④研究决定产业基地建设、龙头企业发展、重点项目实施等重大问题。⑤审定全市资源整合方案，协调并组织实施重大产业招商项目。⑥研究决定市级扶持产业集群发展资金的使用。⑦召开全体会议，听取工作汇报，综合调度、协调解决产业集聚发展中的问题，形成工作决议。⑧负责全市产业集聚工作的督查、考评和奖惩。

领导小组下设办公室，负责日常工作。

2. 改革行政管理机构

本着提高效率、理顺事权的原则，赣州市重组了相关管理机构。首先，将矿产管理权从国土部门独立出来，建立了独立的矿产资源管理局，成立了市优势矿产资源勘查管理办公室，对优势矿产资源勘查实行统一管理，设立优势矿产资源储备保护区和规划勘查开采区，组织编制了全市萤石、钨、稀土三个勘查开发专项规划。

其次，赣州新建立支持脐橙发展的果业局，赣州脐橙产业进行统一规划、协调管理。通过采取多种举措，赣州的脐橙产业逐步建成了比较完善的产业体系，形成了良种繁育与供应、标准化生产、病虫害防控、商品化处理与加工、技术创新与应用、质量监督、市场营销、品牌管理与保护和产业服务九个产业体系。

最后，建立或者加强行政服务中心、便民服务中心、公共资源交易中心、投诉中心建设。建立政府部门服务企业发展、服务项目建设、服务县域经济和园区发展的长效机制。

3. 建立工作机制

赣州市建立了三项机制、三个制度和定期工作机制，具体归纳如下：

（1）三项机制。

第一，深加工企业优先发展机制。通过编制钨、稀土发展和布局规划，编制鼓励类、限制类发展的产品目录，实行备案和核准制，以及资源、配额调控等措施，扶持发展深加工企业。严格限制初级加工项目，明确规定禁止新上钨、稀土初级分离、冶炼项目。为使资源得到集约利用，市政府建立了资源供给与企业规模、效益、环保等挂钩的分配机制，实行优势矿产资源向精深加工企业倾斜，保证其加工原料"吃饱喝足"。对原矿分配实行扶优扶强、扶持和引导深加工。对钨新增资源包括共伴生钨矿的其他矿山，依法配置给高品质硬质合金、钨材加工企业；稀土原矿定向配置给深加工项目和企业，以引导企业延伸产业链，发展深加工。对重点企业，在资源配置、用地、资金、技术、用工和人才培训等方面给予支持和帮助。

第二，建立、完善矿产资源地和加工地经济利益共享机制。赣州市政府出台统一政策，实行矿源地和加工地分税，达到利益共享。建立稀土、萤石资源全市统一调配的利益分配机制。该机制的运行方式是，由政府为主导配

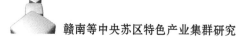

置资源，在保护县（市、区）既得利益的基础上，通过税收调控，合理调整资源加工所在地与资源供给地之间的利益分配关系，充分调动各方的积极性。

第三，产业发展部门联动机制。凡新建、扩建的钨、稀土产业项目，均按照产业规划，由赣州市优势产业集群培植壮大工作领导小组统一审批，凡没有批准的，不予办理用地、环评、安评、注册、供电等手续。由矿管部门牵头，有关部门齐抓共管，强化对钨、稀土的开采管理，严格控制资源流向。项目一经批准，由各部门联合办理，全程服务。对重点建设项目，各职能部门强化服务意识、责任意识，突出在签约、进资、开工、投产四个环节，项目建设质量、工期、资金等方面全程跟踪服务。正是这些有力举措，培育着赣州龙头企业稳步壮大，形成了崇义章源、虔东实业等一批集采、选、冶、深加工于一体的企业集团，产业链条不断延伸。龙头企业集群式发展，使资源产地与深加工两个优势叠加，市场竞争力逐步增强。

（2）三个制度。

第一，进一步完善企业和各级政府的主体责任制度。按照分类分级管理和权责一致的原则，加强和完善资源管理制度。以各类矿山企业为主体，切实履行好法律法规规定的各项义务和责任；各县（市、区）人民政府与乡（镇）人民政府、政府和企业签订责任状，一级抓一级，层层抓落实。

第二，进一步完善全市统一的举报和奖励制度。市、县两级财政设立举报奖励基金，对经查实的举报进行奖励。同时，鼓励广大媒体对全市整顿和规范矿产资源开发秩序工作进行新闻监督，并对成效较好的新闻监督报道给予奖励。

第三，进一步完善矿业管理监察制度。成立以监察部门牵头的市、县两级监察办公室，督促下级政府及同级相关管理部门对矿业违法违规行为及时调查处理，并依法进行执法监督，营造一个高效廉洁的矿业执法秩序。

（3）定期工作机制。

第一，在矿产资源方面建立了"四查"制度，储量动用审批制度，钨、稀土价格协调报价体系等，牢牢掌控矿产的源头之闸。

第二，在脐橙产业集群方面，一是将果业优势产业集群培植工作列入赣州市委"一条主线、六项重点"工作总体部署，高位推进产业集群建设。二是在赣州建立"一月一调度、一季一督查、半年一验收、一年一考评"的产业发展考核工作机制，加强对脐橙产业集群培植工作的组织领导、资金人员落实、开发进度质量、营销措施、工作力度、工作效果等的调度督查考核，采取每年对脐橙产业发展单列进行考核验收、召开产业发展表彰动员大会，每季度召开现场会、定期督查，每月召开调度会、进行调度协调等措施，强势推进脐橙产业集群发展。三是将脐橙产业集群培植工作列入新农村建设"五新一好"发展新产业的重中之重，实行一票否决制，脐橙产业集群培植工作考评不达标的，取消新农村建设先进县（市、区）的评选资格。

（三）完善基础设施

良好的基础设施是产业集群发展的重要支撑，是产业集群发展的基础。在培育脐橙产业集群中，为迅速扩大产业集群规模，最大限度地发挥规模优势，赣州创新举措，在开发建园、生产模式、苗木等方面强化管理，严格推行无公害标准化生产，采取"五统一分"（统一规划设计、统一租用山地、统一建设水电路、统一供应苗木、统一管理服务和分户承租经营）的办法，对规划区内的基地，集中时间、人力、资金进行规模化、规范化开发，促进了脐橙产业集群面积规模的迅速扩张。

对于矿产资源集群而言，完善基础设施主要是完善开发区、工业园的基础设施。总体要求是加强园区交通、通信、供水、供气、供电、防灾减灾、污水治理等设施建设，增强园区综合配套能力。实施园区公共服务能力提升工程，提高管理效率和服务水平，增强承载能力。归纳起来，赣州主要进行了两方面的工作：一是完善现有工业园、区基础设施；二是对相关园区的扩容。

赣州在培育矿产资源特色产业集群方面，以基地建设为依托，着力构筑优势产业集群发展的承载平台。在园区建设中，不仅要求硬环境的完善，如实现"七通一平"，实施交通网、电力网、通信网、宽带网等"四网"建设，而且要求提升园区品质，推行园区废水统一处理、循环利用、达标排放，最大限度地减少水土流失和环境污染，建设生态化园区。提高城市品位、打造

第六章　地方政府在赣南等中央苏区特色产业集群形成、发展中的作用研究

241

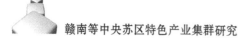

城市形象也是重要内容。这就需要全面加快中心城区建设，增强中心城镇的辐射带动功能。在城乡环境整治改造方面，实施城市主干道街景改造和绿化、美化、亮化工程，建设一批城市景观和休闲活动场所。优美的城市环境，完善的城市功能，可以为外商提供理想的投资环境和美好的生活环境。

赣州现有16个省级开发区、工业园区，1个国家级出口加工区，总面积达到50平方公里。在园区建设中，以国家级经济技术开发区和出口加工区为龙头、特色产业园区（基地）为支点，强化园区产业规划与功能定位，形成特色鲜明的园区发展格局。重点建设世界知名的稀土磁性材料及永磁电机、发光材料及绿色光源、硬质合金及刀钻具产业基地，以及国内重要的新能源汽车、铜铝有色金属循环经济产业基地。目前，赣州市有色金属精深加工园区已具雏形，氟化工基地、有色金属冶炼加工园区主干道路已完成，相关基础设施建设加紧进行，建设步伐进一步加快。赣州经济技术开发区和章贡区沙河工业园，作为资源深加工的产业集聚地的招商选址工作已全面展开。

在园区扩容方面，赣州努力向上级政府积极争取，成效显著。2010年，赣州的台湾产业基地正式获得了江西省政府批复。赣州的台湾产业基地规划占地48.12平方公里，位于赣县经济开发区一区三园的红金工业园、洋塘工业园和储潭工业园及周边地段，总投资37.78亿元。基地将主要形成钨产业、稀土产业、铝产业、食品产业四大产业集群，发展电子信息材料产业、LED产业、再生资源产业、模具和机械制造产业、新型建材产业、大用电产业六大新兴产业。其目的是构筑承接海西、台湾产业转移的平台。

2012年9月，位于赣州开发区的赣州铜铝产业园正式开工，这标志着赣州市打造铜铝有色金属等三个主营业务收入分别超1000亿元的优势产业集群正式拉开序幕。赣州铜铝产业园规划面积约5.7平方公里，其中工业用地2.27平方公里，配套公共设施用地1.65平方公里，居住与商业用地1.33平方公里。园区位于赣州开发区西北方向，靠近厦蓉高速公路，距赣州机场约7公里，离赣州市中心城区约9公里，交通便捷，配套设施完善，极具发展铜铝产业的区位优势。该园区依托国内外铜铝资源和赣州市铜铝产业发展基础，重点发展电线电缆和其他领域附加值高的铜铝深加工产业，着力引进一批龙头企业及上下游配套企业，延伸和完善产业链条，促进铜铝产业集聚。

需要指出的是，在培育特色产业集群发展地方经济方面，赣州所属 18 个县（市、区）政府的积极性也相当高。如瑞金市早在 2005 年就制定了《关于加快氟化工产业发展的实施意见》、《关于优化氟化工产业发展环境的若干规定》。在瑞金政府的推动下，全国五个重点氟化工产业基地之一的赣州（瑞金）氟化工产业基地已正式动工兴建，相关基础设施已经完善。2007 年，瑞金氟盐化工基地前期投入 420 多万元，兴国氟盐化工配套小区内水、电、路等基础设施已全部完成，年产 1.5 万吨氢氟酸生产线也已投入试运行。

（四）提升产业集群组织化程度

提升组织化程度可以为产业集群内部的技术沟通提供重要机会；有利于规范市场交易，促进内部竞争的有序性，理顺内部的竞争合作关系，促进建设性伙伴关系的建立；还可以为群内中小企业提供服务，解决它们的困难，促进企业间沟通学习和行业信息的共享；也有利于协调与集群外部企业、科研单位和行业协会的信息和技术合作等。

提升组织化程度的手段主要是建立健全各种商会、行业协会等中介组织。中介组织包括各种咨询服务机构、教育培训机构、专业合作组织、物流和信息服务机构、行业协会等。从发达国家情况来看，行业协会是一类非常重要的中介组织。行业协会的主要功能包括自律、发展、协调、互助、服务、交流、调解、制衡等（余晖，2001）。产业集群存在大量经营同一行业的中小企业，从而为行业协会的出现创造了条件。从行业协会的功能不难看出，产业集群内的中小企业组成地方性行业协会，必将极大地提高其自身实力，从而带动整个产业集群的发展。

行业协会的出现，从根本上说是集群中的中小企业出于自身利益的需要而自发组织的。但在行业协会刚刚出现的初级阶段，地方政府既要充分肯定行业协会的合法地位，还要在资金、技术以及人才上给予相应的支持，帮助制定行业协会发展的规范化程序，使其在组织建设、制度建设、工作职责和会风会貌等方面实现规范化，促进其发展。由于各种原因，某些产业集群中可能并没有自发形成的地方性行业协会。在此情况下，可以以地方政府发动

第六章　地方政府在赣南等中央苏区特色产业集群形成、发展中的作用研究

243

为主，在产业集群管理机构内设置中小企业协会管理委员会，指导中小企业协会的建立和发展；然后向以民间组织及以中小企业设立为主过渡（蒋东仁，2005）。

为了提高产业集群的组织化程度，赣州以政府发动为主，在各类集群建立了行业协会。如在脐橙产业集群中，赣州市成立了各类柑桔协会和脐橙协会。协会组织果农加入生产合作社，贮藏、采后处理、经销企业和经纪人加入营销联合会，从而实现脐橙生产、加工、销售三大环节的紧密结合，增强了果农的市场竞争力和抗风险能力。成立钨和稀土行业协会，为钨和稀土产业提供公共交流和公共服务平台，为政府和企业架起沟通的桥梁和纽带。

如信丰县金拓脐橙专业合作社由邓海波牵头组建，他投资30多万元，增加了电脑、传真机、办公桌椅、档案资料柜等必需办公设施，下设了大塘埠镇"牵手"果农技术服务部，经营了信丰县第一家坐落于乡镇的、以果农为主要服务对象的农资超市，逐步扩大产业规模、增加经营项目，发挥带动作用，积极为周边果农开展产前、产中、产后的系列服务。以农资超市及"牵手"技术服务部为载体，积极展开产前、产中、产后系列服务：产前，邓海波为周边果农提供农资配送，以低于市场的价格进行农资赊销，节约果农周转资金；产中，邓海波积极开展技术解答、现场指导等免费的技术指导服务，并组织技术过硬的果农，组建修剪队、打药队、施肥队等专业生产技术服务队，以最低工资标准提供有偿的技术劳务服务；产后，邓海波发挥网络作用，广泛收集脐橙市场信息，提供给周边果农开发市场作参考，并组织果农收购脐橙，统一加工，帮助果农销售果品。

政府通过资助中介组织达到间接扶持产业集群的目的，这样可以减少政府对经济过多的干预，在一定程度上缓解市场信号的扭曲。集群形成初期，企业特别是中小企业的实力较弱，政府直接出资注入专业化服务结构，降低其向企业提供服务和信息的价格，以间接的方式向企业实行补贴，壮大企业力量，迅速扩大企业集聚的规模。需要注意的是，政府的扶持应该随着产业集群的成熟发展逐渐淡出，以免给集群的发展带来不利影响。

（五）提升服务能力

服务能力建设是现代政府的基本要求。政府提供有效的公共服务（包括主要面向生产者的中间需求的生产者服务），有利于促成产业集群的形成和升级。公共服务内容比较多，如提供技术和需求预测，诱导资源集聚走向；开办公共培训机构，实施优秀人才引进战略，形成地方专业化人才市场，为企业的选择提供方便；举办各种信息交流会、发展论坛、产品博览会等，以提高本地知名度，树立良好形象，以增强对资源的吸引力；建立大型专业化市场，通过市场的辐射作用，扩大本地生产规模（蒋东仁，2005），促使集群形成。

在各种条件的约束和激励下，赣南等中央苏区地方政府的角色正在从管制型政府向服务型政府转变，其中，赣州市政府比较早进行了角色转变。为了提升政府的服务能力，赣州市主要进行了如下几个方面的工作：

1. 加快区域性金融中心建设

加快区域性金融中心建设，为特色产业集群提供金融支持。在加快区域性金融中心建设方面，赣州在以下四个方面取得了进展：

第一，建立金融机构。在赣州、抚州、吉安三市中，仅赣州拥有自己独立的地方金融机构——赣州银行的地方政府；赣州农村商业银行也已经获得中国银监会批准。推动村镇银行、小微企业贷款服务中心县域全覆盖，有序发展小额贷款公司和融资性担保公司，小额贷款公司实现县域全覆盖。不仅如此，赣州还启动金融商务核心区建设，组建的赣州稀有金属交易所挂牌成立。

第二，大力引进域外金融机构。目前，兴业银行、海通证券、国泰君安证券、金瑞期货等金融机构入驻赣州。

第三，积极推动企业上市，在资本市场打造"赣南板块"。发展产业投资、风险投资和股权投资基金，成立再担保公司，促进优势产业加速集群。2011年，成功发行"2011年赣州城建债"20亿元，新一期22亿元城投债券、20亿元发投债券申请材料已上报国家发改委审核。

第四，大力推进社会信用体系建设，优化金融生态环境，切实防范金

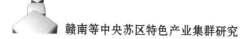

融风险。

2. 加快区域性物流中心建设

为加快区域性物流中心建设，赣州主要采取如下措施：

第一，积极开展农产品现代流通综合试点。加快推进赣州综合物流园区建设，打造区域性工业原料及成品交易中心和现代综合商贸物流城。目前，赣州综合物流园区项目正式签约，物流中心建设加快进行。加快航空港综合物流中心等六大物流节点建设。发挥赣州四省通衢的区位优势和资源优势，进一步吸引全国的有色矿产品在赣州集散，把赣州逐步建设成为有色金属资源和矿产品的集散地，不断增强赣州调控资源的能力。

第二，积极培育和引进核心竞争力强、主营业务突出的现代物流企业，着力壮大电子物流、大件物流、有色冶金物流、冷链物流。

第三，大力推进物流信息平台与标准化建设，提升物流企业现代化管理水平和市场竞争力。

3. 加强产学研合作

为提升政府对矿产资源集群的服务能力，赣州市政府不断加快以企业为主体的技术创新体系建设。积极鼓励和支持企业与科研院所合作，创建省级以上技术中心，发展精深加工、延伸产业链条，发展循环经济，提高资源的综合利用率，唱响品牌，走"精品化之路"。如崇义章源钨业公司与中国地质大学合作设立了赣州第一家博士后工作站。虔东稀土集团与4位中科院院士以及多家高校、科研院所合作，拥有43项专利，国家、省高新产品30个，实施70余项科技项目，企业竞争力全面提高。2011年，集团实现销售收入50亿元，利润17.6亿元。

另外，创新产学研合作方式。赣州分别于2004年12月、2005年5月、2005年11月和2006年6月，成功举办了"中国（赣州）钨业发展战略研讨会"、"萤石资源利用暨无机氧化物与含氟精细化学品'十一五'规划纲要讨论会"、"江西（赣州）有色产业技术创新院士行"、"中国稀土学会四届二次理事会暨中国（赣州）稀土发展战略研讨会"等全国业内学术活动，帮助企业及时把握行业的最新发展信息，搭建企业与院士专家、科研院所合作的桥梁。2006 年 9 月，赣州市政府组团参加了世界钨业大会。2009 年，国家钨与稀土产品质量监督检验中心钨与稀土学术委员会正式成立，这是赣州市成立的唯一集学术、研发、可持续发展于一体的钨与稀土专业化委员会。赣州市政府还组建了三大产业专家组，与北京有色研究院、北京钢铁研究总院、中南大学、厦门大学、江西理工大学等大专院校、科研院所建立稳定的合作关系。整合江西理工大学等科研院所的技术资源，加快建设钨和稀土工程技术中心，提升产业技术水平；联合江西理工大学，建立了有色产业技术创新公共服务平台，为企业提供技术支持和服务。

为提升政府对脐橙产业集群的服务能力，赣州一方面组建了省级赣南脐橙工程技术研究中心，构建起了比较完善的技术研发队伍。制定了《赣南脐橙》、《脐橙》两个国家标准和苗木繁育、果品采收、贮藏保鲜、商品化处理等六个地方标准。大力推进技术创新，改革"矮、密、早"的栽培管理制度，推广普及"七改"技术，全面改革落后的生产管理方式，促进产业集群的可持续发展。另一方面，赣州还与国内外高校、科研单位进行了密切而广泛的科技合作。组织技术力量，邀请知名专家，对柑桔品种选育、高位定干、合理稀植、测土配方、生物综合防治病虫、贮藏保鲜、标准化生产技术模式等技术进行了研究攻关，取得了可喜的成绩。

4. 重视人才培训

赣州非常注重科技成果的应用，采取多种形式将科技成果及时转化成生产力。如在脐橙方面，赣州主要采取通过举办培训班、编发《果园工作历》、《果技简报》，组织科技下乡、技术讲座、技术服务竞赛等形式，每年举办各类培训班 2000 多期，培训人数 15 万多人次，发放技术资料 40 多万份，保证所有果农和从业人员每年至少接受 1 次以上技术培训。按照"市培训到县，县培训到乡，乡培训到基地到果农"的要求，加大技术培训推广力度；采取课堂讲解与现场演练相结合，系统培训与单项技术培训相结合的方法，提高培训实效。

在加强人才培训的同时，注重全过程的技术转化。产前，建立良种繁育体系，大力推广使用无病毒苗木，加强苗木监管。产中，加强病虫害防控，

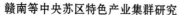

搞好产品认证（无公害农产品、绿色食品、有机食品等），加强产品质量监督。产后，大力发展分线生产线，搞好贮藏加工。同时，加强产业安全防范，大力提升农资、包装等关联配套产业的服务能力。

5. 建设营销体系，打造区域品牌

如果说赣州的稀土、钨举世闻名的话，那么赣南脐橙作为后来者，其开始则完全不为人知。赣南脐橙成为赣州的又一张名片完全得力于赣州市政府的营销举措。

为提高果农的种果效益，实现增产增收，2005年开始，赣州市政府将产业发展的工作重点从抓开发、抓种植、重数量逐步转向抓营销、抓效益、重质量上来，特别是2009年，全面开始了营销体系的建设。营销体系的建设从以下几方面展开：

第一，加快建立完善营销网络。组织果农加入生产合作社，贮藏、采后处理、经销企业和经纪人加入营销联合会。培育产地销售骨干龙头企业，落实城市总经销企业，搭建对接平台，引导销售企业与合作社对接销售果品，建立产销对接机制，逐步建立起以"果农合作社+产地骨干龙头企业+销地城市总经销"为主要模式的市场营销体系，三环紧扣，产、加、销对接有序，中间环节少，渠道通畅。

第二，加快开拓国内市场，有序开拓国际市场。在国内市场上，建立脐橙电子交易市场，按照"以县为单位主攻大中城市"的办法，将全国318个30万以上人口城市的市场开拓任务全面分解、落实到各县（市、区），坚持开拓任务长期不变。创新市场开拓方法，采用"定向、定人、定策、定企、定区、定量、定价、定牌""八定"措施，加快开拓省、市、县三级市场，主攻批发市场、超市、社区零售市场。

在开拓国际市场的过程中，规范脐橙出口基地、出口企业建设，扶强做大出口企业；明确国际市场开拓重点，在巩固东南亚市场的基础上，积极拓展俄罗斯、中东、中亚市场。2008年，赣州出口脐橙11.69万吨，其中在赣州本地直接出口2.8万吨，开具产地供货证明（可异地出口）8.89万吨。

第三，统一品牌销售，加强"赣南脐橙"品牌的宣传保护。在销售方面统一使用"赣南脐橙"品牌。增加宣传投入,2008年筹集1440万元资金,在中央电视台一套、三套、八套、新闻频道和广东卫视推出了赣南脐橙宣传广告片,极大地提升了赣南脐橙的知名度。

创新品牌宣传推介方式,突出宣传赣南脐橙的绿色生产环境、生态栽培模式、优良安全品质、良好的保健价值等内容。每年举办中国赣州脐橙节和赣南脐橙产销洽谈会,积极承办全国果茶良种场建设及产业发展经验交流会和中国·东盟柑桔质量标准与国际贸易论坛等大型节会活动,营造发展氛围,吸引投资客商,提升赣南脐橙的品牌效应。

品牌建设既是赣州脐橙营销的一种手段,同时也是提升赣南脐橙产业、维护市场秩序的有力武器,还是政府为维护区域整体发展环境而必须进行的干预行为。

上述措施快速推动了赣南脐橙产业集群的发展。赣南脐橙产业已经被列入国家11大优势农产品区域规划,获得国家"地理标志"产品保护、"中华名果"荣誉称号,赣南脐橙生产基地被批准为"全国农产品加工业示范基地","赣南脐橙"品牌荣获全国"十佳区域公用品牌"之首,被列为江西重点扶持农产品品牌之首。

三、特色产业集群的主导者

政府最重要的经济职能是营造促进资源配置效率提高的发展环境。因而,政府在特色产业集群规划、支持外,还需要对集聚区域内的一些基本生产要素的配置进行有效、适度的干预,提高这些要素的配置效率,降低本地要素市场的泡沫,保持本地经济和集聚体的可持续发展。

前文已经论及,赣州市委、市政府通过规划、发展工业园区,为企业解决工业用地,还通过一系列措施解决企业资金问题,整合政府资源和国有资产、资本,组建国有控股投融资集团、金融控股公司和赣州金融资产交易中心,加强政府性融资平台管理。赣州还通过培训、招聘、合作等方式解决集群所需的人才问题。一方面,赣州地方政府根据产业集群的特点设立相应的培训机构、成立专业研究所等,不断提升产业层次,培育和创造生产要素;

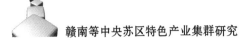

另一方面，地方政府特别注重培育企业家，与清华大学等合作，举办总裁培训班、MBA 班，把企业家的培育作为一项重要工作来抓。通过组织各种管理培训班，帮助企业家转变观念，提高管理水平，提高企业家的整体素质，增强创新意识。

赣州市委、市政府还通过一系列的创新，解决了集群形成、发展的制度环境。赣州市对矿产资源的干预力度非常大。这是对集群第一阶段市场秩序的进一步维护。组建国有控股的赣州稀土矿业有限公司和赣源钨业有限公司，对钨和稀土资源进行战略调控。加大资源勘查力度和市场化运作程度。赣州矿山以入股方式形成一个矿业主体，实现有序、有计划开采。作为赣州 88 个稀土矿山的唯一采矿权人，赣州稀土矿业有限公司也迅速成立，对赣州稀土生产实行总量和流向控制。

如果说赣州在培育、发展特色产业集群时还强调市场为主、政府为辅的原则的话，吉安则更强调政府的主导作用。在培育特色产业集群时，吉安市政府明确提出由政府负责组织实施。在其"十二五"规划纲要中，提出"市政府成立规划实施领导小组，协调解决规划实施重大问题，监督检查重大事项进展和落实情况。各地各部门在实际工作中，要认真贯彻落实本规划精神，组织好各级各类规划的实施"。吉安市在产业集群培育中强调政府的主导作用，也是从吉安市的实际情况出发的举措，具有一定的合理性。这样做，可以有效发挥吉安市政府的统筹、主导作用，矫正各县（市）政府一些有损整体利益的行为。

第四节　本章小结

我国现有的经济分工格局，是在过去计划经济时期按照地区比较优势的原则长期形成和发展起来的。由于中西部地区能源和矿产资源丰富，而东部地区劳动力素质和经营管理水平较高，因此，长期以来国家一直把资源开发的投资重点放在中西部，而把加工工业发展的重点摆在东部沿海地区。由此，在全国范围内形成了中西部资源开发—沿海加工制造—半成品出口发达国家—最终产品返销内地的垂直地域分工格局。近年来，随着市场化程度的不断加速，中西部一些资源丰富地区政府角色发生了变化，大多采取资源转换战略，逐步延长加工链条，大力发展加工工业，以提高加工增值程度（陶春，2011）。赣南等中央苏区资源型尤其是矿产资源型特色产业集群就是在此背景下形成、发展的。

地方政府的主导和支配作用是中国地方市场化进程的普遍特征。许多国际机构组织的研究表明，政府的引导和促进作用对特色产业集群既是必要的又是危险的。地方政府在特色产业集群培育中找准自己的位置是一个异常棘手的问题，往往会出现两种偏失：一种是政府的干预力度不够，因而缺乏实效；另一种是政府的干预力度过大，形成对市场机制的破坏。政府在特色产业集群中的作用，在不同的经济发展阶段有不同的特点。在发达经济体，由于市场比较发达，应该充分发挥市场的主体作用，政府作用为辅助。在经济欠发达地区，由于市场发育不充分，需要政府替代部分市场作用，亲自参与资源配置，发挥主体作用，并在此过程中积极培育市场，并为政府最终退出市场、发挥市场的主体作用创造条件。

世界银行 1997 年世界发展报告提出的"有效政府"（Efficient Government）理念，更切合转型国家政府角色调整的功能定位。所谓"有效政府"是指政府行为科学与否的标准在于促进经济社会发展的实际效果。政府职能的合理定位和行为模式的有效选择，总是相对于市场体系的发育程度而言的。一个规模较大却"有效"地发挥了"市场增进"作用的政府，绝不会比一个规模很小，同时在市场发育中无所作为，在市场发生失灵时束手无策的政府更坏。衡量一个地方政府的角色模式是否合理，关键要看政府能否根据地方经济社会发展的客观要求，制定和实施有效的公共政策，推动地方经济社会的健康发展（何显明，2008）。以此判断，赣南等中央苏区地方政府在培育特色产业集群中所扮演的角色是有效的、适宜的。

即便如此，在扶持特色产业集群发展中，以下两点仍然必须引起赣南等中央苏区地方政府充分的重视：①适度原则。作为管理者的政府不要取代市场而包揽一切，不要做本应市场做且市场已经表明能够做好的事情。②守法原则。作为执法者的政府，应处处以法律为准绳，那些已超过法律规定的界限而进行的政府行为不可能是合理的，对于超越法律规定界限的企业和个人的经济活动不予以严肃处理的政府行为同样也不可能是合理的（崔宏伟，2007）。

第七章 赣南等中央苏区特色产业集群发展现状分析

第一节 赣南等中央苏区特色产业集群发展概况

赣南等中央苏区特色产业集群,是在社会网络、企业家、政府等各种因素的作用下,不断发展起来的。目前已经初步形成了各具特色的产业集群 48 个,详见表 7-1。从表 7-1 中可以发现,除了部分集群由于具体数据不详而无法获知其产值(或销售额)(约占总的 23%)外,多数集群的资料相对完善。在 48 个集群中,销售额 1 亿元以上的特色产业集群有 36 个,其中,50 亿元以上的有 10 个,约占总数的 21%,在 50 亿元以下的有 27 个,约占总数的 56%。集群规模达到或超过 100 亿元的共计 7 个,达到或超过 200 亿元的集群 5 个。

表 7-1 赣南等中央苏区特色产业集群概况

地区	集群名称	产值(销售额)
赣州 (12 个)	赣南稀土	产值占全国份额为 40%(钨和稀土产值超千亿元)
	赣南钨	产值占全国份额为 35%(钨和稀土产值超千亿元)
	赣南氟化工	200 亿元
	赣南脐橙	80 亿元

续表

地区	集群名称	产值（销售额）
赣州 （12个）	瑞金旅游	8亿元（2012）
	宁都三黄鸡	500万元（2011）
	兴国食品加工	12亿元（2010）
	南康家具	50亿元
	龙南玩具产业	不详
	南康有色金属新材料产业	几十亿元
	宁都红薯加工产业	不详
	石城矿山机械产业	2亿元以上
吉安 （19个）	井冈山旅游	33亿元（2010）
	井冈山日用瓷生产基地	10亿元（2010）
	新干食品加工业	不详
	新干中药材生产基地	不详
	泰和乌鸡	仅乌鸡蛋年产值就达6.4亿元
	永丰碳酸钙新材料产业	18亿元
	遂川板鸭	约3亿元
	新干箱包产业集群	不详
	吉安电子信息及通信终端产业基地	256亿元
	吉安新能源、新材料及节能技术产业基地	100亿元以上
	生物新医药·微生物农药产业基地	200亿元以上
	新干县盐卤药化产业	近10亿元
	吉水皮革手套	2亿元以上
	永丰绿色食品	2亿元以上
	泰和液晶电子	30多亿元
	吉水粮食加工业	11亿元
	永丰医药产业	30多亿元
	永丰有色金属综合利用示范基地	50亿元
	泰和冶金机械建材	100亿元

地区	集群名称	产值（销售额）
抚州 （17 个）	南丰食品（蜜桔）饮料产业	不详
	金溪香精香料	15 亿元
	资溪旅游	7 亿元
	广昌白莲	不详
	广昌物流	不详
	东乡变性淀粉产业	不详
	南城食品加工产业群	14 亿元
	南城高档轻纺产业群	几十亿元
	黎川陶瓷产业	31 亿元
	黎川鞋服产业	10 亿元
	黎川新型塑料产业	不详
	崇仁机电产业	35 亿元
	东乡医药化工	十几亿元
	东乡五金机电	不详
	东乡轻工纺织	不详
	抚州汽车及零部件产业	几十亿元
	抚州生物医药产业	几十亿元

资料来源：笔者收集。

图 7-1　抚州汽车及零部件产业集群
资料来源：江西抚州高新技术产业园区官网。

第七章　赣南等中央苏区特色产业集群发展现状分析

图 7-2 黎川陶瓷产业

资料来源：中国抚州（抚州市委市政府门户网）。

一、一般性分析

（一）区域分布

从区域分布来看，特色产业集群遍布于赣南等中央苏区。从特色产业集群的个数来看，赣州 12 个，吉安 19 个，抚州 17 个。需要指出的是，虽然赣州所拥有的集群数量明显不如吉安、抚州，但是其集群内部的关联性大大强于后两者。如赣南稀土、钨、脐橙三大集群，是由分布于各个县的众多小集群通过产业链的有机结合而成的大集群。如果按照县域区域将这些集群细分，则可以分成多个小的集群，如此则其数量将大大超过吉安、抚州。在达到或超过 50 亿元的 10 个集群中，赣州有 4 个，接近一半；吉安 5 个，过半；抚州没有。规模达到 100 亿元的 7 个集群中，赣州 3 个，吉安 4 个。规模达到 200 亿元的 5 个集群中，赣州 3 个，吉安 2 个。从集群总量规模看，呈现出南高北低的态势。2011 年 3 个市中，特色产业集群的总量规模赣州第一，吉安第二，抚州第三。从前文可以发现，赣南等中央苏区特色产业集群是逐步建立和发展的，随着集群规模效应的进一步扩大，集群在各地逐渐形成发展，从而形成了赣州、吉安、抚州的区域化格局。

（二）产业结构

从产业结构来看，传统产业依然是主体，而且主要是资源型产业，一是矿产业，二是农产品加工业。赣州主要以稀土、钨矿资源为主，形成了钨、稀土特色产业集群；以脐橙等农产品为主，形成了脐橙等特色产业集群。现代高新技术产业也在稳步成长，一方面，初步形成了吉泰走廊的电子信息产业集群；另一方面，以高新技术改造、升级稀土、钨产业集群，进一步提升稀土、钨的附加值，延伸产业链。现代旅游业得到迅速发展，红色、绿色、古色三者合一，井冈山旅游集群率先突破30亿元大关，瑞金旅游也实现了8亿元，正在向10亿元的目标迈进。

从集群内部产业链来看，产业集群内部企业有比较明确的产业分工，内部专业化程度较高。如赣南脐橙集群，脐橙种植、采摘、分级、包装、运输、加工等各个环节，基本由独立的企业（加工专业户）完成，而且，每个环节均通过市场来交易，集合形成一条完整的产业链。随着集群规模效应的不断显现，生产服务社会化程度不断提高，推动服务型工作逐步从集群内部转移到集群外部，一批服务型企业如苗木培育、农药配送等陆续出现，专门提供产前、产中、产后的服务。

（三）行业分布

从行业分布特点来看，赣南等中央苏区特色产业集群主要分布于农业、矿业，其中，与农业相关的特色产业集群16个，占集群总数的1/3；矿业类集群11个，占总数的23%，其集群规模也最大。而且，以传统劳动密集型的产业为主，如赣南脐橙，金溪香精香料，南丰蜜桔，泰和乌鸡，赣南稀土、钨等。劳动密集型企业不仅为本地人口提供了大量的就业机会，而且吸引了许多外地农民工前来就业。在这些行业中，建立于农产品之上的集群，相当部分是"公司+农户"或"基地+农户"型，在原材料端，劳动力层次比较低。

二、基于价值链的金溪香精香料特色产业集群发展现状实证分析

（一）金溪香精香料特色产业集群现状描述

金溪香精香料特色产业集群内企业数量较多，地区聚集分布明显，是江西省唯一的香料产业基地。近年来，在金溪良好的政策环境吸引下，香精香料产业正呈现快速集聚扩张的势头，成为国内仅次于江苏昆山的第二大香料生产基地。

金溪香精香料特色产业集群规模生产起步晚，但发展较快。金溪香精香料集群企业已经从 2003 年的 6 家增加到 2011 年的 27 家，2012 年上半年更是增加到 33 家。由此可以看出，虽然香精香料产业起步较晚，但发展较快。随着香精香料企业数量不断增加，金溪香精香料产业集群的可持续发展能力得到了进一步提高，产业规模不断扩大，产业优势地位日益增强。

原材料供应及配套体系日趋完善。在促进香精香料产业发展过程中，金溪立足"江西省香料产业基地"这一优势，除对香精香料企业进行财政、土地等一系列扶持的同时，还先后通过林权流转、山地租赁的形式，在秀谷、对桥等乡镇建立芳樟基地，大力发展香精香料原料林，促进香精香料产业可持续发展。

金溪香精香料产业集中度不高，龙头企业带动能力还有待提升。集群内出现以华宇、依思特、华晨、思派思四家龙头企业为主的分布格局。这四家企业占整个集群香精香料产值比重不足 40%。四家企业的收入差别不大，没有出现处于绝对优势地位的企业，详见图 7–3。

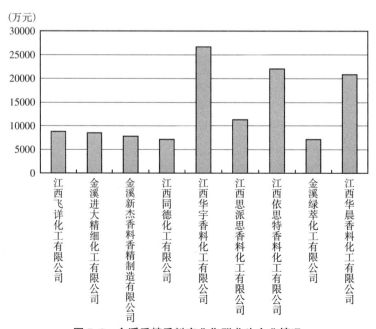

图 7–3　金溪香精香料产业集群龙头企业情况

（二）典型企业价值链分析

波特在 1985 年的名著《竞争优势》中对价值链进行了如下概括：某特定产业中的企业价值链是各种活动的组合，包括设计、供应、生产、营销、交货以及对产品起辅助作用的各种价值活动。价值链理论认为，在企业一系列活动中，并非所有的环节都创造等量价值。不同的企业由于其资源条件和具体特点不同，在各价值活动上所创造的价值量也有差别，每个企业只有在某些特定环节才能创造最大的价值，这一环节就是企业价值链上的战略环节，这就是企业的竞争优势所在。

通过调查发现，金溪香精香料特色产业集群内的企业主要分为三类：第一类，以原材料控制为主的企业价值链，代表企业是思派思公司；第二类，以中间产品研发为特色的企业价值链，代表企业是华晨公司；第三类，以终端产品研制、市场控制为特色的企业价值链，代表企业是拓普克林。

1. 以原材料控制为主的企业价值链——以江西思派思香料化工有限公司为例

江西思派思香料化工有限公司（以下简称思派思香料公司）的经营范围主要是生产和销售芳樟醇、桉叶油、桉叶素、樟脑粉、山苍子油、香茅油、白樟油、松油醇、α-蒎烯、β-蒎烯、天然冬青油、茴脑、茴油等各类天然香料，以及合成冰片。

江西思派思香料化工有限公司是中国最大的天然芳樟醇、天然樟脑粉生产企业。公司在云南昆明成立了关联企业——昆明滇润香料化工有限公司，建立了稳定的采购网络体系，以确保原油的供应和质量。公司凭借多年形成的良好信誉，与国内外客户建立起牢固的业务合作关系，产品主要出口欧、美、日等发达国家和地区。其企业价值链如图 7-4 所示。

通过调查可以得出，其企业价值链主要特点如下：

第一，思派思香料公司主要利用天然植物资源生产天然香料，其原材料 80% 来自外部，如云南、贵州、四川等地，约 20% 来自本地种植，故其发展容易受到原材料市场供需波动的影响。

第二，思派思香料公司研发活动主要是通过与江西省林科院、江西农业

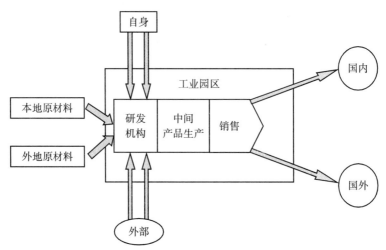

图 7-4 思派思香料公司产业价值链简化模式

大学等外部机构合作，研发樟树的矮化扦插技术，自身研发能力不足。其中产品芳樟醇占全球市场份额约 85%，虽然其芳樟醇的提纯工艺处于国内领先地位，但是其总体的产品开发能力不足，将很可能导致其缺乏核心竞争力。而且，该类企业属于资源密集型企业，容易出现产能过剩。

第三，思派思香料公司产品主要依靠出口，特别是欧美市场，单一销售市场容易导致产品销售出现依赖性，面对市场变化时缺乏灵活性。特别是自 2008 年以来，欧美市场消费能力下降，导致企业产品销售出现滑坡，企业经营出现困难。

2. 以中间产品研发为特色的企业价值链——以江西华晨香料化工有限公司为例

江西华晨香料化工有限公司（以下简称华晨香料公司）是由江西华宇香料化工有限公司靠大联强的产物。华晨香料公司于 2008 年 1 月开始筹建，位于金溪工业园 C 区，总投资 1 亿元，占地面积 90 亩。公司建有医药中间体及精细化工原料等，发展迅速。2011 年的主营业务收入为 21400 万元。其企业价值链模型如图 7-5 所示。

通过调查可以得出其企业价值链主要特点如下：

第一，华晨香料公司主要以松节油为原料，生产天然香料、合成香料、

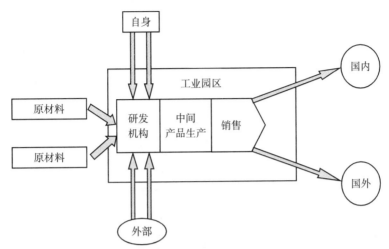

图 7-5 华晨香料公司价值链简化模式

医药中间体及精细化工原料等。其中，主要产品为二氢月桂烯醇和月桂烯，二氢月桂烯醇的生产主要经过分离、氢化、裂解和水合制得；月桂烯的生产工艺主要经过减压分流、催化裂化、加氢稳定。目前，公司拥有 5 项专利技术，研发能力较强，原材料在一定程度上具有独立性，受到的外部约束力不大。

第二，华晨香料公司的研发机构主要来自于自身的研发团队，从而使该企业具有一定的核心竞争力。但是，调查发现，该公司产品的品种并没有大的变化，其研发的工艺方法主要是以新方法生产原有产品，仅从降低生产成本的角度考虑，其发展多半限于眼前，这种情况对企业的长期发展不利，后期容易出现企业停滞不前。

第三，华晨香料公司产品也主要依靠出口，以欧洲国家为主，主要向日化企业供应中间产品，其竞争对手主要在欧洲，这将导致企业的发展受到欧洲市场的影响。当欧洲市场出现波动时，企业销售额容易出现大的变动，从而影响企业的发展。

3. 以终端产品研制、市场控制为特色的企业价值链——以拓普克林（金溪）香精香料有限公司为例

拓普克林（金溪）香精香料有限公司是一家专业生产植物精油产品的新

型企业。公司集种植、生产、研发、销售、服务于一体，拥有占地面积 2 万平方米的园林式生产基地，建有高标准的生产厂房，配套先进的生产设备并组建专业的研发、销售和服务团队。产品涵盖精油养身、精油美容、精油礼品、精油香薰及手工精油皂等多个品种，几百个单品。面临市场上产品质量良莠不齐的状况，拓普克林香精香料有限公司坚持以品质为根本，以产品特色为命脉，走诚信、专业、创新之路。除选取各类进口原料外，拓普克林香精香料有限公司还在云南、新疆等地的无污染地区设立种植基地，精心栽培多种天然有机植物，同时聘请资深种植专家，设立专业的种植监管部门，严把质量关，检测每一株植物的天然性及合格率。不但丰富了植物原料的来源，以便生产的需求和产品功能的多样化，而且使产品的纯天然品质得以保证。拓普克林香精香料有限公司还是目前江西唯一一家集专业研发、优质生产、精英销售和一流服务为一体的精油消费品企业，得到了各级政府的亲切关怀和大力支持。为了更好地适应市场需求，特设立江西拓普克林精油化妆品有限公司，开发"滋之花"系列产品，并在全国范围内网罗生物化学、精细化工、医学、美容保健、管理、营销、服务等各类人才，建立起高度专业和经验丰富的精英团队，为美容专业线提供专项产品和优质服务。其企业价值链模型如图 7-6 所示。

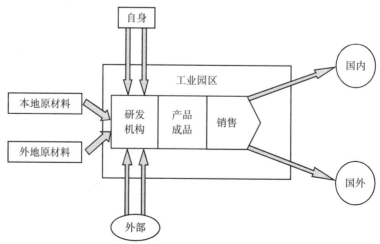

图 7-6　拓普克林香精香料有限公司价值链简化模式

通过调查，可以将拓普克林香精香料有限公司企业价值链的主要特点归纳为以下三个方面：

第一，拓普克林香精香料有限公司的原料除选取各类进口原料外，还在云南、新疆等地的无污染地区设立种植基地，精心栽培多种天然有机植物，其原料来源较多，故原料市场变化对该企业的影响不大。

第二，拓普克林香精香料有限公司专业生产植物精油，具有占地2000平方米的园林式生产基地，建有高标准的生产厂房，配套先进的生产设备并组建专业的研发、销售和服务团队，产品涵盖精油养身、精油美容、精油礼品、精油香薰及手工精油皂等多个品种，几百个单品，另外企业还配有自己的调香师，可以调制出不同种类的香精精油等，这些优势可以保证其在未来的市场竞争中处于有利地位。

第三，拓普克林香精香料有限公司的市场主要在国内，并且已经具有健全的销售渠道，采用电子商务、美容院、礼品型三种渠道进行销售，从而保证企业能在市场上占有一定地位。虽然其竞争者以广州企业居多，但由于广州地区该类企业没有形成相关产品标准，而且假冒伪劣产品居多，这就给拓普克林香精香料有限公司创造了良好的市场切入机会。拓普克林香精香料有限公司正是紧紧抓住了这个机会，细分市场，走品牌路线，建立起高度专业和经验丰富的精英团队，为美容专业线提供专项产品和优质服务。可以预料，拓普克林香精香料有限公司所采取的营销策略有利于确立其在美容行业的市场地位。

（三）金溪香精香料特色产业集群价值链现状

价值链不仅存在于企业内部，而且还与其相关企业价值链相连。将特定企业的价值活动与供应商（上游）价值链及渠道（下游）价值链相联系，形成价值系统。企业与其上下游企业之间的纵向联系（如结成联盟），也会影响企业价值链向上、下游延伸，形成包括初级材料供应商、各中间产品制造商、分销商、零售商和最终用户在内的最终产品价值链。在经济全球化的背景下，最终产品价值链往往涉及跨区域和跨国界的分工，即形成全球价值链，地方产业集群嵌入全球价值链，成为其分工的一部分。

金溪香精香料特色产业集群产业价值链如图 7-7 所示。金溪香精香料特色产业集群内企业依靠外地进口及本地原材料，经过简单加工制成初级产品，从而形成中间产品，再依靠先进技术对中间产品进行深加工，制成终端（精）产品。通过分销商、零售商等渠道销售到国内、国外消费市场。从图 7-7 中可以发现，金溪香精香料特色产业集群价值链具有如下五个方面的特点：

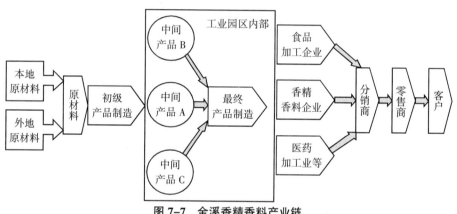

图 7-7　金溪香精香料产业链

1. 产业价值链 "两端在外"

所谓两端在外，主要指原材料和销售市场在外。金溪香精香料特色产业集群所需原材料主要依靠县域外供应。金溪香精香料特色产业集群内企业主要从事中间产品的研发与生产，原材料及资源把控不足，终端消费市场刚开始介入。随着产业发展，其产业链分工将面临两端严重挤压，产业发展风险大的局面。思派思香料公司就是一个典型的两端在外的企业。思派思香料公司主要利用天然植物资源生产天然香料，其原材料 80% 来源于外部，如云南、贵州、四川等地，约 20% 来自于本地种植，故其发展容易受到原材料的影响。虽然，金溪地方政府已经出台鼓励 "公司+基地+农户" 的政策，试图缓解原材料供应紧张的矛盾，但由于原材料生产周期长，资源再生速度慢、企业所需资金巨大，实现对原材料的掌控难度非常大。

金溪香精香料特色产业集群产品主要销售市场在国外。香精香料作为添加剂适用于多种消费品，如化妆品、食品、饲料、医药等。金溪香精香料中间品主要销往园区外企业，其中大部分销售到国外，对外依存度非常高。

由于原材料市场、中间产品市场都在金溪外，金溪香精香料特色产业集群的产业链呈现明显的"两端在外"特征。

2. 产品同质化程度较高

根据收集的资料分析，金溪香精香料特色产业集群内企业生产的产品大部分雷同，企业之间合作关系不足，详见表7-2。由于产品同质化程度较高，价格战时有发生。

表7-2　金溪香精香料企业主要投资产品

投资商	投资总额（万元）	主要产品	主营业务收入（万元）
企业1	5000	芳樟醇、桉叶油、洋茉莉醛、乙酸芳樟脂、二氢月桂烯、二氢月桂烯醇等	23663
企业2	3000	芳樟醇、桉叶油、樟脑粉、山苍子油等	18490
企业3	5000	桉叶油、樟脑、山苍子油、桂油、薄荷油等	16959
企业4	2400	桉叶油、樟脑、山苍子油、桂油、薄荷油等	15950.1
企业5	5000	黄樟油、杂樟油、芳樟油、桉叶油、山苍子精油等	13805
企业6	1000	黄樟油、杂樟油、芳樟油、桉叶油、山苍子精油等	8432.5
企业7	2000	松节油、松香	4920
企业8	5000	合成香料	6000
企业9	10000	天然香料、合成香料、化工原材料	25000
企业10	6000	桉叶油、樟脑、山苍子油、桂油、薄荷油等	8000
企业11	10000	医药中间体	36000
企业12	2000	医药中间体	3000
企业13	3000	医药中间体	10000

资料来源：笔者收集。

2012年，金溪香精香料特色产业集群内部出现部分企业关门现象，其原因即肇始于生产加工型企业集聚，缺少内部专业分工协作及公共服务体系，产业的协调发展和产业链尚未得到充分重视。

3. 集群整体价值链不长，延伸环节不多

根据郎咸平（2008）"6+1"理论，产业链包括产品生产、产品设计、原料采购、仓储运输、订单处理、批发经营、零售。"1"就是纯粹的制造业，"6"是产品设计、原料采购、仓储运输、订单处理、批发经营、零售。从实地访谈、调查看，金溪香精香料特色产业集群产业链整体不长，许多产业环节尚未进入专业化阶段，多数企业经营仍然处于大而全、全而不强的阶段，没有对一些非核心环节进行适当剥离。这些情况说明，金溪香精香料特色产业集群内企业间分工不够深入，延伸环节不多，尚未结成一个比较完善的合作网络。

4. 集群研发投入不足，价值增值少

金溪香精香料特色产业集群发展之初，靠企业家敏锐的市场嗅觉发现市场机会，研发投入很少。随着企业的发展壮大，产品创新的压力随之增大。目前，个别企业与江西省内外大学（如四川大学、南昌大学、江西农业大学）、科研机构进行合作，但合作的广度和深度不够，一个有效的产学研持续运转模式尚未形成，合作比较松散，关系并不密切。集群内部除了极个别企业建立了自己独立的研发机构外，集群整体研发严重不足，从而导致研发增值贡献不足，制约了企业、集群的发展。

5. 中间产品生产环节是企业价值增值的主体

从金溪香精香料特色产业集群内排名前五位的香精香料企业来看，其主要价值增值来自中间产品生产，即主要集中在"樟、松、茴"等中间产品的生产，部分中间产品市场占有率达85%，获得市场定价权。但中间产品的种类不多，产品多样化程度明显不足。企业之间存在天然香料产品结构雷同的问题，合作不足，竞争有余。

（四）金溪香精香料特色产业集群内企业"微笑曲线"分析

1992年，台湾宏碁集团董事长施振荣提出"微笑曲线"（Smiling Curve）的概念，用一个开口向上的抛物线来描述个人电脑制造流程中各个环节的附加价值。由于曲线类似微笑的嘴形，因此被形象地称为"微笑曲线"。

从图7-8可以明显看出，金溪香精香料特色产业集群如今正处在依靠中间产品、过渡产品等为主要生产对象，缺少终端产品生产的阶段，总体处于

"微笑曲线"中下端，利润比较低。而且，群内配套环节较为落后，缺少研发机构及良好的售后服务等相关机构的支持。

从图 7-8 中可以发现，高利润环节处于微笑曲线的两端，即产品研发、产品设计端和品牌、销售端。因此，发展金溪香精香料特色产业集群需要从两方面入手：开发新产品；加大品牌建设力度，培育品牌，拓宽销售渠道。

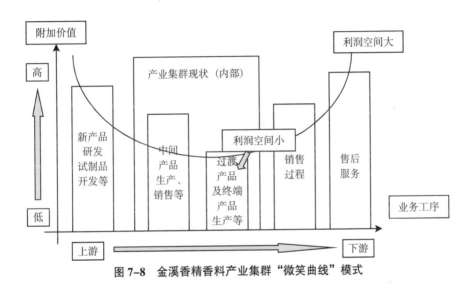

图 7-8　金溪香精香料产业集群"微笑曲线"模式

（五）金溪香精香料特色产业集群网链结构现状

产业集群的网链结构是指大量相关企业集聚以及集群企业高度专业化分工协作，使每个节点企业处于大量的横向联系和纵向联系之中，企业之间形成纵横交错的协作网络的一种状态。这种网链结构具有有向性，即它不是无规则的网络，而是沿着价值链上游指向下游的有方向性的网络。由于置身于特定地理范围，由此，产业集群网链结构具备了一般供应链所缺乏的外部经济性，包括外部规模经济和外部范围经济。根据所收集的资料，绘制了金溪香精香料特色产业集群的网链结构图，如图 7-9 所示。

金溪香精香料特色产业集群所需原材料部分来自本地，但主要来自外省，自给能力不足，产业发展面临着资源"瓶颈"。因此，要使金溪香精香料产业基础稳固，必须建立自己的原料基地。群内生产的中间产品主要销往外地、

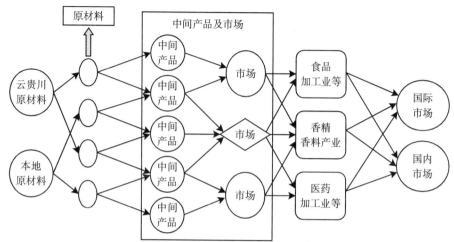

图 7-9　金溪香精香料特色产业集群网状结构

外国，本地利用率不高。在香精香料产业发展的同时，中间产品的生产虽然也带动了其他产业，如食品加工业、医药制造业等，但总体来看，本地产业链之间的关系简单，产业链层次不丰富。除个别产品外（芳樟醇），金溪香精香料产品在国际市场份额并不大，总体上产业发展还缺乏话语权。而且，群内香精香料终端产品非常缺乏，依靠终端消费的需求拉力明显不足，因此，迫切需要引入香精企业，通过市场细分快速切入消费领域，形成引导金溪香精香料特色产业集群发展的新动力。

第二节　赣南等中央苏区特色产业集群竞争力分析

对产业集群竞争力的评价有两个主要方向：一是以哈佛大学教授波特为代表的定性评价研究。波特（1998）最早从定性的角度评价产业集群竞争力，提出了钻石模型。钻石模型主要由生产要素、需求条件企业的战略、结构与竞争、相关与支持性产业四个基本要素和政府、机会两个辅助要素组成。二是以加拿大学者 Padmore 和 Gibson 以及美国哈佛大学战略与竞争力研究所为代表的定量评价研究。Padmore 和 Gibson（1998）对钻石模型进行了改进，提出了一种分析区域产业竞争力的模型——GEM 模型。GEM 模型确定了影响区域产业集群竞争力的六大因素，包括资源、设施、供应商和相关辅助产业、企业的结构战略和竞争、本地市场、外部市场。鉴于农业、矿产资源类特色产业集群在赣南等中央苏区的特殊地位，本书将运用 GEM 模型，分别评价赣南等中央苏区农业、矿产资源类特色产业集群竞争力。旅游业是赣南等中央苏区的朝阳产业，需要大力培育、扶持，因此，需要了解其现状，基于此，此处也对现有集群竞争力进行评价。

一、GEM 模型简介

与钻石模型相比，GEM（Grounding Enterprises Markets）模型更强调地方政府在集群发展中的作用，并认为"因素对"内两因素之间具有互补作用，各因素之间具有相互关联性。

（一）GEM 模型的因素对

GEM 模型涉及三对六个决定因素：基础（Gorundings）——供给决定因素（Supply Determinants）、企业（Enterprises）——结构决定因素（Structural Determinants）和市场（Markets）——需求决定因素（Demand Determinants）。

"因素对 I"基础（Groundings），其实质是产业集群的供给要素，是指产业集群外部为集群内部企业的生产过程所提供的要素，包括资源和设施因素。

"因素对 II"企业（Enterprises），其实质是产业集群的结构因素，它决定了集群的生产效率。这一因素对以企业为基础，对它们的解释与"钻石模型"中相关支撑产业和企业的战略、结构和竞争的解释相似，即供应商和相关辅助产业、厂商的结构与战略两个因素。

"因素对 III"市场（Markets），其实质是产业集群的需求因素，包括最终市场需求、中间需求以及集群中企业的需求，包含本地市场和外部市场因素。

（二）GEM 模型的量化

为了更清晰地了解产业集群的竞争力，GEM 模型试图对影响集群竞争力的各个因素进行量化。其结果不但有利于了解单个产业集群的竞争力，同时也方便在相似集群中进行比较研究。

GEM 模型的量化过程分三步：

第一步，对影响集群竞争力的六个因素赋值。每个因素可赋值 1~10 分，各分值表示的意义如表 7-3 所示。

表 7-3　产业集群影响因素赋值意义

赋值	含义
10	非常优秀。具有世界级的竞争力，在全世界范围内数一数二
9	优秀。具有世界级的竞争力，在全世界范围内排在前五名
8	良好。具有本国范围内独一无二的优势
7	不错。具有本国范围内的竞争优势
6	及格。具有超过全国平均水平的实力，但没有竞争优势
5	适当及格。具有与全国平均水平相当的实力
4	水平有限。具有略低于全国平均水平的实力
3	水平很有限。与全国平均水平有一定的差距，这种差距可能影响到整个集群的发展
2	水平较差。与全国平均水平有较大差距，这种差距对集群造成的影响已经显现
1	水平很差。与全国平均水平有较大差距，这种差距已经严重阻碍着集群的发展

赋值过程是一个主观的评定过程，需要评分者对相应的标杆有充分的了解。这些标杆信息可以从各种渠道收集，如政府相关部门、咨询机构和该区域的行业协会等。为研究赣南等中央苏区农业产业集群竞争力，此处采用专家意见法对二级指标进行评分，以及通过实地调研、查阅相关资料进行主观评价打分，最后综合所得结果，可以得到相应的 GEM 集群竞争力值。

第二步，进行"因素对"计算和转换，计算"因素对"分值。

计算公式：$(PAIR\ SCORE) = (D_{2i-1} + D_{2i})/2$　　　　　　　　式（7-1）

其中，PAIR SCORE 即因素对分值；D_{2i-1}，D_{2i} 表示各个因素的得分。D_{2i-1}，D_{2i} 表示的因素对是两个可以相互替代的因素。

第三步，计算"集群线性分值"和最终结果。

集群线性分值（LINEAR CLUSTER SCORE）＝ $\prod_{i=1,3}$（PAIR SCORE）LINEAR CLUSTER SCORE   式（7-2）

最后做两次转换，第一次转换将集群线性分值（LINEAR CLUSTER SCORE）转换为各个"因素对分值"，这种转换表现了"因素对"之间的相互关联性，也就是说，只要有一个或者两个"因素对分值"较低，就有可能使整个集群竞争力最终的分值较低。

第二次转换只是一个比例上的转换，目的是使最后得分的满分为 1000 分，因此，GEM 模型集群竞争力的量化表达式为：

$$GEM = 2.5\left[\prod_{i=1,3}(D_{2i-1} + D_{2i})\right]^{2/3}$$ 式（7-3）

如果一个集群 6 个因素的得分都在 5 分左右（达到平均水平），那么它的 GEM 得分为 250 左右，说明此集群的竞争力达到国内平均水平；当每个因素的平均分数是 7 分时，GEM 得分是 490，说明在全国范围内具有明显竞争优势；而当所有因素的得分接近 10 分，此产业集群竞争力的 GEM 得分会接近 1000，说明此产业集群的竞争力相当高，有可能是世界级的。

二、赣南等中央苏区农业特色产业集群竞争力评价

（一）评价步骤

综合赣南等中央苏区农业特色产业集群的特点，借鉴郭欣旺等（2011）的研究成果，建立了赣南等中央苏区农业产业集群竞争力指标体系，得出了赣南等中央苏区农业特色产业集群各项指标得分及权重，详见表 7-4。

表 7-4　赣南等中央苏区农业特色产业集群竞争力评价指标体系

目标层	因素对	一级指标	评分	二级指标	权重	评分
赣南等中央苏区农业产业集群竞争力	基础	资源（D_1）	6.21	地理位置	0.22	6.5
				自然资源	0.28	6.0
				劳动力资源	0.35	6.5
				资本资源	0.15	5.5

续表

目标层	因素对	一级指标	评分	二级指标	权重	评分
赣南等中央苏区农业产业集群竞争力	基础	设施（D_2）	6.70	交通通信	0.2	7.0
				行业协会	0.28	6.5
				政府政策	0.36	7.0
				商业环境	0.16	6.0
	企业	供应商和相关辅助行业（D_3）	6.05	农业供应商	0.32	6.0
				集聚种植程度	0.22	6.0
				金融服务行业	0.18	5.5
				科研与培训结构	0.28	6.5
		企业的结构、战略和竞争（D_4）	6.03	企业数量	0.25	6.5
				企业规模	0.15	6.0
				企业创新能力	0.19	6.0
				企业发展规划	0.2	5.5
				品牌数量	0.21	6.0
	市场	内部市场（D_5）	6.01	国内市场前景	0.19	6.5
				国内市场规模	0.22	6.0
				占国内市场份额	0.41	6.0
				本地市场完善程度	0.18	5.5
		外部市场（D_6）	5.75	国际市场前景	0.28	6.5
				占国际市场份额	0.05	5.0
				产品出口创汇额	0.06	4.5
				产品出口障碍	0.61	5.0

根据表 7-4 所列指标的得分情况，应用 GEM 模型进行计算，从而可以得出赣南等中央苏区农业产业集群竞争力得分，具体计算过程如下：

各因素对的得分情况：

基础：PAIR SCORE（资源，设施）=（$D_1 + D_2$）/2 = 6.46

市场：PAIR SCORE（本地市场，外地市场）=（$D_3 + D_4$）/2 = 6.04

企业：PAIR SCORE（供应商和辅助行业，企业结构、竞争和战略）=

$(D_5 + D_6)/2 = 5.88$

$$GEM = 2.5 \left[\prod_{i=1,3}(D_{2i-1} + D_{2i}) \right]^{2/3} = 2.5 \times \left\{ (D_1 + D_2) \times (D_3 + D_4) \times (D_5 + D_6) \right\}^{2/3}$$

$$= 2.5 \times \left\{ (6.21 + 6.62) \times (6.05 + 5.66) \times (6.01 + 6.62) \right\}^{2/3} = 383.18$$

（二）结果分析

根据计算，赣南等中央苏区农业特色产业集群竞争力得分为 383.18，全国平均水平为 250 分，在全国范围内具有明显竞争优势的分数是 490 分，由此可知，赣南等中央苏区农业特色产业集群具有超过全国平均水平的实力，但没有明显竞争优势。在六大指标中，内部市场以及外部市场两项指标得分较低，说明内部市场以及外部市场是赣南等中央苏区农业特色产业集群发展壮大的制约因素；设施这一指标得分最高，说明外部市场在赣南等中央苏区农业特色产业集群形成和发展过程中发挥了重要作用。

影响赣南等中央苏区农业特色产业集群竞争力的六大要素具体情况如下：

（1）资源指标得分为 6.21。赣南等中央苏区位于中国中部地区，自古以来农业在其经济发展中都起到了非常重要的作用，当地农村人口数量一直占较大比重，劳动力资源丰富。改革开放以来，农业生态条件得到大幅改善，极大地提高了农业生产力水平。然而，群内资本资源不够丰富，阻碍了农户、企业的投资，集群发展困难重重。

（2）设施指标得分为 6.70，该指标是所有指标中最高的。近年来，随着基础设施建设加快，该地的区位优势逐渐显现。特别是《国务院关于支持赣南等中央苏区振兴发展的若干意见》提出大力夯实农业基础，促进城乡统筹发展，把解决"三农"问题放在突出位置，巩固提升了农业基础地位，为赣南等中央苏区农业特色产业集群发展提供了坚实基础。

（3）供应商和相关辅助行业指标得分为 6.05，说明其具有全国平均水平的实力，但没有竞争优势。随着赣南等中央苏区农业特色产业集群的不断发展，上、中、下游产业形成了紧密的协作关系，产业集群经营综合效益大幅提高，经营发展模式日趋多样化，农业产业化经营组织带动能力逐渐增强，但综合投入还不足，其金融服务不完善，相应科技培训不足等都是制约其发展的因素。

（4）企业的结构、战略和竞争指标得分为 6.03。一直以来，农业的产值主要来自于种植环节。随着加工企业的不断发展壮大，农业总产值迅速增加。目前，赣南等中央苏区农业特色产业集群中，仅抚州就有国家级龙头企业 3家，省级龙头企业 34 家，市级以上龙头企业 302 家。吉安则已培育市级龙头企业 209 家，省级、国家级龙头企业 63 家。但是，在农产品市场上，其初加工产品比较多，精深加工的产品少，加工产品的技术含量低，有竞争力的名牌产品更是缺乏。在农业生产附加值更高的领域，集群的生产能力还有待加强。此外，许多企业还面临原料短缺和缺乏清晰战略规划等问题。

（5）内部市场得分为 6.01。随着农业产业的不断完善，该地农产品销售实现了从集中上市到均衡销售的转变。为了破解农产品"秋低迷、春走高"的难题，赣南等中央苏区政府积极引导农户、大户、协会和企业创造不同类型的产业合作模式，在赣南等中央苏区农业特色产业集群形成了各主体共同参与的大好局面。如赣南脐橙，目前已经在国内市场取得较大的市场份额，但是仍然没有处于优势竞争地位。

（6）外部市场。赣南等中央苏区农业特色产业集群提供的产品在国际市场的开拓方面，尚处于起步阶段。目前，虽然已经初步进入多个国家和地区并建立了贸易关系，但任重道远。

三、赣南等中央苏区矿产资源特色产业集群竞争力评价

矿产资源产业集群是工业化进程的反映，普遍存在于许多地区，是一个国家或地区经济增长的基础，矿产资源产业集群的主体是矿产资源型企业，在这些企业发展过程中，由以专业化分工和协作为基础的相关企业所形成的矿产资源产业链，以及以竞争、创新为基础的生产同类产品的矿产资源型企业，在一定范围的地域内集中而形成的区域网络系统（李林捷，2010）。

矿产资源型产业以集群形式发展能够充分利用集群特有的外部经济效应、循环经济效应、创新效应等经济效应，提高资源的利用效率，延长资源的使用寿命，增加产业收益，一定程度上避免经济发展过程中的"资源陷阱"，实现地区经济的可持续发展。

（一）评价步骤

借鉴刘小乔、张所地（2008）的研究成果，结合赣南等中央苏区矿产资源特色产业集群特点，建立了赣南等中央苏区矿产资源特色产业集群竞争力评价指标体系，计算了相关得分，确立了相关权重，详见表7-5。

表7-5 赣南等中央苏区矿产资源特色产业集群竞争力评价指标体系

目标层	因素对	一级指标	评分	二级指标	权重	评分
赣南等中央苏区矿产资源特色产业集群竞争力	基础	资源（D_1）	6.35	当地矿产资源丰富程度	0.34	7.5
				市场区位	0.12	6.0
				资本资源（如贷款、融资等）	0.11	5.5
				信息（如行业、市场信息）	0.14	5.5
				劳动力素质	0.18	5.5
				劳动力成本	0.11	6.5
		设施（D_2）	5.93	基础性服务设施	0.09	6.5
				矿产专用设备	0.08	5.5
				政府支持性服务（投资优势政策、宣传力度等）	0.12	6.5
				矿产行业组织服务水平	0.08	6.0
				科技水平（办公自动化程度、网络设施等）	0.09	5.5
				矿产管理部门的影响（矿产行业培训、管理水平、矿产规划等）	0.12	6.0
				商业环境（企业诚信、公平竞争等）	0.10	5.5
				科研环境（高等院校、科研机构）	0.09	5.5
				居民生活环境（经济收入、生活水平等）	0.08	6.0
				生态环境（土地、水资源的污染）	0.07	5.5
				舆论氛围（电视、网络、社会活动等影响）	0.08	6.5
	企业	供应商和相关辅助行业（D_3）	6.33	矿产的供应能力和实力	0.34	6.0
				矿产的辅助行业和部门（保险、交通运输部门）	0.28	6.0

续表

目标层	因素对	一级指标	评分	二级指标	权重	评分
赣南等中央苏区矿产资源特色产业集群竞争力	企业	供应商和相关辅助行业（D_3）	6.33	矿产相关行业（与矿产的供应、加工、销售等相关的行业）	0.23	6.5
				矿产企业的协作程度	0.14	5.5
		企业的结构、战略和竞争（D_4）	5.85	人力资源（人员管理、职工培训等）	0.17	5.5
				市场营销（目标定位、营销方法等）	0.23	5.5
				财务状况	0.35	6.5
				产品和服务创新能力	0.25	5.5
	市场	内部市场（D_5）	6.33	本地矿产资源的发展水平	0.20	6.5
				本地矿产企业的竞争程度	0.17	5.5
				本地矿产行业的发展前景	0.24	6.5
				本地对矿产资源的需求状况	0.26	6.5
				突发事件的风险规避能力（地震、特殊庆典等）	0.13	6.5
		外部市场（D_6）	7.92	外部矿产行业的发展水平	0.19	7.5
				外部矿产需求市场及其增长水平	0.31	8.0
				外部矿产市场的进入壁垒	0.26	8.5
				外部矿产产品的需求变化	0.24	7.5

应用 GEM 模型进行分析。根据指标的得分情况，应用 GEM 模型进行计算，从而可以得出赣南等中央苏区矿产资源特色产业集群竞争力得分，具体计算过程如下：

各因素对的得分情况：

基础：PAIR SCORE（资源，设施）＝（$D_1 + D_2$）/2 ＝ 6.14

市场：PAIR SCORE（本地市场，外地市场）＝（$D_3 + D_4$）/2 ＝ 5.95

企业：PAIR SCORE（供应商和辅助行业，企业结构、竞争和战略）＝（$D_5 + D_6$）/2 ＝ 7.13

$$GEM = 2.5\left[\prod_{i=1,3}(D_{2i-1} + D_{2i})\right]^{2/3}$$
$$= 2.5 \times \left\{(D_1 + D_2) \times (D_3 + D_4) \times (D_5 + D_6)\right\}^{2/3}$$

$$= 2.5 \times \{(6.35 + 5.93) \times (6.04 + 5.85) \times (6.33 + 7.92)\}^{2/3}$$

$$= 407.45$$

（二）结果分析

首先，从总体得分情况看，407.45 的得分说明赣南等中央苏区矿产资源特色产业集群的竞争力超过全国的平均水平，和预期相符，而从各因素的得分情况看，"外部市场"的因素得分是最高的，主要体现在对"外部矿产需求市场及其增长水平"的评价高。

其次，影响因素得分较高的是"资源"因素。因为该地的矿产资源丰富，如赣州因钨矿丰富而有"世界钨都"的美誉，因稀土资源丰富而被誉为"稀土王国"等。所以，其企业集群中"资源"因素非常重要。

再次，"设施"、"内部市场"、"供应商和辅助行业"三个因素的得分相对较高。其原因是在各级政府支持下，赣南等中央苏区通信、交通等基础设施逐步完善，从而为集群发展提供了比较好的条件。"内部市场"需求变化本来不大，但是由于城市人口不断增大，"内部市场"需求也在稳步增长。"供应商和辅助行业"在矿产企业集群快速发展的同时，在利润的驱动下也得到了快速发展。

最后，"企业结构、竞争和战略"因素的得分相对其他因素的得分较低。其原因是，虽然赣南等中央苏区矿产资源基础比较好，需求市场广阔，但是集群内的企业本身的结构相对单一，存在不合理性，长期受到政府的扶持，企业本身竞争意识不强。由于企业本身的观念和文化因素，导致企业的战略规划存在很大问题，企业不注重长远规划的制定和实施。

四、赣南等中央苏区旅游特色产业集群竞争力评价

旅游产业生产过程的整体性和组合性、产业范围的宽泛性、产业结构的层次性、产业关系的关联性，使它具备了集群形成、发展和存在的客观性和必然性。国外学者 Donald（2004）等根据波特的产业集群理论，从产业链和提高竞争优势的角度来界定旅游产业集群，并提出了"旅游竞争集群"的概念。他们认为，旅游集群是由有效的旅游供应链组织起来的一系列旅游活动

和旅游服务，其目的是旅游目的地所有单位协同作用以便提高目的地的竞争力。旅游产业集群所体现的是旅游核心产业及相关产业在竞争与合作中对旅游者消费活动的支持。它适应经济全球化、集群化发展的必然趋势（Donaldf，2004），是旅游产业高级化阶段的产物。

（一）评价步骤

由于旅游产业涉及范围的复杂性和竞争力概念的模糊性，旅游产业集群竞争力受多种因素影响，因此，如何对旅游产业集群竞争力进行综合的评价具有复杂性。已有较多学者专家们对旅游特色产业集群竞争力评价研究做出了相关的贡献。此处借鉴胡宇橙和王庆生（2010）的研究成果，结合赣南等中央苏区旅游特色产业集群自身特点，建立了赣南等中央苏区旅游特色产业集群竞争力评价指标体系，并确立权重，计算出各项指标的具体得分，详见表 7-6。

表 7-6　赣南等中央苏区旅游特色产业集群竞争力评价指标体系

目标层	因素对	一级指标	评分	二级指标	权重	评分
赣南等中央苏区旅游特色产业集群竞争力	基础	资源（D_1）	6.59	旅游区位条件	0.37	7.0
				旅游资源特色、吸引力	0.12	7.0
				旅游人力资源	0.19	6.5
				资本市场	0.32	6.0
		设施（D_2）	6.35	基础设施	0.30	6.0
				旅游设施	0.30	6.5
				旅游管理支持	0.20	6.0
				旅游环境	0.20	7.0
	企业	供应商和相关辅助行业（D_3）	6.32	旅游供应商	0.30	6.5
				旅游辅助行业发展（金融保险、文化产业）	0.37	6.0
				旅游业中的食、住、行、游、购、娱各要素间的关联度和发展平衡性	0.33	6.5

目标层	因素对	一级指标	评分	二级指标	权重	评分
赣南等中央苏区旅游特色产业集群竞争力	企业	企业的结构、战略和竞争（D_4）	6.13	旅游企业数量、规模	0.28	6.5
				旅游企业集聚度	0.19	6.0
				旅游企业盈利状况	0.17	7.0
				旅游企业创新能力	0.36	5.5
	市场	内部市场（D_5）	7.12	国内旅游市场规模	0.38	6.5
				国内旅游市场前景	0.62	7.5
		外部市场（D_6）	6.28	国际旅游市场规模	0.24	6.0
				国际旅游市场发展前景	0.55	6.5
				国际旅游市场的进入障碍（距离、居民态度、服务水平）	0.21	6.0

应用 GEM 进行分析。根据指标的得分情况，应用 GEM 模型进行计算，从而可以得出赣南等中央苏区旅游特色产业集群竞争力得分，具体计算过程如下：

各因素对的得分情况：

基础：PAIR SCORE（资源，设施）= (D_1 + D_2)/2 = 6.47

市场：PAIR SCORE（本地市场，外地市场）= (D_3 + D_4)/2 = 6.22

企业：PAIR SCORE（供应商和相关辅助行业，企业结构、战略和竞争）= (D_5 + D_6)/2 = 6.70

$$GEM = 2.5\left[\prod_{i=1,3}(D_{2i-1} + D_{2i})\right]^{2/3}$$
$$= 2.5 \times \{(D_1 + D_2) \times (D_3 + D_4) \times (D_5 + D_6)\}^{2/3}$$
$$= 2.5 \times \{(6.59 + 6.35) \times (6.32 + 6.13) \times (7.12 + 6.28)\}^{2/3}$$
$$= 417.26$$

（二）结果分析

从上述计算可知，赣南等中央苏区旅游特色产业集群竞争力得分为 417.26，全国平均水平为 250 分，具有在全国范围内明显竞争优势的分数是 490 分，说明赣南等中央苏区旅游特色产业集群具有超过全国平均水平的实力，但竞争优势并不明显。

影响赣南等中央苏区旅游特色产业集群竞争力的六大因素具体情况如下：

（1）资源指标得分为 6.59 分，在各项指标中得分较高。说明赣南等中央苏区旅游特色产业集群发展的基础良好。这是因为赣南等中央苏区自然资源和人文景观极为丰富，尤其红色资源得天独厚。凭借这些丰富的旅游资源，赣南等中央苏区的旅游业正在茁壮成长。《国务院关于支持赣南等中央苏区振兴发展的若干意见》的出台，更为赣南等中央苏区发展旅游特色产业集群提供了强大的政策支持。国务院文件提出，要大力发展红色旅游，将赣南等中央苏区红色旅游列入国家旅游发展战略，支持红色旅游基础设施建设。由此，将形成一系列独特的具有竞争领先地位的旅游资源和项目，未来，赣南等中央苏区旅游特色产业集群竞争力将会有极大提高。

图 7-10　云石山——"长征第一山"

注：1934 年 7 月，中华苏维埃临时中央政府从瑞金沙洲坝迁驻此地小山上的云山古寺。1934 年 10 月，中央机关编为红军中央纵队，从云石山出发开始长征，因而云石山被称为"长征第一山"。

资料来源：欣欣旅游网。

图7-11　井冈山领袖峰景区

注：融红色、绿色、风情于一体的大型旅游景区，于2005年4月28日开放。领袖峰景区位于井冈山大井，与黄洋界、龙潭、水口、大井毛泽东旧居等著名景区、景点相距很近。景区资源大致可分为红色、绿色、风情、食宿、餐饮五大类。1927年10月24日，毛泽东率领秋收起义队伍来到大井，将70支好枪赠给王佐，王佐回赠毛泽东500担稻谷。多年后，研究井冈山斗争史的专家指出，这70支枪和500担稻谷，意味着井冈山的大门豁然打开，中国革命的历史从此开始改写。

资料来源：欣欣旅游网。

图7-12　瑞金红军烈士纪念塔

注：纪念塔于1934年2月落成，为褒扬先烈，永远纪念在革命战争中光荣牺牲的红军指战员而兴建。塔的造型独特，犹如一颗紧弦待发的炮弹竖立在五角形的塔座上。红军长征后，红军烈士纪念塔被敌人拆毁，1955年按原样修复。

资料来源：欣欣旅游网。

（2）设施方面表现良好。随着该地区旅游产业的推进，其旅游基础设施不断完善，旅游环境质量逐渐提高。旅游政策支持积极向好，旅游管理水平也在逐步提高。

（3）相关辅助行业方面表现一般。目前，赣南等中央苏区旅游特色产业集群现有的旅游资源对国内外游客不能形成较强的吸引力，市场需求相对不足，制约了投资人对旅游产业链相关企业的投资，旅游供应不突出。正是由于旅游供应的不足，使旅游业中食、住、行、游、购、娱各要素之间的关联度可能脱节，发展平衡性相对较差。

（4）企业的机构、战略和竞争方面表现较弱。该地区旅游企业中仅有少数制定了中长期的发展目标，大多数企业没有长期战略，这说明企业的战略管理有待加强。目前该地区旅游企业的数量、规模相较旅游发达地区有较大差距。旅游企业的盈利能力较差，其能力也有待提高。

（5）国内市场表现比较好。赣南等中央苏区旅游特色产业集群旅游市场一向以国内市场为主，尤其像井冈山、瑞金等红色旅游地，具有差异性的资源和产品，在全国范围内具有较强的吸引力。《国务院关于支持赣南等中央苏区振兴发展的若干意见》提出扩建吉安井冈山机场，研究建设赣东南机场和瑞金通勤机场，交通等基础设施的进一步完善，将吸引更多国内旅游者到赣南等中央苏区旅游特色产业集群参观游览，国内旅游市场发展前景非常好。

（6）国际市场表现一般，但发展趋势向好。随着我国对外文化交流加深以及基础设施的不断完善，赣南等中央苏区旅游特色产业集群将成为国际旅游者进入中国的又一胜地。

第三节　赣南等中央苏区特色产业集群发展中取得的主要成绩与存在的主要问题研究

一、赣南等中央苏区特色产业集群发展取得的主要成绩

改革开放以来，赣南等中央苏区特色产业集群发展取得了很大的成绩，主要体现在以下五个方面：

（一）注重完善和延伸产业链

赣南等中央苏区特色产业集群根据当地情况和资源优势，通过统一规划和集成资源，以龙头企业为核心，注重培育和发展上下游关联企业，不断完善和延长产业链，形成了日益壮大的特色产业集群，有效地推进了区域产业结构的优化升级。如赣南钨产业集群共有钨冶炼加工经营企业 66 家，其中有一定规模和实力的钨冶炼加工企业 19 家，年销售收入超 10 亿元的 1 家、超 5 亿元的 7 家、超亿元的 25 家。规模以上稀土企业 49 户，拥有 1.5 万吨/年以上的生产能力；离子型稀土矿产品产销量和分离总能力均约占全国的 50%，稀土永磁材料已建和在建能力达到了 1.5 万吨。起步较晚的氟盐化工产业也实现了较大发展，萤石精粉年产能超过 40 万吨，氢氟酸、制冷剂年产能分别达到 5 万吨、4 万吨，真空制盐能力达到 60 万吨。已经拥有仲钨酸铵、氧化钨、钨粉、碳化钨粉、钨条、钨铁、硬质合金和钨丝等各类产品，初步形成了较成熟的深加工产业链。

不少特色产业集群如南丰蜜桔、赣南脐橙等还突破了行政区域界限，成为区域产业结构优化调整的重要"助推器"。在赣南，随着稀土、钨集群内企业加工能力的提升，为了解决原料不足的问题，加工分离企业一方面进行技术改造、产品升级，不断延长产业链，让资源在本地企业深加工得到循环利用；另一方面，各大稀土企业利用价格杠杆和市场规律，已将触角伸向闽、

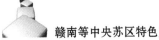

粤、湘、内蒙古及国外稀土主产地，引入外地资源以弥补自身稀土资源供应不足的缺口。钨矿企业不但自采矿全部用于本地加工，每年还外购近 3 万吨，从而进一步加强了赣州矿产资源特色产业集群的辐射力。

（二）技术水平不断提升

赣南等中央苏区特色产业集群依托高新技术，成为区域自主创新的有效载体。高度重视利用高新技术提升产业的竞争力，积极鼓励群内企业承担各级科技项目，建立工程技术研发中心，大大提高了集群的自主创新能力。许多集群因地制宜，采取各种措施通过建立产学研合作和构建共性技术研发平台等手段，加强高新技术与特色产业的有机结合，取得显著成效。

赣州积极引导和支持企业与高等院校、科研机构开展技术攻关、项目研发合作，推动产学研合作科技成果产业化。近年来，赣州设立战略性新兴产业发展基金，支持群内高科技企业发展；花大力气建设公共技术平台、科研成果市场转化平台、公共信息服务平台、基地教育与培训服务平台，抓紧建设提升国家级钨和稀土工程研究院、工程技术研究中心、检验检测中心等科研平台，为钨、稀土特色产业集群的发展提供技术支撑，对提高钨和稀土企业自主创新能力、综合实力发挥了重要的支撑作用（段结兵，2009）。在稀土、钨集群中，建立了一个检验机构——国家钨与稀土产品质量监督检验中心。该中心位于具有"世界钨都"和"稀土王国"的江西省赣州市。2007 年由国家质检总局批准，2008 年建成，2009 年投入运行，并获得了 CNAS 颁发的实验室认可证书和中国认监委颁发的资质认定证书，2010 年通过了国家验收，目前是全国唯一一个国家级的钨与稀土产品质量监督检验法定技术机构。现在赣州拥有 2 个国家级工程中心（2013 年获得科技部批准的国家脐橙工程技术研究中心、2011 年获得发改委批准的钨与稀土采冶及深加工技术国家地方联合工程研究中心（江西））、2 个博士后工作站（钨资源高效开发及应用技术教育部工程研究中心博士后科研工作站、脐橙中心博士后工作站）（见图 7-13）、8 个省级工程技术中心（彭小柱、杨和发，2007）。2008 年，赣南稀土产业集群主营业务收入达 90 多亿元，已成为全国最大的稀土金属生产基地，成为赣州市的支柱产业之一。在科技部公布的 2012 年度国家工程技术研究中心组建项目计划名单中，以赣州稀土集团有限公司为牵头单位，与江西理工大学和赣州有色冶金研究所共同申报，江西理工大学副校长罗嗣海担任申报和组建负责的"国家离子型稀土资源高效开发利用工程技术研究中心"榜上有名。这是江西省首个获批组建的国家稀土工程技术研究中心。该中心总投资 1.1 亿元，组建期 3 年。旨在强化产、学、研合作，加大优势资源整合力度，更好地突破离子型稀土行业发展的重大关键共性技术，开发出一批具有自主知识产权和核心技术的工程化技术成果，提高离子型稀土资源综合利用率，推进矿区生态恢复与环境治理，提升分离冶炼技术水平，推动资源循环利用与均衡利用，将对我国离子型稀土产业发展产生积极而深远的影响。

图 7-13　赣南脐橙工程中心、钨资源高效开发及应用技术教育部工程研究中心先后
获批建立博士后工作站

资料来源：360 导航网。

（三）培育了一批优势企业和名牌产品

经过多年培育，赣南等中央苏区特色产业集群已形成了一批自主品牌和龙头企业。赣南等中央苏区政府采取多种有效措施，扶持龙头骨干企业，带动和辐射中小企业，在提升产业整体竞争能力的同时，积极实施品牌战略，在培育自主品牌方面取得显著成效，产业竞争力不断增强，已经形成了一批具有国际、国内影响的自主品牌。如南丰蜜桔、赣南脐橙商标，分别于 2007 年、2011 年获得了中国驰名商标称号，这表明这些区域品牌已初步形成，并

在国内外享有盛誉。其中，南丰蜜桔及地理标志图被国家工商总局认定为"中国驰名商标"，开创了"三个第一"，即全国宽皮柑桔类第一个驰名商标、江西省水果类第一个驰名商标、抚州市各类产品第一个驰名商标。赣南脐橙商标是赣州市农产品行业第一个行政认定的中国驰名商标。

此外，特色产业集群内的一些企业通过自身努力，品牌知名度也迅速上升。如南康家具产业集群的龙头企业大澳涂料有限公司的"大澳"商标于2011年被国家工商总局认定为驰名商标。

赣南等中央苏区特色产业集群内的一批龙头企业，通过自主创新，积极开发自主知识产权的新产品，自主创新能力居国内同行业领先水平。如赣州稀土、钨矿集群通过联合重组、资源整合、扶持龙头企业，一批规模性企业快速发展，形成了章源钨业、五矿稀土等一批采选冶加一条龙、科工贸一体化的大型综合性企业，企业的主营业务收入、实现利润和产品竞争能力处于国内同行业较高水平。企业资本运作水平不断提高，章源钨业于2010年3月在深交所成功上市。2015年2月3日，江西省科技厅、财政厅、税务局联合公布了江西省2014年第二批高新技术企业名单，颁发《高新技术企业证书》（证书编号：GR201436000201），再次认定章源钨业为高新技术企业，有效期3年（见图7-14）。

图7-14 章源钨业高新技术企业证书

资料来源：360导航网。

章源钨业于 2004 年首次通过省级高新技术企业认定，系 2008 年江西省首批按科技部、财政部、国家税务总局新颁布的《高新技术企业认定管理办法》认定的高新技术企业，2011 年通过复审，2014 年通过重新认定。同年，江西省知识产权工作领导小组办公室和省知识产权局公示了首批全省知识产权优势示范企业名单，崇义章源钨业股份有限公司被评定为首批江西省知识产权优势企业（见图 7-15）。截至目前，公司申请专利达 43 项，拥有发明专利 5 项、实用新型 6 项、外观专利 3 项。

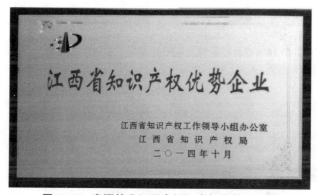

图 7-15 章源钨业江西省知识产权优势企业牌

资料来源：360 导航网。

成立于 2001 年 4 月 29 日的赣县红金稀土有限公司，为五矿稀土（赣州）有限公司全资子公司。经过几年的发展，逐步形成了集稀土采矿、分离、深加工及应用的产业链；通过自主研发技术工艺，实现了重稀土 15 个元素的全分离，完成了从稀土粗分离向深加工的转化，运用这一稀土分离技术，年处理离子型稀土矿 4000 吨；公司现总资产超 3 亿元，是中国规模最大、工艺最先进、能够对南方离子型矿实现 15 种单一高纯稀土元素全分离的少数几家企业之一。2008 年，公司开发了高纯稀土氧化钬、氧化铒、氧化铥、氧化镱、氧化镥（12 吨/年，预计约占全球份额的 10%）和铈铱共沉物系列产品；其开发的高端产品氧化钇铕（1200 吨/年）产品已占全球份额的 20% 以上；其"红希源"商标被评为江西省著名商标，氧化铽产品被评为江西省名牌产品（见图 7-16、图 7-17）。

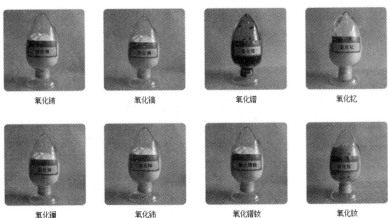

| 氧化铈 | 氧化镝 | 氧化镨 | 氧化钇 |

| 氧化镧 | 氧化铈 | 氧化镨钕 | 氧化钕 |

图 7-16 赣县红金稀土有限公司生产的稀土氧化物（一）

资料来源：赣县红金稀土有限公司官网。

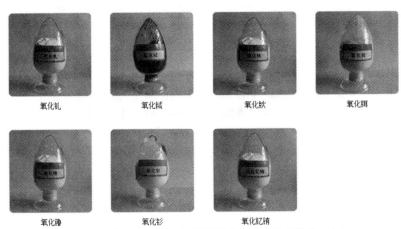

| 氧化钆 | 氧化铽 | 氧化钬 | 氧化铒 |

| 氧化镥 | 氧化钐 | 氧化钇铈 |

图 7-17 赣县红金稀土有限公司生产的稀土氧化物（二）

资料来源：赣县红金稀土有限公司官网。

（四）在全国的地位和影响日益突出

经过多年的培育，赣南等中央苏区特色产业集群获得了长足发展，一些集群成为著名的特色产业集群，在全国的地位和影响日益突出，甚至具有世界性影响。如稀土、钨矿产业集群生产的钨 APT 占全国 65% 以上，钨粉占 30% 以上，拥有全国 35% 左右的钨精矿产量、55% 左右的钨精矿集散量、45% 左右的钨冶炼加工量，钨产业销售收入约占全国的 40%；赣州离子型稀土分离总能力约占全国同类矿的 45%，单一稀土金属总能力占全国的 60%，销售收入约占全国的 25%。赣州已成为中国和世界有重要影响力的钨矿及钨冶炼加工生产基地、全国最大的稀土分离冶炼生产基地、全国最大的稀土金属生产基地、全国最大的稀土矿产品集散地。赣南脐橙集群是种植面积世界第一、年产量世界第三、全国最大的主产区，被誉为"世界橙乡"。金溪香精香料集群是全国仅次于江西昆山的香精香料生产基地，其中天然芳樟醇、天然樟脑粉产量分别居全国、全球第一，拥有国际市场定价权，金溪县已成为全国樟科系列天然香料加工贸易集散地，拥有 80% 以上的市场份额，其中天然樟脑粉产量已超过盛产樟脑的台湾，居全球第一；松节油系列香料市场份额稳定在全国 30% 以上。

（五）带动了赣南等中央苏区经济发展

近年来，赣南等中央苏区特色产业集群积极整合资源，加快发展，呈现出蓬勃发展的较好势头。赣州、吉安、抚州地区抓住沿海发达地区产业转移的良好机遇，加快建设步伐，积极承接转移产业。如赣州香港产业园、台商创业园、吉安井开区深圳产业园、井冈山日用陶瓷产业园、泰和温岭机械机电产业园及抚州临川、崇仁、南城、南丰服装包袋生产和出口加工基地等，就是这类产业转移造成的产业集群。其中，有的产业园与当地特有资源有效结合，充分升级当地既有产业，加强根植性，形成了特色产业集群，如吉安电子信息产业基地，就是产业转移与当地原有赣新电视机厂的各种资源而形成的特色产业集群；赣州香港产业园、台商创业园也与当地稀土、钨集群资源有效结合，升级稀土、钨产业集群，从而延长了稀土、钨产业集群作为赣州经济支柱产业的产业链和生命周期。

赣南脐橙集群中，有 23 万户种植户、68 万果农受益，果农人均收入5000 元。赣南脐橙集群带动了养殖、农资、采后商品化处理、贮藏加工、物流运输、包装印刷等关联配套产业的发展，解决了 24 万农村富余劳动力的就业问题，成为赣州最有特色、最有优势和最具潜力、最具竞争力的农业主导产业，有力地推动了赣南农业产业的发展。

金溪是一个历史悠久的农业大县，也是经济发展比较落后的贫困县。为彻底改变金溪贫困的面貌，金溪走"工业强县"的道路，立足自然资源和人文资源优势，构建香精香料特色产业集群，"以工业为龙头，以农业和第三产业为两翼"，走出了一条特色鲜明的"雁行"发展道路。近年来，在县委、县政府正确的领导下，坚持工业强县的思路，大力发展工业经济，积极调整产业结构，依托工业园区，促进产业集聚，对重点企业进行优化扶持，加强政策引导和行业规划，逐步提升香精香料特色产业集群的发展规模、速度和水平。目前，金溪工业园区初步形成了香精香料、机电冶金、轻工纺织、食品加工四大支柱产业雏形。2011年，该县84家投产企业实现主营业务收入49亿元，同比增长34%。金溪县工业园内的香精香料企业产值约占整个园区总产值的39.8%，占据第一的位置，在金溪工业园区中处于非常重要的地位，其发展对整个工业区的建设起到举足轻重的作用，香精香料产业已经形成了一个重要产业基地，对县域经济总量增加具有重要意义。

南丰全县有13个乡镇场，21.5万农业人口，全县90%以上的农户均种植南丰蜜桔，而且大部分农民以蜜桔生产为家庭主要收入来源。2005年南丰蜜桔集群产值达10亿元，来自南丰蜜桔产业集群的收入，占南丰县国内生产总值的1/2，财政收入的1/4，南丰蜜桔产业已成为南丰县域经济的支柱产业。2011年，整个集群年产值突破20亿元，带动相关产业产值近40亿元。南丰蜜桔产业集群的发展，给南丰县农民带来巨大财富，农民住房条件、生活环境和交通条件等得到改善，提升了农村现代化水平。

所有这些都表明，特色产业集群在赣南等中央苏区的覆盖面和影响力正在日益扩大，带动了赣南等中央苏区经济的发展，成为各地发展区域特色经济的重要助推器。

二、赣南等中央苏区特色产业集群发展中存在的主要问题

从特色产业集群培育发展的历史看，赣南等中央苏区确实取得了巨大的成绩，但是，从横向看，将赣南等中央苏区特色产业集群的数量、品质与沿海发达地区相比、与周边地区相比，仍存在很大差距，主要体现在以下六个方面：

（一）特色产业集群总量偏少，规模偏小

在我国，产业集群最发达的是浙江。以 2009 年为例，浙江省工业总产值在 1 亿元以上的特色产业集群有 800 多个。浙江省 11 个设区市，平均每个设区市拥有约 73 个亿元级产业集群，其中，工业总产值在 50 亿元以下的有 580 多个，约占总数的 72.5%，工业总产值在 50 亿元以上的有近 220 个，占总数的 27.5%（岳军，2010）。同处中部地区的河北省，2007 年营业收入 5 亿元以上的特色产业集群 185 个；河南省到 2011 年底主营业务收入超过百亿元的集聚区达到 85 个，初步形成了 94 个特色产业集群。

与此形成鲜明对比的是，赣南等中央苏区共计只有 48 个特色产业集群，在赣州、吉安、抚州三个设区市中，平均每个设区市只有 16 个特色产业集群。在 48 个集群中，集群产值（或销售额）1 亿元以上的特色产业集群有 36 个，平均每个设区市有 12 个特色产业集群，仅为浙江省设区市平均数的 1/6，差距十分明显。

（二）比较优势脆弱

一般来说，区域都选择有比较优势的产业作为特色产业加以发展，赣南等中央苏区也不例外。但赣南等中央苏区有竞争优势的特色产业集群不多。除了赣南稀土、钨、脐橙、氟化工、金溪香精香料等少数特色产业集群具有较强的竞争力，比较优势明显外，赣南等中央苏区多数特色产业集群比较优势有其脆弱的一面。就产业效率而言，这些特色产业效率高于本区域其他产业，在当地属于快速发展的成长性良好的产业，但却未必在全国同类产业中具有效率优势。特色产业在区域全部产业中所占比重多数都比较大，被寄予壮大本区域经济规模的厚望，但是，在全国同行业中却并不具有规模优势。

由于赣南等中央苏区特色产业集群大部分立足于当地农业和矿产品资源基础之上，许多企业仅限于对农产品和矿产品进行简单加工，生产技术含量低的初级产品，附加值低，同质化现象严重，竞争力严重不足。如赣州钨、稀土产业链主要集中在原矿开采、冶炼加工等中低端环节，深加工企业少，产品技术含量不高，钨和稀土高端应用产品几乎为空白。以钨产业为例，虽然拥有每年 600 万吨的采矿生产能力和 500 万吨的选矿生产能力，分别占全

国的 49% 和 37%，但高端产品如硬质合金生产能力仅为 2000 吨，约占全国份额的 8%。

　　赣南各地虽然把承接发达地区产业转移作为发展特色产业集群的重要策略之一，但基础条件存在不足，发展条件存在短板。主要表现在三个方面：①人力资源方面。虽然有丰富的劳动力资源，但是却存在着"普工易找，技工难招"的现象，高素质的劳动力、技术人员及高层管理人员短缺。②交易费用方面。由于产业链不完整，原材料采购、产品销售运输成本较高。尽管各地近几年在构建完整产业链方面取得了进步，但是一个完整的产业链的建立尚需时日。③服务功能不全。产业园区社会服务功能不健全，社会服务功能及配套设施建设明显不足（余焕新、刘爱军，2011）。

（三）特色产业集群整体品质不高

　　就集群发展阶段来说，赣南等中央苏区特色产业集群大多处于集群初期形成阶段，许多特色产业集群只是初具雏形，集群整体品质不高。而且，许多集群的形成基本上靠政府推动，并非市场机制作用的产物，群内各企业之间没有实现真正意义上的专业化分工，上下游产业及支撑产业相互关联性不强，互补效应不明显，尚未形成基于共同地域文化背景下的相互认同和协同关系，更缺乏既竞争又合作的创新动力，离真正意义上的特色产业集群差距甚远。

　　赣南等中央苏区产业结构中存在着有企业、无产业，有产业、无集群，产业集中尚可、集群不足的问题。各地虽然建立了数量不少的工业园、经济开发区，并期望以此实现产业集中、集群，实现区域经济增长、发展的目标。在经济、行政、法律等多种措施的共同作用下，园（区）内确实集中了一些企业，但是这些企业只是一些并不相关的企业、行业的简单堆积或叠加。政府通过此举，虽然提高了企业空间的集中度，却无法强制性实现企业之间的分工，因为分工是产业集群发展过程中自然演进的结果。由于只重视引进企业的数量和招商的资金量，忽视了产业链的培植，缺少营造产业集群的发展氛围。企业之间基于利益共享的分工合作机制尚未形成，对相关产业的带动作用有限。由于园（区）内部企业之间缺乏产业关联性，不能形成良好的分工与协作，导致各个企业都是封闭的大而全的生产系统，研发和交易成本很高，产品市场竞争优势不强。由于企业集群度比较低，制约了产业链的纵向延伸、规模的扩张和关联产业、支撑产业的发展，与集群相配套的金融、保险、物流等现代服务机构未能实质有效地参与到集群关联结构之中，制约了产业结构的调整和升级。

产业基地"特色"不够。虽然赣南等中央苏区一些地区先后获得了中央、省级政府管理部门授予的特色产业基地的称号，但是，从调研的情况看，个别基地产业特色并不明显，有的特色产业基地甚至名不副实。基地内企业虽然形成族群，也有一定的产业规模，但基地骨干企业辐射和带动能力较弱，企业之间还没有形成有机整合，产业链条的相互配套程度低，产业关联度不高，产业聚集效果还没有充分发挥，特色产业集群度有待进一步提高，难以起到带动和辐射地区经济发展的作用。

（四）关键技术的研发能力明显不强

除了少数集群的少数企业外，目前赣南等中央苏区特色产业集群内多数企业是中小企业。由于集群没有建立相应的科技服务中心，加之群内中小企业技术装备落后，科技人员缺乏，研发力量不足，尤其对产业核心技术、关键技术的研究开发能力较弱，创新能力较弱，致使一些产业集群产品科技含量不高，产品附加值低，层次较低，仍处于产业链的中低端。如赣州，群内企业技术创新意识比较淡薄、研发投入低、高水平技术创新力量严重不足，基本上依靠自身资源优势降低产品加工成本。另外，技术创新公共服务平台建设还有待完善，市内科研院所也存在着力量分散、条块分割、研究宽泛问题，缺乏有组织的技术攻关和项目研发合作，导致基础研发、原始创新、自主创新能力都比较低，应用产品开发滞后，特色产业集群发展遭遇了技术"瓶颈"。

赣南等中央苏区特色产业集群研发能力弱，既与上述集群机制缺失有关，也与现行的行政管理体制有关。赣南等中央苏区本身科研力量就不强，就是有限的科研力量及其成果也并没有得到充分应用。一些与群内企业相关的先进技术也与群内企业对接缓慢，良性的扩散机制还没有形成。目前，特色产

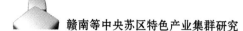

业集群急需引入先进适用技术，进行改造提升。然而，由于信息不对称、利益共享机制未形成等诸多原因，群内高校、科研院所的许多高新技术成果、先进适用技术无法与产业集群企业对接，有利于先进适用技术在产业集群扩散的良性机制也远未形成。因此，有必要由政府介入，加强特色产业集群与高校、科研院所的技术对接，实行多种形式的产学研合作模式，促进先进技术在特色产业集群的对接和扩散，提升集群自主创新能力。为了改善赣南等中央苏区科技水平低、集群层次低的不利处境，赣州、吉安、抚州各级政府一方面充分挖掘自身潜力，积极培育，提升自身素质，加快特色产业集群创新平台建设的步伐；另一方面，大力招商引资，积极承接国际、国内发达地区的产业转移，希望借助外力，提升科研水平。然而，从实际情况看，由于外源企业根植性不足，这方面的效果并不明显。

外源企业指非本地企业。企业根植性指外源与本地企业之间持续而稳定的产业关联性，具体包括原材料采购供应及其上下游产品供应的本地化程度、对本地企业的技术转移和技术溢出效应、与本地产业的接口、对地方产业结构升级的促进以及对本地产业竞争力提升的作用、人力资源的本地化程度等。外源企业与当地原有企业、产业、资源、市场还缺乏紧密的有机联系和牢固的共生关系。企业离开沿海到赣南等地来投资，有些企业的目的在于享受土地出让等优惠政策，有些企业的目的在于吸纳当地大量廉价的资源（包括劳动力资源），从而造成了外源企业投资技术溢出效应和学习效应不明显。一般情况下，外源企业核心技术在发达地区研发，然后直接移植到当地进行生产。它们的技术创新与改造较少与当地企业发生横向联系，没有与当地经济发展形成深度契合，做大做强地方支柱产业的动力不足，在后续投入和扩大再生产方面积极性不高，影响了外源企业在当地的深度扩展，又制约了其"当地化"进程，根植性不强。有的甚至呈现"候鸟型"特征，打一枪换一个地方（邓水兰、温诒忠，2007；余焕新、刘爱军，2011）。

（五）资源与环境的硬约束凸显

赣南等中央苏区特色产业集群的一个显著特点是基于自身的资源禀赋。由于资源存量尤其是矿产资源存量的有限性，随着特色产业集群的快速发展，资源消耗速度加快，集群发展的资源瓶颈逐渐暴露出来。以赣南稀土、钨为例，由于政府对资源的调控还不够有力，滥挖乱采等粗放式开采现象还在一定程度、一定范围内存在，资源消耗过快。据有关部门 2008 年测算，赣州全市钨、稀土保有储量只能满足 10 年左右需求，其中独有的高钇重稀土只能维持 5~8 年。此外，随着国家税收政策的调整，取消了收购凭证增值税抵扣，由此将导致外地进入赣南的钨砂交易量减少，危及赣州作为钨砂全国集散地的地位。

图 7-18　稀土开采造成严重的水土流失

资料来源：东方卫视。

　　由于集群内企业环保意识较差，环保措施落实程度不一，加上一些落后的生产工艺污染大，生态环境受到很大破坏。①在矿业领域，开采方式十分粗放，资源利用效率低，生态环境受到很大影响。如在钨、稀土矿石的开采过程中，一些矿山环保设施较差，废石、废水、尾砂随意排放，水土流失严重；特别是稀土矿山露天采矿形成的采矿坑，大量剥离岩土、尾矿堆积，在雨季可造成崩塌、滑坡、泥石流等地质灾害。钨、稀土冶炼过程中造成的地下水源的污染，氨、氮环保指标超标等问题仍然存在。对工业"三废"特别是废水或固体废物的集中处理并回收其中有价金属的设施不足，造成环境的破坏。②一些工业园区的分布和功能区划分不尽合理，重污染企业与低污染企业混杂其中，增加了工业"三废"资源化利用的难度。由于一些地方政府缺乏循环经济的长远规划，而且在政策上只有指导性意见而没有具体的实施细则，存在机制上的缺失，加之很多企业只注重追求利益最大化，环保意识和发展循环经济意识不强，缺乏社会责任感的现象仍然存在，从而处理工业"三废"时不愿投入资金和技术，态度消极，结果经济效益的取得伴随着资源的耗竭和"三废"的大量排放，导致环境安全水平的持续下降和环境质量的日益恶化。解决环境污染问题，实现特色产业集群的绿色发展、可持续发展任重道远。

（六）赣南稀土、脐橙特色产业集群负外部性比较强

目前稀土私采乱挖、浪费资源、走私等情况依然猖獗，国有企业稀土开采的吨回收率仅为 60%，大型的民营企业回收率只有 40%，一些私采乱挖的矿山甚至只有 5%，稀土资源被大量浪费，并由此引发巨大的环境问题。赣南稀土"过去是用草酸直接掀开植被进行开采，现在是用原地浸矿法，向山表皮下的矿层注入大量硫酸铵，再把吸附稀土离子置换出来，1 吨氧化物的开采需要注入七八吨的硫酸铵，而这些有毒的溶液长期残留地下，一旦污染地下水资源后果不堪设想"（苏波，2012）。据估计，赣州一地因为稀土开采造成环境污染，仅矿山环境恢复性治理费用就高达 380 亿元，必须强调的是，这 380 亿元的费用仅限于对赣州地区矿山的治理，并不包括当地分离企业的污染治理费用。但是，"赣州这些年来都没赚到那么多钱"（苏波，2012），赣州稀土所产生的利润远低于治理所需费用。截至 2011 年底，江西省稀土企业 51 个，全年稀土主营收入 329 亿元，利润为 64 亿元。实际数据充分说明稀土特色产业集群具有很强的负外部性。

这种负外部性在赣南脐橙集群中同样存在。虽然国际上掀起了"绿色"、"无公害"消费热潮，但是，赣南脐橙特色产业集群这方面的"欠账"比较多，仍然停留在示范引导阶段。由于没有处理好规划开发与环境保护的关系，果园建设虽然强调要保护生态，但是实际上都是对原有地形地貌的破坏。"染色橙"事件发生后，赣州认识到赣南的山水是不可复制的资源，更是脐橙优

图 7-19 稀土矿山造成严重的负外部性

资料来源：360 导航网站。

良品质的坚实基础，只有打好生态牌，抓好绿色生产，才能突出重围。为此，在果业发展源头上就注重绿色规划，严把建园质量关。赣州各县市规定开发果园时必须做到"山顶戴帽"，即在山顶留下一些树木，但这个帽子要有多大，并无规定，因此，在实际工作中，情况就千差万别，有的只是象征性留下几棵。不少山头打出一排排条带以后长期不种苗木，有的虽然种上了苗木，但没有及时采取措施防止水土流失；用机械打条带的山，水土流失现象更严重，下雨时，表层土流失非常严重。所有这些，都已经成为群内带有普遍性的问题。从生态效益来讲，大面积山地种植，如果引导不当，势必引发水土流失问题，可能导致生态环境的恶化。

第四节　本章小结

　　赣南等中央苏区特色产业集群在多方面取得了长足的进步，有力地推动了赣南等中央苏区经济增长和发展。但是，与沿海等发达地区相比，无论在数量、规模还是品质方面，差距仍然很大。这种状况既与赣南等中央苏区特

赣南等中央苏区特色产业集群研究

色产业集群自身发展有关（因为从总体看，赣南等中央苏区特色产业集群仍然处于集群初级发展阶段，产业层次多数仍然处于价值链的中低端，发展空间大），也与赣南等中央苏区现存体制、机制有关，特别是出于国家短期战略或地方政府政绩考核的需要，片面追求 GDP 的增长，客观上造成了赣南等中央苏区产业集群发展的生态环境持续恶化。资源、环境的硬约束，将成为赣南等中央苏区特色产业集群发展的强大障碍。

第八章　进一步促进赣南等中央苏区特色产业集群发展的政策建议

第一节　进一步促进赣南等中央苏区特色产业集群发展的基本原则

作为经济欠发达地区，赣南等中央苏区要在 2020 年与全国同步实现全面建成小康社会目标，必须着力培育壮大特色产业集群，从而走出一条欠发达地区实现跨越式发展的新路子。进一步促进赣南等中央苏区特色产业集群发展，需要坚持以下原则：

一、比较优势原则

产业定位是发展特色产业集群的关键。要在选择特色产业上求突破，把资源优势和区位优势转化为产业集群优势。要"有所为、有所不为"，立足本地产业的比较优势，依照国家的产业政策和区域政策，选择确实能体现本地综合优势、符合未来发展大势，能够带动赣南等中央苏区经济发展的特色产业、支柱产业。

2011 年 6 月 8 日，我国首个全国性国土空间开发规划《全国主体功能区规划》（以下简称《规划》）正式发布。国务院已于 2010 年 12 月将《规划》印发全国各省份和国务院有关部门，并要求尽快组织完成省级主体功能区规划编制工作，调整完善财政、投资、产业、土地、农业、人口、环境等相关规划和政策法规，建立健全绩效考核评价体系，全面做好《规划》实施的各项工作。按开发方式划分，国土空间可以划分为优化开发、重点开发、限制开发和禁止开发四大功能区域；按开发内容划分，则分为城市化地区、农产品主产区和重点生态功能区；按层级划分，则分为国家和省级两个层面。中央推出全国主体功能区规划的目的，就是希望发挥不同地区各自功能中的"主体"功能。《国务院关于印发全国主体功能区规划的通知》指出，《规划》是我国国土空间开发的战略性、基础性和约束性规划。编制实施《规划》，是深入贯彻落实科学发展观的重大战略举措，对于推进形成人口、经济和资源环境相协调的国土空间开发格局，加快转变经济发展方式，促进经济长期平稳较快发展和社会和谐稳定，全面建成小康社会目标和社会主义现代化建设长远目标，具有重要战略意义。按照《规划》要求，属于中部地区的赣南等中央苏区产业布局要立足比较优势，发展特色产业，大力推进矿业结构优化升级，强化综合利用。中共十八大报告要求"加快实施主体功能区战略，推动各地区严格按照主体功能定位发展"。强调主体功能定位，实际上就是各地经济发展要从实际情况出发，根据本地资源、区位优势，确定各具特色的优势产业。

赣南等中央苏区拥有丰富的矿产、农业、旅游等特色资源，为培育、发展具有比较优势的特色产业集群提供了支撑条件。

赣南等中央苏区矿产种类繁多，尤其是稀土、钨、铀等稀有金属和铜、铁、钽铌等有色金属，以及萤石及其他矿产的基础储量都排在全国前列，其中，钨资源、稀土资源、萤石资源是最宝贵的战略性资源。目前已形成一批科技含量高、财税贡献大、辐射带动能力强的战略性新兴产业集群，具有远大的发展前景。

赣南等中央苏区地处亚热带和温带气候，以典型亚热带丘陵山区湿润季风气候为主，昼夜温差大，无霜期长，光照充足，土壤肥沃，雨量充沛，非常适宜亚热带作物和林木的生长，具有大规模发展粮食生产、畜牧业、开展动物良种繁育、水产渔业、生物制药等得天独厚的条件。以赣州为例，其河流众多，水系发达，耕地面积 29.29 万公顷，有林面积 271.3 万公顷，森林覆盖率为 74.2%，农业产值高且稳，对台贸易产业支撑作用突出，在农业工业化、产业化、规模化和集约化的进程中具有较大潜力。

赣南等中央苏区是第二次国内革命战争时期的主要革命根据地，也是我国南方重要的生态屏障，其历史文化悠久，旅游资源独特、丰富，集历史、文化、自然、人文、宗教与民俗风情为一体，红（色）、古（色）、绿（色）于一身，呈全方位立体之势，旅游开发前景非常广阔，是我国新兴的旅游区，赣州、吉安已跨入中国优秀旅游城市行列。

赣南等中央苏区拥有水力、核能等能源资源。境内河流众多，降雨量丰沛，水能资源丰富，水能资源现有储存量和开发潜力均有明显的优势。同时，地热资源、铀矿等能源储量及开发情况均处于全国前列，拥有国家级的铀矿生产基地。其中抚州金安铀业已建成具备采矿、选矿、水冶综合生产能力，天然铀年产量占全国产量的 1/4 左右，年年超额完成国家下达的生产计划，产品达到国家一级标准，是我国最大的天然铀生产基地，素有"铀都"之称。

赣南等中央苏区地处闽、粤、赣三省交界处，是东南沿海地区的直接腹地，我国东部地区向中西部地区延伸的重要通道，承南启北，同时处于海峡西岸经济区、珠三角经济区、鄱阳湖生态经济区、长株潭城市群、赣南等中央苏区振兴发展区、罗霄山脉地区扶贫和发展规划区等国家重点发展区域的接合点，加之集中连片的区位特征、交通运输便捷、得天独厚的战略资源、本地初具规模的产业基础，使赣南等中央苏区具备加快发展和承接产业转移的良好基础和便利条件，而沿海地区产业转移的迫切需要又给赣南等中央苏区承接产业转移创造了很好的机遇。

总之，赣南等中央苏区具有资源、区位的比较优势，有利于特色产业集群的培育和发展。

二、可持续发展原则

可持续发展（Sustainable Development）的概念最早出现于 1972 年在斯德哥尔摩举行的联合国人类环境研讨会上。这次研讨会云集了全球的工业化和发展中国家的代表，共同界定人类在缔造一个健康和富有生机的环境上所享有的权利。自此以后，各国致力于界定"可持续发展"的含义，现时已拟出的定义已有几百个之多，涵盖范围包括国际、区域、地方及特定界别的层面，是科学发展观的基本要求之一。大体而言，可持续发展原则包括三大内容：公平性原则、持续性原则、共同性原则。

（1）公平性原则指本代人之间的公平、代际间的公平和资源分配与利用的公平。可持续发展是一种机会、利益均等的发展。它既包括同代内区际间的均衡发展，即一个地区的发展不应以损害其他地区的发展为代价，又包括代际间的均衡发展，即既满足当代人的需要，又不损害后代的发展能力。该原则认为，人类各代都处在同一生存空间，他们对这一空间中的自然资源和社会财富拥有同等享用权，他们应该拥有同等的生存权。因此，可持续发展把消除贫困作为重要问题提了出来，要予以优先解决，要给各国、各地区的人、世世代代的人以平等的发展权。

（2）持续性原则指人类经济和社会的发展不能超越资源和环境的承载能力。即在满足需要的同时必须有限制因素，发展的概念中包含着制约的因素，因此，在满足人类需要的过程中，必然有限制因素的存在。主要限制因素有人口数量、环境、资源，以及技术状况和社会组织对环境满足眼前和将来需要能力施加的限制。其中，最主要的限制因素是人类赖以生存的物质基础——自然资源与环境。因此，持续性原则的核心是人类的经济和社会发展不能超越资源与环境的承载能力，从而真正将人类的当前利益与长远利益有机结合。

（3）共同性原则强调各国可持续发展的模式虽然不同，但公平性和持续性原则是共同的。地球的整体性和相互依存性决定全球必须联合起来。可持续发展是超越文化与历史的障碍来看待全球问题的。它所讨论的问题是关系到全人类的问题，所要达到的目标是全人类的共同目标。虽然国情不同，实现可持续发展的具体模式不可能是唯一的，但是无论发达国家还是发展中国家，公平性原则、协调性原则、持续性原则是共同的，各个国家要实现可持续发展都需要适当调整其国内和国际政策。只有全人类共同努力，才能实现可持续发展的总目标，从而将人类的局部利益与整体利益结合起来。

面对资源约束趋紧、环境污染严重、生态系统退化的严峻形势，中共十八大从人民福祉、民族未来的长远大计出发，提出建设生态文明的目标。十八大报告要求"树立尊重自然、顺应自然、保护自然的生态文明理念，把生态文明建设放在突出地位，融入经济建设、政治建设、文化建设、社会建设各方面和全过程，努力建设美丽中国，实现中华民族永续发展"。

赣南等中央苏区可持续性发展面临的资源、环境问题比较突出。首先是资源短缺问题突出。以赣州为例，虽然赣州的钨矿、稀土矿产资源总量丰富，但是，由于长期实行矿产资源型产业为主的经济模式，造成矿产资源的供需矛盾突出。经历长时间的过度开采，原本具有优势的矿产也因过度消耗，出现了不同程度的资源告急，以至于现有储量难以保证需求，矿产资源承载能力与产业布局和未来经济社会发展之间的矛盾越来越突出。尤其是钨、稀土等矿产业对当地资源的过度依赖，使产业发展的生命周期受到限制，缺乏可持续性。

其次是生态环境脆弱。近代以来，赣南等中央苏区战争频繁，加之自然灾害等原因，导致生态环境遭到破坏。粗放的经济增长方式也加剧了生态环境问题。如在钨、稀土、萤石矿的开采过程中，回收率不高；滥采乱挖现象仍然存在，对资源的破坏和浪费现象仍然较为严重；同时，钨、稀土的尾矿、残次矿基本没有得到利用。在培育脐橙特色产业集群工作中，由于没有处理好规划开发与环境保护的关系，果园建设虽然强调保护生态，但是实际上都是对原有地形地貌的破坏，导致水土流失比较严重，生态环境趋向恶化。

当前，可持续发展已经成为人类社会的共识。坚持可持续发展不仅是时代的要求，更是赣南等中央苏区严酷的现实所需。赣南等中央苏区的资源、环境问题日益突出的现实，也昭示人们，为了自己、为了子孙后代，赣南等中央苏区各级政府在培育、发展特色产业集群中，必须坚持可持续发展的原则。

三、市场导向原则

市场导向原则是市场经济基本原则。于企业而言，企业的存在和发展必须以市场为导向，这是市场经济条件下企业主体的根本指导方针。市场导向以了解顾客需求为出发点，通过发挥本身的能力，致力于降低成本，并整合跨部门的努力来推出具有竞争力的产品和服务，达到企业目标。特色产业集群是从事某类特色产业的若干企业在空间形成的具有横向、纵向、侧向关联性的集合体，同样需要遵循市场导向原则。在培育发展特色产业集群工作中，按照市场需求调整产业，充分发挥市场机制在资源配置中的基础性作用，坚决避免政府盲目主导的无特色、无优势的产业。

坚持市场导向原则，就要正确处理政府与市场的关系。改革开放以来，创造中国经济增长奇迹的主要力量是以企业家为代表的市场力量。政府对市场的调控作用，主要体现在市场失灵的时候，一旦市场功能得到恢复，政府调控就应适时退出。同时，由于在市场经济的发展过程中，市场失灵只是一种暂时现象，因此，让市场在更多的时候说话，才是市场经济的根本。但是对于中国经济而言，由于 30 多年的市场化道路相对比较短，在这段时间里，在进行市场化改革的大背景下，依靠政府的行政手段，创造了众多经济奇迹，因此，针对西方发达资本主义国家长期出现的低增长现象，很多人对政府主导的投资及出口拉动型模式，产生了极度的偏爱，进而出现了过度依赖行政手段，甚至无限放大调控能力来继续推动经济快速增长的趋势。特别在赣南等中央苏区，由于市场力量相对弱小，于是就有人主张不断放大政府的调控作用，过分强调动用行政手段。如果不对这种趋势和现象加以警惕，而任由一些政府部门对经济的过多干预，最终，它将会以吞噬多年建立起来的以市场为主体的运行体系而收场。因此，强调政府对市场的适度干预，就显得非常重要。这种适度干预，在培育、发展特色产业集群工作中，主要是提供公共服务和参与市场管理。

四、集群品牌优化原则

集群品牌也叫产业集群品牌、区域品牌、集体品牌。集群品牌正不断成为人们辨识产业结构和产品特色的重要标识。产业集群的生存、发展也越来越依赖产业集群品牌。一般而言，产业集群品牌具有统一性、时代性、区域性、动力性、持久性等特征（盖宏伟，2010）。培育特色产业集群需要打造特色产业集群品牌。

（一）集群品牌与企业品牌的区别

集群品牌有别于企业品牌。一是塑造的主体不同。集群品牌的塑造主体可能是所在的区域政府，集群企业协会以及集群内多个关联企业的联盟或者集群内的龙头企业。它将特定行业与某一地理或行政区域联系在一起，比单个企业品牌更形象、直接，品牌效应更持久，因而表现出广泛性和持久性特征。二是性质不同。集群品牌对于集群内企业来说具有公共物品的性质，它是集群内企业共同的无形资产，集群品牌一旦产生，集群内任何企业都会享受到集群品牌给它带来的利益，因而，集群品牌具有公共性和外部性特征。

（二）集群品牌的作用

集群品牌可以起到传播信息、创造市场需求、树立消费者信心以及排斥竞争对手的作用。集群品牌对集群内的企业具有外部性。集群品牌是众多企业品牌精华的浓缩和提炼。在产品同质、供过于求的竞争时代，品牌是产品的生命、企业的生命，集群品牌是产业核心竞争力的体现。

第一，集群品牌有利于优化特色产业集群价值链。特色产业集群是一个集合了原料供应商、配件制造商、物流中间商和风险投资商等主体的有机整体。当今的市场竞争已由单个企业之间的竞争发展到拥有完善产业链和价值链的特色产业集群之间的竞争。特色产业集群内的企业以专业化的分工和社会协作组成特色产业集群的各种价值链，是实现特色产业集群整体战略的一部分。品牌效应吸引各种资源向特定区域集中，群内企业通过技术创新向高端发展，集群产业不断向产业链两头双向延伸，逐步形成更完整的产业链，特色产业集群发展出现新的增长极，价值链进一步优化，综合竞争力进一步提高。

第二，集群品牌有利于特色产业集群资产增值。①集群品牌有利于企业资源共享，有效整合产业内部资源。集群品牌是区域内所有企业发展的共同资源，代表着区域产业竞争力。集群以知名品牌为纽带，使相当数量的中小企业集聚在一个知名品牌下，通过集群品牌实现销售渠道共享，形成分销与产品流通优势以及由渠道费用的节约带来价格竞争优势。集群内渠道共享和产品多样化能够使同一品牌的多个产品比单个产品占有更广泛的市场空间，扩大品牌产品生产能力，增强整个区域的竞争力。②名牌企业品牌延伸有利于降低产品成本，增加品牌的无形资产。名牌企业进行品牌延伸，实现低成本扩张，既可以使一些质量上乘的无牌企业共享品牌无形收益，提高产品附加值，又可以摊低创牌费用，降低单位成本，使品牌的无形资产在运动中增值，提高产品竞争力。

第三，集群品牌有利于增强特色产业集群对外影响力。在经济全球化背景下，区域之间、企业之间的竞争很大程度上取决于品牌效应。特色产业集群竞争力与集群品牌关系密不可分。创出一个具有全国影响乃至世界影响的集群品牌，是现代产业集群成功的重要标志。集群品牌的知名度、美誉度一旦形成，将成为整个特色产业集群的一笔无形资产，使该产业能在较短的时间里被外界所认知，惠及集群中的个体。同时，集群品牌名声在外，有利于主导产业在全球产业格局中取得产业分工与转移的有利地位。集群品牌是特色产业集群的名片，发展集群品牌是增强特色产业集群的知名度和影响力，提升产业层次，提高特色产业集群核心竞争力的有效手段（陈丽芬，2008）。

（三）我国集群品牌的发展情况

陈丽芬（2008）研究了我国产业集群品牌的发展情况。她认为，集群品牌主要集中于经济发达的沿海地区。由于集群品牌的培育需要市场经济的土壤和开放的创业氛围，沿海地区浓厚的商业氛围和开放的创业环境，为集群品牌的发展创造了有利条件。市场经济越发达、市场机制越健全、地理区位越开放的地方，集群品牌发展就越健康。

我国产业集群品牌集中分布于制造业，遍及服装、机械、电子、农副产品加工、印刷、家具、食品制造等 10 多个行业。由于制造业产业集群经历了长时间的发展，因此，塑造了一批具有较强国际竞争力的集群品牌。

在集群品牌建设取得不俗成绩的同时，我国集群品牌建设也存在许多不足。归纳起来，主要体现在四个方面：①集群有品无牌。目前，大多数产业集群走的是粗放型发展模式，基本停留在贴牌生产阶段，集群内企业过多地进行委托加工服务，只收取低廉的加工费，品牌战略和品牌经营水平与国外发达国家存在很大差距。我国产业集群处于全球产业链的低端，集群内企业多数为他人作嫁衣，造成有品无牌的局面。②缺少龙头品牌引领。我国许多产业集群以中小企业为主体，缺少知名的龙头品牌引领产业发展方向，大多数企业核心竞争力低下，难以应对国际市场竞争。③集群品牌得不到有效保护。企业对产业集群的品牌化发展意识低下，没有将产业集群看作类似企业的宣传实体，众多企业品牌分散经营，难以形成合力，产业集群声音弱，缺失市场话语权，不注重集群商标的注册和保护。④品牌经营管理人才匮乏。产业集群以中小企业居多，很多企业都是从手工作坊开始发家，他们的中层管理干部主要从熟练工人中直接提拔，他们虽然熟悉生产环节，但未受过专业的品牌经营培训，缺乏科学的品牌管理知识。品牌经营人才匮乏已成为中国传统产业集群发展的"瓶颈"。

赣南等中央苏区在集群品牌建设方面已经取得了不小的成绩，初步形成了一些区域性品牌，有的甚至成为全国性、世界性品牌，如南丰蜜桔、赣南脐橙、泰和乌鸡、遂川狗牯脑茶叶、南安板鸭都是中国驰名商标，赣南稀土、赣南钨为世人知晓，金溪香精香料也广为业内人士熟知，广昌白莲、井冈山旅游也家喻户晓。

集群品牌虽然增强了品牌所在区域的竞争力，但是，特色产业集群并不能自动产生集群品牌。特色产业集群品牌既可以通过产业集群具有的低成本优势建立，也可以通过完善的产品质量建立，还可以通过提供独特的产品或服务获得，或者通过不断的产品创新、产品差异化获得。只有当特色产业集群的优势和功能被外界认可时，集群品牌才能形成；一旦集群品牌形成，又会对特色产业集群产生更大的推动力。因此，赣南等中央苏区在培育、发展特色产业集群工作中，必须树立品牌意识，努力培育、优化集群品牌，形成自身的核心竞争力。

第二节　加快赣南等中央苏区农业特色产业集群的发展研究

一、赣南等中央苏区农业特色产业集群发展的重点

《国务院关于支持赣南等原中央苏区振兴发展的若干意见》（国发〔2012〕21号）从解决"三农"问题的战略高度出发，提出大力发展特色农业，建设面向东南沿海和港澳地区的重要农产品供应基地，全国重要的特色农产品、有机食品生产与加工基地。国发21号文件为赣南等中央苏区发展农业特色产业集群指明了方向，这个方向就是进一步完善农业产业链，强化、发展农产品深加工，培育农产品深加工特色产业集群。在培育农产品深加工特色产业集群中，重点要加强以下几方面的工作：

第一，农业。以吉泰盆地、赣抚平原商品粮基地为重点，支持发展现代种业，加快良种繁育体系建设。积极发展白莲、蔬菜。支持赣州、吉安、抚州等市建设国家现代农业示范区。

第二，林业。积极发展蜜桔、茶叶，大力发展油茶、毛竹、花卉苗木等特色林业，支持油茶示范基地建设；尤其要做强脐橙产业，建设世界最大的优质脐橙产业基地。为此，需要加快脐橙品种选育和改良，推进标准化、有机果园建设，支持贮藏、加工、物流设施建设，延长产业链。积极推进国家脐橙工程（技术）研究中心建设，研究建立脐橙交易中心。对脐橙实行柑桔苗木补贴政策和"西果东送"政策，努力提高服务能力。

第三，养殖业。主要是发展生猪、水产品、家禽等特色养殖。支持畜禽标准化规模养殖场（小区）建设。加大对泰和乌鸡、宁都三黄鸡、崇仁麻鸡

等特色养殖业的扶持力度，壮大集群规模、提升集群品质。

二、加快赣南等中央苏区农业特色产业集群发展的具体措施

在当前的制度转型过程中，发展赣南等中央苏区农产品深加工特色产业集群的基本思路是以县域经济为载体，统筹城乡发展，实施"特色强县"、"特色强区"战略，努力做好特色产业、农村开发和小城镇建设三项工作，优化产业布局，推进城乡互动和城乡融合，加快特色农业产业化、农村工业化、农村城镇化和城乡一体化进程，发展特色产业集群。

（一）整合本地资源

从国际产业集群发展的经验看，"嵌入性"或"根植性"是产业集群能够取得成功和持久发展的关键。赣南等中央苏区培育、发展农产品深加工特色产业集群，需要整合本区域各种资源，形成自身的特色产业。

需要注意的是，在资源整合过程中，赣南等中央苏区不仅要整合当地有形的特色物质资源，作为特色产业集群发展的基础，而且也要将赣南等中央苏区特有的历史社会文化资源整合到特色产业集群的资源体系之中，从而使特色产业集群具有自身特色的丰富精神内涵。只有这样，才能真正形成产业集群的特色，从而真正解决集群之间产业重构和过度竞争问题，形成自身的竞争优势。

（二）培育龙头企业，实现产业集中布局

从总体上看，赣南等中央苏区特色农产品深加工业多数呈现如下特征：①粗加工企业多、深加工企业少，产业链不长。绝大多数企业以粗加工为主，企业数量多、规模小、实力弱、技术差、产品少、档次低。②有企业、无产业。深加工企业数量很少，无法形成产业，孤军奋战情况严重。③有产业、无集群。虽然在个别行业出现了若干企业，数量上形成了一定的规模，但是分散在各处，相互之间既不发生横向联系，也不发生纵向、侧向联系，老死不相往来。企业规模小而散、低水平重复问题仍然十分突出，真正上规模的企业不多。

解决上述问题的思路就是运用产业集群理念武装头脑，加大力度培育龙

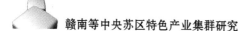

头企业，实现产业集中布局。具体措施有两个：

（1）紧密结合自身资源、区位实际，立足城乡一体化，优化产业布局，不失时机地把发展特色产业集群与培育、扶持龙头企业结合起来，通过培育龙头企业、规模企业实现企业和产业的集中。通过利益驱动和政府推动，扶持、引导企业通过联合兼并、股份合作、资产转让等形式，培育龙头企业、规模企业，实现生产经营一体化，注重建立具有区域特色的主导产业集群。

把培育规模企业作为做精特色产业集群的重要支点，对具备一定规模、扩张前景较好的企业，帮助引导其通过上市融资、增资扩股、联合兼并等多种形式，实现裂变式、突变式发展，成为特色产业集群的"航母"或"旗舰"。以规模企业为龙头，以"一个产品扩一片，一个企业带一串，一个产业连一线"的形式，培育、发展特色产业集群。在培育龙头企业过程中，尤其要注意延长产业链，实现产业优化。构建初、深、精加工配套的协作体系，尤其对资源型产业，要突破一般化加工、近似卖原料的路子，尽可能向后延伸，向深度加工要效益。构建前、中、后环节配套的生产体系。在企业数量达到一定规模后，可以引导其对生产链上的专业环节进行细分，实现效益最大化。构建产、加、销一条龙配套的经营体系，形成完整的产业链，实现市场与产业的有效互动。

（2）在企业集聚上求突破，实现特色产业集群在小城镇的集中布局。实现农产品产业深加工特色产业集群在小城镇的集中布局，重点是通过加强特色工业园（区）建设，促进小城镇产业集聚，促进产业化与城市化的协调发展。

所谓特色工业园（区），是指以区域特色产业为基础，适应市场竞争和产业升级的新形势和城镇化进程合理集聚的要求，以规模企业、龙头企业等优势企业为主导，适当集中布局，促进现代农业分工协作的专业化产业区。特色工业园（区）一方面提升了工业的空间布局和组织结构，是提升工业化的有效途径。通过建设和发展特色工业园（区），实现了农产品深加工企业在空间上的就近集中布局，提高了特色产业的聚集度，实现要素资源和基础设施的共享，为专业化分工协作创建更为有利的软、硬件条件，大大降低企业运营成本，为企业升级和产品换代创造了一个好的平台。借助这一平台，新工艺、新技术能够迅速传播，新思想、新观念能够迅速被接受。另一方面，也为社会提供了就业岗位，且产业集聚引起的人口集聚本身又会产生对服务业的需求，从而创造更多的就业机会，形成良性循环，有利于农业产业化、农村工业化、农村城镇化和城乡一体化进程。

（三）加快创新

"创新是一个民族进步的灵魂，是国家兴旺发达的不竭动力"（江泽民，1995），"必须摆在国家发展全局的核心位置"（胡锦涛，2012）。

创新既包括技术创新、制度创新，也包括管理创新。从特色产业集群层面而言，创新既包括宏观层面的集群区域创新，也包括微观层面的企业创新。对于赣南等中央苏区农产品深加工特色产业集群而言，需要创新发展机制，从创建区域创新体系的角度，大力推进区域创新，形成集群发展的内生效应。建立小城镇特色产业集群内企业的柔性运转机制，增强企业的团队意识和协同意识。

创新能力是企业核心竞争力的集中体现，只有加快创新，才能跟上科技和市场的发展。不仅必须守住现有的特色，更需要增强创新能力和市场适应力。在产品创新上力求突破，实现特色产品名优化，创造名牌产品。名牌产品已经成为当今产品占领市场最具竞争力的手段。无论是一个国家，还是一个特色产业集群区域，谁的名牌产品多，谁就有较高的市场占有率和竞争力；反之，谁的名牌产品少，谁就缺乏竞争力，就没有市场。小城镇特色产业集群必须包含或体现品牌经营的特征，必须把推动群内企业实施名牌发展战略置于突出的地位。按照"不求其多，但求其佳；不求其全，但求其精"的原则，在产品层次上扭转资源型、"原"字号、初加工的状况，大力发展高质量、高档次、高科技含量、高附加值、高效益的产品，特别是名、特、优、新产品。通过创出一个名牌，带起一个系列产品，支撑起一个特色产业集群，带活一方经济。

（四）适度发挥政府的推动作用

赣南等中央苏区面临的一个普遍问题是市场经济不发达，市场机制发育不完善，从而为政府发挥作用提供了现实可能。在培育、发展农产品深加工

特色产业集群中，政府一方面要积极培育市场机制；另一方面又需进行适度干预，促进各种要素的有效配置。具体而言，政府作用重点体现在以下几个方面：

第一，大力宣传企业家精神。企业家精神内涵丰富。冒险精神、创新意识是企业家精神的集中体现。特色产业集群内的企业家精神是作为非正式制度而存在的，它是一种软性制度规则，属于自发行为。这种软性制度规则必须嵌入本地经济环境，否则难以发挥作用。如在集群初创期，如果企业家的冒险精神形成不了群体意识，集群往往难以萌芽。相对而言，赣南等中央苏区缺乏企业家精神，因此，有必要通过政府制度的硬性制度约束来强化和培育企业家精神。

在赣南等中央苏区特色产业集群的产生期，企业家精神更多体现为一种冒险精神和对机会的把握能力上。创业是集群出现的主题。政府可以通过一系列鼓励创业的制度安排来引导和规范投资者的创业行为。①在立法上支持。制定鼓励企业家创新、创业的地方性法律、法规以及政策措施，鼓励、引导企业家创新、创业。②倡导容忍失败的价值观念，引导投资者积极进行创业的探索。通过舆论，大力宣传、营造对创业失败的宽容社会氛围，让人们认识到创业的艰辛，珍惜其对创业的探索精神，树立失败的创业者也是英雄的观念，从而引导、鼓励全民创业。③为企业家提供创业服务，包括金融支持和市场信息的共享、创业园区的兴建等（吴传清等，2008）。④因势利导，有针对性地提供产业援助，尤其是政策和人才方面的援助，提高创业的成功率。

第二，优化服务，营造一流的发展氛围。软环境是区域综合实力和竞争力的反映，是市场发育程度、对外开放程度、政府管理水平和社会文明进步的综合体现。市场经济是开放经济，某种意义上就是"环境经济"，哪里的环境好，哪里的产业集群就充满活力，就能吸引更多的资金、技术和人才等生产要素。发展环境的好坏，不仅直接影响集群企业的利益，而且直接影响和决定一个区域的发展前景和发展后劲。

优化服务的关键在于转变政府职能、优化政务服务。市场经济条件下，各级政府要找准自己的位置，千方百计克服行政权力的"越位"、"缺位"、

"错位"问题，不能不作为，更不能乱作为。赣南等中央苏区各级政府应本着放开思想、放开政策、放开领域、放开手脚的态度，加快研究与制定一系列扶持农产品深加工特色产业集群的政策和措施，让一切创新发展的思路、点子和行动都能得到扶持、得到尊重、得到保护。要切实针对工作中的难点和热点问题，出思路、想办法、求突破。要切实解决好"对谁负责、为谁服务、让谁满意"的问题，在全区域营造良好的政务环境和公平的竞争环境。

优化服务的重点是在改进服务上下功夫。市场经济发展到今天，一个显著的特点就是各地政府为了发展而尽力提供优质服务。提供一流的服务是各级各部门应尽的职责。要突破习惯思维，摒弃保守思想，敢于开拓前人未曾涉及的"盲区"，奋力突破矛盾错综复杂、令人望而却步的"雷区"，勇于探索阻碍发展的"禁区"，努力为发展营造"零障碍"环境。要找准依法办事和创新服务的结合点，本着对企业多理解、多尊重、多支持的态度，积极主动地为企业排忧解难，敢于为企业承担风险，勇于为企业分担压力，为企业创造宽松的进入环境和成长环境。

第三，培育、打造区域品牌，精心塑造特色产业集群的群体形象。一方面，要全力推出集群品牌。集群品牌因其具有共享性特征，一旦打响，其威力远胜于单个企业的品牌。另一方面，维护集群的整体形象。积极推广 ISO 系列质量体系认证，严格实行标准化生产、品牌化经营，增强集群机体的"免疫力"。要建立失信企业和劣质产品的市场退出机制，加强市场监管，对欺行霸市、制假售假等违法行为进行严厉查处，净化集群整体环境。

三、案例分析：完善金溪香精香料特色产业集群产业链的若干建议

金溪香精香料特色产业集群产业链设计总体思路是：向产业链两端推进。具体而言，包括下列五个方面：

（一）建立原材料的供应体系及物流体系

在原材料的供应体系建设方面，提倡合作经营，提高产业组织化程度。引导社会各界力量参与香精香料原料基地建设，鼓励采取"企业+专业合作社+

农户企业+专业户企业+基地"等多种方式，提高生产经营的集约化程度。把
"企业+专业合作社+农户"的香精香料原料基地建设作为富民工程重点推广，
力争有条件的地方设立专业合作社，农户以荒山作价入股，公司以现金入股，
负责种苗肥料农药供应、培训与技术服务等，合作社统一开垦、栽种、核算；
委托农户分片进行管护；公司与合作社签订产品收购合同，按约定价格回收
全部产品。在物流体系的建设上，在企业规模达到一定程度时，实行专业化
分工，发展物流企业，降低群内香精香料企业成本。

（二）大力推动科技创新

紧紧围绕原料生产环节、中间产品、终端消费品三个环节进行科技创新，
建立持续健康的产学研和官企校相结合的科技创新机制。

在金溪香精香料特色产业集群的区域创新网络中，大学与研究机构作为
知识与技术的源头，不仅可以创造新知识与新技术，还可以通过教育、培训
以及成果转化等方式，有效地促进特色产业集群中知识、信息、技术等的扩
散，为特色产业集群实现激进的技术创新提供有力的支持；企业之间频繁的
交往与合作，导致一些渐进性的技术创新不断产生；政府对共同技术研究
的支持、中介机构及时地传递科技信息、金融机构的风险参与等，都会导
致特色产业集群内的科技创新较容易发生。正是通过五大行动主体的共同
作用，特色产业集群内比较容易实现区域系统的创新。具体包括以下三个
方面的内容：

第一，加强以中间产品为原料的合成工艺的创新。强化中间产品中同类
企业的合作，巩固和扩大其在香精香料产业中的竞争优势和地位，增加中间
产品研发和产品设计，形成中间产品群。

第二，增加研发投入，在政府支持下形成产学研健康发展的运转机制，
加强原料生产环节、中间产品、终端消费品三个环节的研发功能和作用，形
成每一环节价值增值的功能。

第三，鼓励围绕香精产品创意式创业，努力向价值链的前端发展。大力
发展以中间产品为原料的终端产业，打造香精产品产业，创新香精产品，形
成一两个终端产品，逐步建立品牌，牢牢控制市场的最前端。

拟采取的具体措施如下：支持建立以产学研联合为主要纽带、以技术创新服务平台为主要载体的技术创新系统。鼓励企业采用自愿组合、合同连接、共建实体等产学研合作创新方式，加快创新成果转化；鼓励企业与高等院校、科研院所联合建设实验室、研发中心、技术联盟等创新组织，形成长效机制。支持建立主要面向中小企业的技术创新服务平台，包括技术研发中心、生产力促进中心、质量检测中心和科技孵化基地。支持发展技术评估、技术咨询、技术服务、专利代理、科技信息等技术创新中介服务机构。

（三）丰富园区香精香料网链层次

丰富园区香精香料网链层次的目的是提高特色产业集群的抗风险能力。把加强网络联系作为发展香精香料特色产业集群的重要基础。其重要特征是拥有完善的专业化分工协作网络。丰富网链层次的重点是发展一批辐射国内外、经济拉动力强的专业市场，使之成为产业集群的产品销售中心、价格形成中心、物流配送中心和信息传导中心。金溪现有的香精香料产业链存在的问题主要有中间产品利用率不高、产业链之间的关系简单、产业链层次不丰富、原材料过分依赖外地、供应自给能力不足、香精香料产品国际市场份额不大等。针对这些情况，金溪香精香料网链结构设计的关键主要体现在以下三个方面：

第一，引进、发展化妆品产业、医药、食品、饲料关联产业，丰富产业链层次。

第二，引进研发团队，丰富中间产品种类。

第三，大力发展香精类终端消费品生产，逐渐形成高端香精产品专业化生产企业集群。

金溪香精香料园（区）今后招商要以丰富产业链为基本原则，对同类产品企业不做重点招商，对丰富上下游环节的项目给予更为优惠的政策支持，对终端消费品生产企业大力引进和扶持，鼓励香精产品创意和创业，建立孵化机构，全方位予以支持。

（四）建立围绕香精香料特色产业集群发展的生产性服务业和配套企业

以公共服务平台为重要依托，发展生产性服务业。以市场运作机制为基础，构筑创业、技术、金融、商贸、物流、培训、信息、创意等公共服务平台。政府部门积极发挥引导、协调和监督、服务的作用。突破现有局限，在较大范围内整合社会资源，实行服务平台的共建共享。对服务功能强、具有示范效应的公共服务平台建设，给予财政专项资金扶持。引导企业主辅分离，推动生产性服务社会化、专业化。鼓励大中型工业企业通过管理创新和业务流程再造，将主要业务集中于重要制造环节和技术研发、市场拓展及品牌运作上，对一些非核心的内置服务进行剥离，发展社会化的生产性服务企业。并凭借核心能力，整合配套企业的服务供给能力，发展产业内部的专业化分工体系。建设生产性服务业集聚区。按照集聚发展、强化辐射的要求，通过规划布局和政策引导，有重点地建设生产性服务业集聚区，实行园区化管理、专业化服务和市场化运作机制，为香精香料特色产业集群提供集中、配套、高效的服务。

（五）完善香精香料产品交易会

逐渐丰富香精香料产品交易中心的内容，如原材料交易中心、中间产品交易中心、终端产品交易中心等，定期召开各种交易会，扩大和提升金溪香精香料在业界的影响力。先形成区域品牌，再通过区域品牌的不断培育、构建，不断扩大金溪香精香料特色产业集群的影响力，最终使金溪香精香料成为中国乃至世界的著名品牌。

第三节　赣南等中央苏区矿产资源特色产业集群转型、升级的重点研究

一、赣南等中央苏区矿产资源特色产业集群转型、升级的必要性研究

(一) 产业集群转型、升级的内涵

刘珂 (2006) 认为，产业集群转型、升级的内涵应包括以下几个方面：①在合理利用资源和保护生态环境的基础上，提高全员劳动生产率和集群的增加值，这是最基本的内涵。②集群经营方式的转变，即改变目前以要素投入为主、追求数量扩张的粗放的经营方式，转向依靠科技进步与创新、追求质量提高和品牌效应的集约经营方式。这是产业集群升级的主要内涵。③集群产业结构和产品结构的提升及相应的区域环境条件的大幅度改进。产业结构和产品结构的提升主要是指放弃一些资源和能源消耗大、环境污染严重、土地面积需求大、科技进步空间小的产业或产品，转向或发展一些高附加值的产业或产品。区域环境条件包括基础设施、技术创新和服务机构、生态环境建设等硬件条件，也包括制度、文化、信用等软件条件。也就是说，产业集群升级不仅是产业的升级，而且是区位的升级。这是产业集群升级的基本特征。④集群产业链的延伸、完善，从产业价值链上低端的制造环节向高端的设计、研发、营销、品牌运作及服务等环节延伸，这是产业集群升级的基本方向。⑤产业集群在全球价值链上获取附加值能力的大幅度提升，不仅要求创新系统升级，还要求社会资本的丰富和升级，这是产业集群升级的根本内涵。⑥产业集群升级是一个由量变到质变的发展过程，贯穿集群发展的始终。升级不仅是指集群不同发展阶段的更替，而且包括每一发展阶段上创新能力和效率的提高。

无论是产品升级、工艺升级，还是沿全球价值链的功能升级以及价值链的升级，都离不开创新，所以，产业集群的升级问题，归根结底就是集群的创新机制问题（刘珂，2006）。

（二）产业集群转型、升级的必要性分析

产业集群具有生命周期，发展到一定阶段后就会由成熟逐渐走向衰落。因此，要发挥产业集群的规模经济效应，提高其核心竞争力，就必须对产业集群进行转型、升级（余维、何伟军、王康，2010）。其必要性具体表现在以下四个方面：

首先，推动产业集群转型、升级是延缓集群衰落的重要手段。在我国目前所形成的产业集群中，尽管大多数处在发展阶段和成熟阶段，但部分仍显现出了资源利用率低、环境污染严重，创新水平不够等问题。这就要求我们不断推动产业集群的转型、升级，以达到提高产业集群竞争力、延缓产业集群衰退的目的。

其次，推动产业集群转型、升级是走新型工业化道路的必然选择。新型工业化道路的基本要求是科技含量高、经济效益好、资源消耗低、环境污染少、人力资源优势得到充分发挥。因此，推动产业集群转型、升级与走新型工业化道路是相契合的。

再次，推动产业集群转型、升级是提高区域和产业竞争力的重要手段。现在多数产业集群内部缺乏具有竞争优势的企业，通过推动产业集群转型、升级可培育出具有创新性和竞争优势的特色产业和企业，树立产业品牌，不断壮大产业集群，提高区域和产业竞争力。

最后，推动产业集群转型、升级能够营造创新创业的文化氛围。通过推动产业集群的转型、升级，可鼓励集群内企业和创业者向专业化发展，促进企业间的组织分工更加完善，为集群营造一种创新和创业的文化氛围。产业集群一旦升级，其生命周期曲线将发生变化，但路径也有多种。在原产业集群的衰退阶段实现了升级，则其生命周期将沿着 A 的路径变化，如图 8-1 所示；在原产业集群的成熟阶段实现了升级，则其生命周期将沿着 B 的路径变化，如图 8-2 所示。因此，升级后的产业集群的活力将更强，延续的时间也

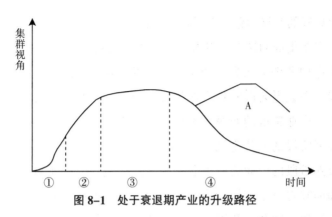

图 8-1　处于衰退期产业的升级路径

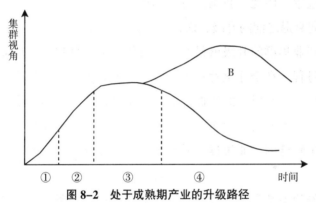

图 8-2　处于成熟期产业的升级路径

将会更长（余维、何伟军、王康 2010）。

（三）产业集群转型、升级的几个误区

近年来，学界和政府部门都十分关注产业集群的转型、升级问题。但是，在认识上存在几个误区，需要引起注意。

第一，产业集群转型、升级只是沿海发达地区的事情。确实，在沿海等经济发达地区，产业集群转型、升级的呼声最高。其原因在于沿海地区产业集群发展较快，在发展中大多遇到了成本上升、产业转移、贸易壁垒等障碍，创新和升级迫在眉睫。实际上，产业集群升级是集群价值创造能力的提升，其实质是创新能力的提升和效率的改善，从这个角度看，产业集群的升级就不仅指沿海发达地区产业集群的升级，中西部欠发达地区产业集群从雏形到成长的发展过程也是一种升级。所以，欠发达地区的政府部门也应该密切关

注本地产业集群的升级问题，并采取适当措施加以推动。

第二，产业集群的转型、升级是指集群进入衰退阶段之后的转型、升级。产业集群生命周期理论认为，产业集群的发展要经历形成、成长、成熟、衰退四个阶段，在衰退阶段实现产业集群的更替，要么走向衰落，要么实现升级。事实上，产业集群的升级并不纯粹是指进入衰退阶段之后的升级，产业集群不同发展阶段的演替都属于升级。在我国，即使沿海发达地区，严格意义上处于成熟阶段的产业集群也非常少。这些地区的产业集群在走向成熟阶段之前，即面临着自主创新能力不足，原有的竞争优势衰减等各种问题，出现了衰退的迹象。因此，我国沿海发达地区产业集群的升级，不是一般意义上从成熟走向衰退之前的升级，而是从成长到成熟的升级。

第三，产业集群的升级就是在全球价值链上由低附加值环节向高附加值环节攀升的过程。在全球化背景下，嵌入全球价值链确实是产业集群升级的重要路径，但并不是所有的集群都能嵌入全球价值链。因为集群能力的提升是有阶段性的，不同的产业集群其发展阶段、能力水平存在很大差异。对于发展层次水平较低的产业集群，其创新能力的提升和效率的改善同样意味着升级。

产业集群价值链升级，有两条可行的路径：第一条路径是产业融合。产业融合是通过创新引入新的技术或经营模式，对原有产业进行改造和整合，其结果是塑造出新的价值链。如从速冻食品到快餐业，其实质是制造业与服务业的融合；用信息技术改造传统制造业、通过农产品加工实现农业产业化等都是产业融合的表现。第二条路径类似制造业内部的产业结构升级，即从以劳动密集型产业（轻工业）为主的阶段转向以资本、技术密集型的机器制造、装备制造业为主的阶段。如一个纺织产业集群可以转向纺织设备的制造，由此实现价值链的跃迁（刘珂，2006）。

二、赣南等中央苏区矿产资源特色产业集群转型、升级的模式选择

我国地域辽阔，各地区资源禀赋、产业基础差异很大，产业集群的发展

状况也有很大不同。不同的产业集群升级有一些共同的路径，有一些较为普遍的规律可以遵循，特别是类型相同或相近的产业集群，其升级的路径大体上应该是相同的，但不同的产业集群升级又有自己的特点，主要表现在：不同行业产业集群升级的路径不同，同一行业不同地区的产业集群升级的路径有很大不同，不同类型的产业集群升级的路径也有很大不同。因此，每一个具体的产业集群的升级路径都应该具体问题具体分析。此外，一个产业集群的升级路径可能不止一条，往往是一二条主要途径加上一些辅助性途径的组合（刘珂，2006）。

矿产资源型特色产业集群转型、升级是一个复杂的系统，涉及集群动力机制的健全、外部环境的支持。但就其转型、升级的途径而言，主要包括内生渐变式转型、升级和外部剧变式转型、升级两种（张连业、杜跃平，2007）。

（一）基于集群创新的选择——内生渐变式转型、升级

所谓内生渐变式转型、升级，是指在产业集群衰退期之前，集群自身的转型、升级。其特点是主动、渐变的。内生渐变式转型、升级的动力机制来自于集群自身的自组织行为，导致了集群学习和创新能力的涌现，促使集群技术极的产生，从而为产业集群的转型、升级提供动力。

所谓技术极，是指集群内企业和研究机构相互依赖并相互开放，形成一个发展、开放、复杂的系统。技术极在空间上分为微观、中观和宏观三个层次。微观层面的技术极是指集群内的企业和机构围绕着特定的产业进行研发和生产，其竞争优势通常表现为知识共享和思想交流带来的创新能力。中观层面的技术极范围更大，通常表现为一个城市的产业配套，数量更多的机构加入创新的圈子，彼此分工更多，交流合作方式也更多。与微观技术极相比，中观技术极的一个显著特点是大量行业协会等中间机构涌现出来，它们成为联系当地社会网络的中心节点，传递信息、提供服务，是降低当地交易成本必不可少的"调和器"。当资源产业要求的规模效应十分巨大时，或者产业必需的要素禀赋集中在某一区域时，产业在空间上的集中可能会覆盖更大的范围，这时就会出现宏观上的技术极，它常常横跨几个城市，在特殊条件下还

有可能跨越国界。随着产业集群技术极的产生和技术极由微观到中观、到宏观层次，集群创新的能力不断增强，带动集群内生渐变式转型处于不间断的动态之中，当这种渐变转型量变到一定程度时，就会形成质变转型；而随着若干质变转型的积累催化，又为下一个更高层次的质变转型打下基础。如此实现资源型产业集群时时处于一个内生渐变式转型、升级的上升循环通道之中（杨明华、周娜，2009）。

（二）基于产业转移的选择——外部剧变式转型、升级

外部剧变式转型、升级可以分成两类。一类是指资源型产业集群发展、成熟、衰退期间，或资源枯竭而引发的衰退期间，利用技术创新自身创造而成，或接受外部转移来的性质相近甚至毫无联系的产业而形成的产业集群，从而完成对传统资源型产业集群的转型、升级过程。

另一类是指外部剧变式的模式是具有相同资源禀赋的区域之间进行的产业转移和产业集群成建制地转移。对于进入衰退期、处于消亡状态的资源型产业集群而言，某一产业链整体转移式的产业转移，将会在移入区移植一个全新的产业集群，以替代进入衰退、消亡期的传统资源型产业集群，拉动区域经济发展。产业转移不仅会提高移入区转移产业的生产能力，而且可以通过技术扩散，改造、提升传统的资源型产业集群。经济发达地区与经济欠发达地区的产业转移，转入产业的先进技术很快会被当地产业所模仿、消化、吸收，推动欠发达地区产业的技术进步；同时，转入产业的先进技术还会带动其上游产业技术水平的提高并与之相适应，转入产业也会促进下游产业的技术进步，带动其产品升级和更新（杨明华、周娜，2009），从而实现资源型特色产业集群的转型、升级。

对于赣南等中央苏区矿产资源特色产业集群而言，上述两种模式均可供选择，但是应以前一种模式为主。

三、赣南等中央苏区矿产资源特色产业集群转型、升级的重点

在经济全球化背景下，赣南等中央苏区矿产资源特色产业集群转型、升级的重点是通过嵌入全球价值链，参与国际分工体系，分享经济全球化的益

处，与全球价值链上行为主体互动实现升级。

在转型、升级中，应先寻求价值链上与当前发展阶段相匹配的位置，即寻找全球价值链上的合理定位。赣南等中央苏区矿产资源特色产业集群应根据自身的特点嵌入全球价值链的优势环节，融入全球经济一体化，提升区域产业竞争力。产业集群在全球价值链上的定位有两种模式：一种是哑铃模式，即定位在设计、营销和品牌，而把中间的生产制造环节外包出去；另一种是橄榄模式，即专做制造，产品设计、营销和品牌则由跨国公司包揽。赣南等中央苏区矿产资源特色产业集群应根据自身的比较优势，选择合适的模式嵌入全球价值链。还应在加强区域创新体系的基础上，通过嵌入全球价值链，实现由低成本优势向创新优势的升级。对于赣南等中央苏区矿产资源特色产业集群而言，当前的比较优势就是成本低，在核心技术的研发和市场营销方面与发达国家还有相当的差距，而且低成本优势很容易被取代而消失。为了不被边缘化，必须向创新优势发展。成本优势向创新优势的发展是一个渐进的过程，需要资本和技术的累积，而每一阶段合理的定位非常有利于赣南等中央苏区矿产资源特色产业集群在价值链上的攀升，从而实现从以产品性和工艺流程性升级为主到以功能性升级为主的转换和升级（左和平，2010）。

以赣州钨、稀土集群为例。对于钨业集群而言，需要在控制钨精矿生产总量和钨冶炼产品能力的基础上，重点发展亚微、超细硬质合金，高冲击韧性、高耐磨性硬质合金采掘工具，硬质合金涂层加工工具，硬质合金硬面材料，钨及钨合金材料，硬质合金废料综合回收六大钨系列产品深度开发工程。

对于稀土集群而言，稀土真正的价值体现在高端应用上，体现在二次效益上，稀土的国际竞争力也主要体现在稀土产业产品的附加值及技术竞争力上。当前要加快稀土关键应用技术研发和产业化。积极引导和组织稀土生产应用企业、研发机构和高等院校，大力开发深加工和综合利用技术，推动具有自主知识产权的科技成果产业化，为发展战略性新兴产业提供支撑。对当前涉及新能源、新材料、电动汽车、节能环保等战略新兴产业的稀土材料技术、绿色化技术、提高资源回采率等关键领域，加大基础和应用研究，推动企业技术改造，对核心技术加强攻关，突破核心专利（陶春，2011）。重点在稀土永磁材料、稀土发光材料、稀土储氢材料、中重稀土合金、稀土新材料五大领域，开发稀土深加工及应用产品，实现赣南稀土产业向产业链高端的方向发展。改变过去过分看重产业的经济总量，而应注重技术创新和产品创新领域的工作（吴敬琏，2009）。

加快赣南等中央苏区矿产资源特色产业集群转型、升级，关键是加强矿产资源产业与金融市场的结合，实现产业融合。在全球范围内配置资源，解决供需矛盾。金融市场发展有助于实现资本的积聚和集中，提高社会投资水平，为赣南等中央苏区经济发展提供资金支持，有助于实现资金的合理流动，优化金融资源的配置效率和金融资源对其他经济资源的配置效率，提高资源使用效率，从而提高社会经济效率。例如，根据矿产资源特色产业集群中某一矿产业纵深发展、产业链逐步延伸的状况，积极推广以集群龙头企业或核心企业为重点的国内贸易融资业务，大力发展供应链贸易融资，使贸易融资业务与客户融资需求有机融合，在信贷准入、授信额度、担保条件、行业政策等方面增强灵活性。以产业链、供应链、资金链为纽带，形成以大型龙头企业为贸易融资业务源头、配套供应商和关联企业构成的贸易融资业务链，实现贸易融资各产品间的优势互补。同时，针对集群企业的金融需求，创新产品，开办以矿产品为抵押物的商品融资业务（陶春，2011），从而解决企业资金短缺的问题，助推集群转型、升级。

第四节　赣南等中央苏区旅游特色产业集群的培育、升级研究

一、赣南等中央苏区旅游特色产业集群的培育研究

Julie Jackson（2006）认为，中国地方政府在推动地方旅游产业集群的形成方面发挥了关键作用，政府为旅游产业集群的形成创造合作、交通、信息、

通信、法律、教育平台和基础设施，并且通过制度化来确保集群长期存在所必需的旅游企业间的关系和联系得以维持。政府不仅能为区域旅游产业集群发展创造良好的硬件条件，而且能为集群区内旅游相关企业提供良好的政策环境，即政府可以通过政策扶持和推动来改善和营造区域旅游产业集群形成发展的软件环境（如财税政策倾斜、专业人才培养、优质服务配套等）和硬件设施（如改善旅游交通条件，建设通信、信息等基础设施），引导旅游企业和相关企业或机构在一定区域地理空间上聚集或"扎堆"（陈苏，2011），从而形成集群。理论和实践都证明，政府的正确引导和培育是区域旅游产业集群形成和发展的重要推手。在赣南等中央苏区旅游特色产业集群的培育方面，政府扮演了重要角色。培育赣南等中央苏区旅游特色产业集群，需要政府在政策、发展空间、创新等方面适度干预。

（一）制定培育旅游特色产业集群的政策

制定推动旅游特色产业集群形成、发展的优惠政策和扶持措施，采取财政补贴的方式加大对旅游业开发的资金投入，降低旅游集群内利益主体的生产成本，提高旅游业的利润率，从而增强旅游生产要素集聚能力。

促进旅游特色产业集群形成、发展政策的核心内容主要体现在以下几个方面：

（1）财政政策支持。主要包括旅游产业纳入国民经济发展计划，增加财政预算资金和开发、促销资金，建立产业发展基金等。

（2）金融政策支持。主要包括旅游项目优先贷款，建立新的融资机制，支持旅游企业发行债券、股票等。

（3）税收政策支持。主要包括对旅游企业减免所得税、调节税、行政事业性收费等，减轻企业负担。

（4）奖励政策支持。如"建立国际旅游创汇奖励基金"，对涉外旅游企业非贸易创汇、结汇实行奖励，提高旅游企业的积极性。

（5）旅游项目用地的政策支持。在不违反中央政府国土政策规定的前提下，根据赣南等中央苏区旅游特色产业集群不发达的实际情况，在旅游企业用地方面提供政策支持，减轻企业负担。这方面，可以借鉴安徽、浙江的经验。如浙江规定，"经各市、县（市）人民政府批准的旅游项目，可免缴土地定金，一次性全额缴纳土地使用权出让金的，可按评估确认价的 80% 缴纳，有特殊困难的，可在 5 年内缴清"。安徽规定，"对利用荒地、滩涂开发旅游项目的企业，免征土地出让金"。

上述政策可以间接降低旅游企业的生产成本，提高旅游业的获利能力，使旅游业的产业租金优势较为明显。

（二）提供优良的空间条件

优良的空间条件有利于提高旅游业的经营效率，提高旅游生产要素生产效率，促进旅游生产要素在地理空间上集聚。归纳起来，培育赣南等中央苏区旅游特色产业集群发展的良好空间条件主要包括：①坚持旅游特色产业集群规划与城镇发展整体规划相结合，为旅游特色产业集群的形成、发展提供必要的基础设施和公共服务。②进行公共营销，加强特色产业集群区域品牌建设，以品牌建设为核心推进旅游产业集聚。③对集群内企业的技术创新提供资金、人才、税收服务等方面的支持，鼓励旅游企业创新。④加强对集聚区的支撑服务体系建设，包括教育培训机构、信息服务机构的建设，为旅游特色产业集群的形成、发展提供人力资源支撑。⑤推动农业、工业、商贸业、文化业与旅游业的互动发展，为旅游特色产业集群培育相关辅助产业，保证旅游特色产业集群发展的供给。⑥引导当地居民转变消费观念，鼓励居民进行旅游消费，培育充足的旅游需求市场，为旅游特色产业集群的发展提供充足的市场需求规模。⑦补充完善旅游相关法规，规范企业行为和市场秩序，制止集群内企业的恶性竞争，为旅游特色产业集群创造良好的制度环境。

在赣南等中央苏区旅游特色产业集群的培育工作中，需要加强对旅游小城镇产业集群的培育。在某种程度上，旅游小城镇产业集群也称为乡村旅游产业集群。赵小芸（2010）认为，旅游小城镇产业集群是指在以旅游产业为主导产业的小城镇地理空间内形成的以特色旅游生产部门为核心，其他旅游产业部门根据旅游者需求，围绕核心生产部门形成集聚，并由当地传统产业对旅游产业构成外围支撑的网络状产业集群系统。旅游小城镇产业集群的实质是在旅游小城镇范围内形成的旅游产业集群，其特殊性由旅游产业和旅游

产业链的特殊性所决定。根据不同旅游资源形成的不同核心旅游产品，可以
将旅游小城镇产业集群分为以自然景观为核心的旅游小城镇产业集群、以人
文景观为核心的旅游小城镇产业集群、以自然和人文景观为核心的旅游小城
镇产业集群。

图8-3　"千古第一村"——流坑村

注：坐落在江西省抚州市乐安县西南部，全村共914户、4209人，为董氏单姓聚居。该村始建于
五代南唐升元年间（937~942年），至今已有千余年历史。自宋以来，全村出文武状元各1名，进士34
名，举人78名。历代进入仕途的上至参知政事、御史，下至主簿、教谕的超过100人。流坑村不仅名
人灿若繁星，而且古代建筑宏大壮观，全村有明清建筑260幢，其中明代建筑、遗址19幢（处），且
村中还留下了大量的附属文物，如匾联、雕刻、绘画、书法等，可以说是我国古代文明的缩影，具有
重要的历史、科学、艺术价值。流坑古村堪称中国古民居文化缩影，有"千古第一村"之称。村中现
存各类建筑遗址260处，其中明代19处，重要文物321件，包括状元楼、翰林楼、"理学名家"宅、
文馆等不少纪念性文化建筑，数目众多的匾额楹联和家藏文物，使流坑古村成为一座珍贵的历史文化
宝库。

资料来源：欣欣旅游网。

　　旅游小城镇产业集群的形成机制分为市场机制、行政机制以及市场与行
政相结合机制。实践中，大多数旅游小城镇产业集群都是在市场机制和行政
机制的共同作用下形成的。市场机制和行政机制各有利弊。市场机制能够强
化旅游小城镇产业集群的内在生命力，形成一种自我演化、良性循环的内生
机制，但市场规律是自发产生作用，若在产业集群形成之后的发展过程中出

赣南等中央苏区特色产业集群研究

现问题，则集群自我恢复需要较长的时间，易造成较多资源浪费或者直接导致集群消亡。行政机制对旅游小城镇的产业集群形成及发展施以外力扶持，有利于加快集群形成和发展的进程，在出现问题时，能够及时纠正，减少资源浪费，但外力的作用难以形成旅游小城镇产业集群的内在生命力。政府行为只有符合市场规律，才能促进产业发展，违背市场规律的政府行为反而会造成更大的资源浪费。因此，就目前中国旅游小城镇建设的实践看，大多数存在产业集群的旅游小城镇的形成机制都是市场与行政机制相结合的结果。

最初，通过市场供需关系作用，在具有特色资源基础的小城镇，旅游产业逐步发展起来，成为当地主导产业，形成了旅游小城镇。这时，旅游产业的主导产业地位引起政府的高度重视，政府深刻认识到旅游产业的产业功能，希望把旅游产业做大做强，于是在倡导市场机制的基础上，加强政府主导，朝着产业集群的发展方向引导。这种引导作用主要通过进行旅游业总体发展战略规划、制定产业发展政策、探索和创新资金筹集的方式和途径、加强基础设施建设、维护市场秩序等途径实现，吸引更多旅游企业进入旅游小城镇，形成产业集群。这种形成机制有利于发挥市场机制和行政机制相互结合的优势，克服各自单独作用的弊端，形成富有长久生命力的旅游小城镇产业集群（赵小芸，2010）。

（三）促进区域创新

创新是产业集群生命中的永恒动力。创新是新思想产生、产品设计、生产、营销等一系列活动，是知识的创造、转换和应用的过程，是各个部门相互渗透、相互影响、相互作用的结果。一个企业创新能力的培养取决于所处区域创新系统的形成。区域创新系统是一个推动创新的体系，该体系由各有关部门和机构组成（陈苏，2011）。这些部门、机构相互作用，有机结合，最终形成完善的区域创新网络。

赣南等中央苏区应在如下几个方面进一步完善区域创新网络，促进区域创新，提升企业竞争力，引导集群形成、发展：

第一，建立旅游科研机构、旅游院校，保障旅游创新人才的有效供给，为赣南等中央苏区旅游特色产业集群创新发展提供源源不断的人力资源支持。

第二，建立创新项目推介机制。抓住各种招商活动和旅游节庆活动机会，采取灵活多样的方式，搭建新的项目转化平台，做好项目转化落地工作。

第三，建立创新补偿机制，为创新提供资金支持以及分担创新风险等。建立比较完整的旅游创新奖励制度体系，建立旅游产品开发基金，对新旅游项目的推出给予一定的资助和税收等政策上的优惠，以鼓励旅游创新。

第四，成立旅游中介组织，协助、促进创新成果转化（陈秀琼，2007），提高旅游企业的效率、效益。

（四）建立不同类型的旅游特色产业集群

旅游产业具有的资源密集性、服务综合性和发展依托性使旅游产业的发展显现出纵向上的产业递进关系和横向上的产业辐射效应，涉及国民经济的各个部门和产业，从而形成旅游关联产业。这些部门和产业既受益于旅游产业的发展，又为旅游产业的发展提供了良好的环境。依据旅游产业与旅游关联产业间的关系，建立不同类型的旅游特色产业集群，能够促进旅游产业的发展和增强旅游产业的竞争优势（张秀华，2009）。

1. 建立资源开发型产业集群

旅游资源是旅游特色产业集群形成的物质基础。特定区域旅游资源的特色、丰度、分布状况以及开发和保护水平，直接影响着该地区旅游客源的流量和流向、旅游特色产业集群规模和效益及其发展前景。旅游资源必须经过开发才能成为旅游吸引物，从而创造价值，为旅游目的地带来经济收益。

旅游资源的开发，不仅包含旅游资源本身的开发、利用（如景区或景点的规划和建设），还包括旅游配套设施建设（如旅游资源地的交通和通信设施建设）、相关外部条件的开发与改造、旅游环境的建设等。赣南等中央苏区可以旅游资源开发为依托，建立旅游资源开发产业集群。旅游资源开发产业集群可以为旅游产业的发展提供丰富的旅游吸引物和完善的基础设施，可为旅游产业的发展创造基础和提供支撑。

2. 建立发展依托型产业集群

由于旅游产业属于综合型产业，该产业的发展与相关行业的发展具有较强的依托关系，主要表现为旅游产业的发展要依托于银行、保险、邮电、房

图 8-4　中国风水第一村——三僚村

注：三僚村位于兴国县东部。该村有 18 个村民小组，5800 余人，以曾、廖两姓为主。始建于唐朝末年，由中国风水江西形势派创始人杨筠松和首座弟子曾文迪选址，距已有 1200 余年，是中国风水文化始祖地。走进三僚，犹如走进了一座"易学博物馆"。站在曾、廖两姓交界的"和合石"上看，三僚村地形状如一个太极图形。整个村子坐落在盆地上，盆地中间一座条状石恰如罗盘中的指针，故称"罗经吸石"。曾姓村和廖姓村分居指针两侧，就像太极图中的两仪。盆地四边各有东华、西竺、南极、北斗四座寺庙和御屏帐、活龙脑、九尾杉、和合石、多士石、章罡土、七星池、甘泉井八个景点，仿佛在演绎着《易经》中"太极生两仪，两仪生四象，四象演八卦"的原理。

资料来源：欣欣旅游网。

地产、园林、环保、教育培训等各有关部门和行业的通力合作与协调发展，这些行业和部门为旅游产业提供完善的商务环境和良好的社会、人文和卫生环境。在旅游产业的发展过程中，任何一个相关行业脱节，都会使旅游产业经营活动无法正常运行（黄安民，2002）。赣南等中央苏区可以旅游核心企业为纽带，为旅游核心企业提供服务为宗旨，将上述部门和行业整合在一起，从而构建起发展依托型的产业集群（张秀华，2009）。

二、赣南等中央苏区旅游特色产业集群的升级研究

从本质上说，赣南等中央苏区旅游特色产业集群升级是由"量"到"质"的演进，使规模扩张和效益提升相得益彰，走质量效益型道路。赣南等中央苏区旅游特色产业集群升级具体表现为旅游产业由低端向高端、由粗放型向集约型以及由政府主导向政府与市场相结合主导转型。特色产业集群中的两

大主体是政府和市场,其中政府起宏观指导作用,市场起资源配置作用,两者相互补充、相互协调、共同发挥作用,才能更好地促进旅游特色产业集群的发展,提升旅游目的地的竞争力(曾庆佳,2007)。具体而言,可以从以下方面实现赣南等中央苏区旅游特色产业集群的升级(冯卫红,2008):

(一)优化产品结构

赣南等中央苏区旅游特色产业集群最重要的特征就是因地理空间上的高度密集和产业联系而产生的互动关系。这就要求集群内部的每个企业找准自己的定位点,形成自己的特色,做专、做精、做大、做强,从而避免在旅游区集群化发展过程中出现恶性竞争、产品雷同等问题。根据自身旅游资源状况和市场需求趋势,主推具有竞争力的"乐活"和"悦游"两方面主题的系列旅游产品,并在推动企业与企业之间旅游产品差异化发展的同时,积极推动集群内区域差异化特征的形成(陈苏,2011)。

产品优化整合和旅游新产品开发是旅游特色产业集群重要的升级策略。旅游新产品是指相对于原有的产品而言,旅游经营者以前从未生产和销售过的产品(王兴斌,1999)。新产品的开发主要是开发新的吸引物或新的旅游功能的产品(Agarwal,2002)。

旅游新产品应符合以下几个条件:①旅游新产品的开发不是指原有产品的创新,对原有产品的创新只会延长集群某个阶段的时间。新产品是指在类型、属性或功能方面与原有产品不同的旅游产品,如集群原有的产品是自然观光型产品,则新产品开发就应考虑文化观光型产品或度假型旅游产品。②集群的旅游新产品必须能迎合当时旅游客源市场的需求特征。③开发的旅游新产品需要达到和原有产品的相似级别或功能,即新产品应达到原有产品的吸引力。

对于缺乏新旅游产品可以挖掘的集群来说,可以选择以下两种方式实现升级:①以获得能提高知名度的认证或事项为契机。如通过产品的重新整合加入世界文化遗产或获得其他较高标准的认证。以这种方式促进旅游地升级的例子很多,如四川都江堰旅游地生命周期的"平稳发展期"向"衰落期"过渡时期,景区以申请加入世界文化遗产为契机,投入1.2亿元进行整治,使

图 8-5 道家福地翠微峰

注：位于宁都县城西北。与合掌、仙挑、瑞竹、凌霄、石鼓、三献、狮子、望仙、伏虎、披发、莲花等峰齐称金精十二峰。诸峰奇丽多姿，首推翠微峰。清初著名散文家魏禧为首的"易堂九子"在此峰顶建馆，隐居做学问，名扬四方。群峰之中的金精洞，天然神奇，以峰险、洞幽、泉美而闻名于世，无愧为道家第 35 福地。

资料来源：欣欣旅游网。

景区的生态环境和管理基本达到国际水准，2000 年加入世界文化遗产后旅游收入实现飞跃（杨振之，2003）。山西五台山佛教文化圣地是山西老牌景点，已经步入旅游地发展的成熟阶段，该景区以申请加入世界文化遗产为契机，全面治理和整合景区，从而为五台山佛教文化圣地进入新一轮增长提供契机。这种方式同样也适合旅游特色产业集群的升级。②以举办重大节事活动为契机。如通过举办具有世界或全国影响力的重大节事活动，推动产品的重新整合及设施和环境的改善。如 2008 年在北京举办的奥运会，对北京的旅游业发展促进作用是毋庸置疑的，从而使北京作为一个旅游地的生命周期进入下一个增长阶段（卞显红，2005）。重大节事活动如发生在集群的形成到成熟期，将促进集群的演进；如发生在成熟阶段后期或衰退期，则可以促使集群升级。

需要注意的是，无论产品的重新整合还是新产品开发，完全靠旅游企业是难以完成的，必须通过赣南等中央苏区各级政府的大力扶持才能实现。

（二）开拓新的客源市场

图8-6 燕坊古村

注：吉水县金滩镇燕坊古村，是一个明清建筑群保存完好的历史文化名村，现存明清建筑160余处，包括宗祠、学堂、牌坊、民宅、古井、古塘、古墓等建筑。古村房屋规划有序，各巷道均为青石板、红石板或鹅卵石铺成，屋内描金绘凤、精雕细刻、字画满堂。目前，燕坊村有140余户人家，700余人，2007年被评为第三批"中国历史文化名村"。村人极为重视门楣，红石门楣分别雕饰人物故事、花卉兽禽，还依主人的情趣镂刻了不同的书法对联和横批，横批如"字水潆洄"、"三槐第"、"青阳绚彩"、"秀毓山川"、"水绕山环"、"水木清华"等，宛如一座古代门楣展览馆。一座民居或一座宗祠的门楣是一家或一族人的脸面。燕坊门楣的奢华装饰，讲述着一个村庄不凡的历史。据载，古代燕坊人依赣水之便，常乘舟下长江至四川湖广一带经商，明末清初极盛时，有闻名于长江两岸的鄢姓力诚经商号、饶姓宝兴裕商号、王姓王世太商号。燕坊人在外相互团结，甘苦与共，返乡则大兴土木，竭尽奢华；捐官捐爵，以彰显门庭。村里许多"大夫第"之类牌匾，便由此而来。

资料来源：欣欣旅游网。

重新定位客源市场或开拓新的客源市场也能使赣南等中央苏区旅游特色产业集群获得升级。推动赣南等中央苏区旅游特色产业集群升级的市场创新和赣南等中央苏区旅游特色产业集群发展过程中的市场创新有所不同。推动赣南等中央苏区旅游特色产业集群升级的新客源市场应该是新兴的、较大规模的目标市场的转换，包括新的国家和地区的客源市场、新的需求类型市场。我国传统的旅游业的市场细分主要是基于旅游客源地区的不同而进行的市场划分，该方法显然线条过粗，不能充分反映市场的多样化和个性化特征（黄亮、朱海森，2005）。因此，在推动赣南等中央苏区旅游特色产业集群升级的过程中，必须注意划分旅游特色产业集群的客源市场。科学的划分方法应该根据旅游消费群体特点进行划分，只有这样，才有利于赣南等中央苏区旅游特色产业集群内旅游企业的个性化服务和创新，从而有利于推动赣南等中央苏区旅游特色产业集群升级。

（三）集群功能拓展

旅游特色产业集群还可以通过提升自身在区域旅游框架中的功能和定位，拓展新的生存空间，实现集群的升级。对于赣南等中央苏区来说，实现集群功能拓展的重要方面是推动赣南等中央苏区区域旅游特色产业集群融合。就赣南等中央苏区来说，尤其需要拓展井冈山旅游特色产业集群的功能，发挥其龙头引领作用。

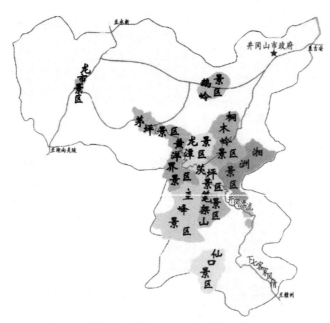

图 8-7　井冈山旅游特色产业集群景区分布示意图

资料来源：360 导航网。

井冈山旅游特色产业集群整个风景名胜区面积为 261.43 平方公里，可以细分为 11 个景区，即茨坪、龙潭、黄洋界、主峰、笔架山、桐木岭、湘洲、

图 8-8 井冈山旅游特色产业集群景点分布示意图

资料来源：360 导航网。

仙口、茅坪、耷市、鹅岭。这 11 个景区又可以分成 76 处景点、460 多个景物景观，集革命人文景观和优美自然风光于一体。井冈山旅游特色产业集群主要景物景观类型有革命文物、山石、瀑布、溶洞、气象、高山田园风光、次原始森林、珍稀动植物、温泉九类。

井冈山旅游特色产业集群旅游资源类型丰富，内容齐全，人文景观与自然景观融合度高，"历史红、山林好"、"红绿相映"是井冈山旅游资源最大的优势所在。除了适合开发传统观光旅游产品以外，还适合开发生态旅游、度假旅游、修学旅游、探险旅游、疗养康复旅游及其他专项旅游（曾庆佳，2007）。

从图 8-7、图 8-8 中可以看出，井冈山旅游特色产业集群中的景区分布是以茨坪中心景区为核心，向黄洋界景区、龙潭景区、笔架山景区、桐木岭景区、湘洲景区、仙口景区、主峰景区、茅坪风景区、鹅岭景区、耷市景区等呈辐射型逐级发散分布。

拓展井冈山旅游特色产业集群的功能，可以从以下两方面入手：

第一，加强井冈山旅游特色产业集群与周边旅游地乃至整个赣南等中央苏区旅游特色产业集群的合作。通过集群间交通、通信、信息等方面的改善及产品、市场和促销等方面的整合，在更大范围内为群内企业提供经营空间。尤其要加强各集群企业间的互动和交流，通过相关战略和措施，促进企业间的合作和人力资源流动，共享设施、公共机构的服务，为集群拓展新的发展空间。

第二，提升井冈山旅游特色产业集群在区域旅游结构中的功能定位。如通过井冈山旅游特色产业集群所在旅游地基础设施、公共设施、居住环境等方面的全面改善和重建，把井冈山旅游特色产业集群所在地建成区域旅游集散中心或旅游中心城市，这样将使井冈山旅游特色产业集群由单一的旅游功能转变为兼有当地居民游憩功能的集群，而功能的改变同样会带动产业的进入和人才的稳定，为集群升级提供机会。

（四）缩短价值链过程

1. 旅游产业价值链概述

王兆峰（2009）认为，旅游产业是由一连串横向联系的企业和利益相关者构成的产业链。旅游产业链的构成要素是能为旅游者提供旅游产品的相关产业，主要指满足旅游者食、住、行、游、购、娱等需求的餐饮、饭店、交通、旅游景点区、商业和娱乐等产业。这些产业之间存在着相互依赖、相互制约的关系，它们共同作用，提供符合市场需求的旅游产品。

在旅游产业价值链中，旅游景点是核心环节。作为旅游者实施旅游活动的主要吸引物，旅游景点景区是旅游产业得以发展的源泉，旅游产业链得以运行的根本动力。而旅游景点的价格高低决定着游客的数量，因而对整个产业价值链产生重要影响。如果降低旅游景区的门票价格，将会吸引更多的游客，从而提高旅游产业整体和旅游产业价值链上其他环节的收入。旅游业的产业链实际上就是一条产出链、利益链。旅游产业链的利益相关者一荣俱荣、一损俱损。旅游产业链的利益共享特性，为企业间互相利用对方的资源提供了广阔的基础。

旅游产品的本质特点决定了旅游产业链的结构要比传统产业复杂得多，

关联性也大得多。旅游产业链是以旅游产品为纽带实现链接的。从整个旅游过程来看，提供旅游产品的不同行业组成了一个链状结构，游客从旅游过程的始端到终端，需要众多产业部门向其提供产品和服务来满足其各种需求。众多的产业部门，既包括旅行社、交通部门、餐饮、酒店、景区景点、旅游商店、旅游车船以及休闲娱乐设施等旅游核心企业，也关联到农业、园林、建筑、金融、保险、通信、广告媒体以及政府和协会组织等辅助产业和部门。前者构成了产业链的链上要素，后者为产业链的动态链接与正常运营提供必要的保障和支持。

根据联合国《国际产业划分标准》，旅游基本行业是直接与旅游者发生联系并为之服务的企业组合，包括旅行社，以旅游饭店为代表的住宿业、餐饮业，交通运输业，旅游娱乐业，旅游用品和纪念品销售业等。旅游产业关联度高，旅游产业链可以由旅游基本行业延伸到非常广阔的领域。张帆、王雷震等（2003）曾对此进行专门研究，认为旅游直接影响的行业有12个，间接影响的部门有47个，引致影响部门有20个。从旅游产业来看，旅游产业链的产出呈现多种形态，涵盖了以行、游、住、食、购、娱六大要素为主的诸多产品服务及其部门。它们按照递进关系，横向构造旅游产品，形成旅游产业链，若干产业链的纵横交错和前后延伸，形成了结构较为完善的旅游产业网络系统（王兆峰，2009）。

旅游价值链和旅游产业链的实质是相同的。不过，前者更强调旅游产品从生产到旅游者消费的价值增值过程，既包括通过旅行社购买旅游产品的过程，也包括旅游者直接到旅游地购买产品完成旅游的过程。这里的缩短价值链过程主要是指前者。

从全球旅游市场来看，旅游价值链组织主要有三种方式：一是世界大旅游集团通过在价值链各环节的延伸，把价值尽量留在本企业内。如香港中旅（集团）有限公司通过纵向一体化、横向一体化和多元化的扩张，通过设立分社、控股景点、收购和管理酒店以及交通等，使游客在企业自身的产业网络内循环。二是世界大旅游企业之间建立合作关系或战略联盟关系，共同控制价值链的高端环节。如香港大型旅游集团和内地大型旅游集团建立长期和较为稳固的合作关系，在招徕游客的代理环节、经营环节和为游客地接环节、生产环节上进行分工，分享价值链的更多价值（任瀚，2007）。三是客源地和旅游地的旅游中小企业通过上下游的讨价还价建立竞争和合作关系。

2. 旅游价值链的升级

旅游特色产业集群通过旅游价值链升级的过程，主要是通过吸引潜在旅游者直接到旅游地旅游而缩短价值链，减少价值的分配环节，使更多的价值在集群内流动的过程，以此实现集群和产业升级。

大致言之，可以通过三种方式，实现赣南等中央苏区旅游特色产业集群价值链升级。

第一，通过集群内大旅游企业对产品的整合能力和外部的企业网络吸引潜在游客直接到旅游地消费，如集群内旅游企业通过与航空公司、大旅行批发商建立合作关系或战略联盟、虚拟网络等，可以缩短价值链流程，同时为集群带来较稳定的客源。

图 8-9　渼陂古村

注：被誉为"庐陵文化第一村"。它以厚重的历史、古典的明清建筑群、璀璨的明清雕刻艺术及可敬可颂的红色文化，受到世人的瞩目。景区山抱水环，天然形胜。村庄占地一平方公里，有 600 户、2800 余人。村民全为梁姓，由南宋初年梁氏先祖在此开基。全村现有保存完好的明清建筑 367 栋，其中祠堂 7 座，书院 5 座，牌坊 3 座。所有古建筑的门楣、藻井、窗棂、门柱、影壁、山墙，或为书画，或为雕刻，内容不同，风格各异，反映出不同的时代风貌和不同主人的理想情趣。20 世纪 20~30 年代，这赣式民居里曾召开了中共历史上的重要会议——"二七"会议，现旧址仍存。这里留下了毛泽东、朱德、曾山等革命家的足迹。红四军旧址、江西省苏维埃总工会旧址和毛泽东等人的旧居，给古老建筑注入了全新的内涵。共和国名将梁兴初、梁必业、梁仁芥将军和革命烈士梁一清，都是渼陂村人。

资料来源：欣欣旅游网。

为了提升企业对产品的整合能力，需要加快旅游企业集团化进程，培育有竞争力的旅游产业市场主体。大型旅游企业集团强大的聚合力，是旅游特色产业集群的基本单元。因此，必须加快赣南等中央苏区各地区旅游企业之间的实体兼并与资产重组，选择性地吸纳优势企业的资产，发挥资本聚合效应，形成以旅游目的地为中心，以股份公司为主体，集景区建设、产品开发、旅游投资、运作管理、市场营销等为一体的旅游经济网络。着力培育实力雄厚、竞争力强的大型旅游企业及综合性旅游企业集团，作为赣南等中央苏区旅游特色产业集群的竞争主体，并积极创造条件鼓励其上市。在资金投入方面，政府不仅需要大力支持，还需要加大招商引资的力度，拓展旅游企业的融资筹资渠道，特别是鼓励旅游景区型企业在严格遵守旅游发展规划和不破坏生态环境的前提下，实行所有权和经营权分离，以吸引更多投资资金参与旅游资源的合理开发（陈苏，2011）。

图 8-10　杜鹃山景区

注：位于井冈山茨坪的东南面，是目前井冈山最大的一个绿色生态景区，也是井冈山唯一一个集自然山水风光、革命历史遗迹、客家民俗风情为一体的景区，是井冈山今后主推的最大、最集中的新风景名胜区。在行洲区域，可领略独特的客家民俗风情，感受红军标语群遗址等革命历史遗迹的红色文化的洗礼，体验井冈漂流的与众不同的刺激和激情。在被人誉为"天下第一杜鹃山"的杜鹃山，游客若乘上总长5200米的世界最先进的客运索道，犹如踩着一条美丽的彩虹，云游在山水之间。雄伟峻峭的山峦、浩瀚无垠的林海、绝壁千仞的峡谷、瑰丽灿烂的日出、奇绝独特的杜鹃五大奇观将尽收眼底，油然而生"一览众山小"的豪情。

资料来源：欣欣旅游网。

第二，围绕旅游产品链，旅游产业与其他产业，如住宿业、餐饮业、交通运输业、零售业、娱乐业等相互合作、共同发展，甚至还可以与工业、农业结合起来发展，形成旅游特色产业集群对区域经济的辐射。加强旅游产业与其他产业的互动合作，可以提升旅游产业竞争力，进而推动赣南等中央苏区旅游特色产业集群的整体升级、发展（陈苏，2011）。为此，需要建立正式或非正式的区域旅游集群组织，推动旅游集群不断良性发展，以吸引更多企业入驻集群网络，并推动旅游特色产业集群的规模扩张。通过集群内企业紧密合作和品牌建设为旅游者提供方便的"一揽子"产品，由旅游协会或由公私合作建立的高效营销组织，直接与大的旅游批发商或旅游销售网站建立合作，以此缩短到旅游地价值链的环节，通过改变集群在价值链的位置实现集群升级。

图8-11　武功山景区

注：古名罗霄山，又名泸潇山，地处罗霄山脉中段，属国家级风景名胜区、国家自然遗产保护地、国家地质公园和国家森林公园。武功山跨萍乡、宜春、吉安三地市，主要景点和文化沉淀均在安福境内，自古游人均以从安福取道上山为祈福正道。现武功山规划有五个核心景区：金顶观光祈福区、杨思慕观光游览区、九龙山宗教文化区、发云界游憩娱乐区、箕峰观光赏乐区；山下还规划有文家温泉休闲养生区和武功湖水上游乐两大景区。武功山人文璀璨，历史源远流长。早在汉晋南北朝时期，道、佛两教一山共存，拥有金顶、集云、三殿门、箕峰四大宗教丛林，庵、堂、寺、观曾发展到100多处，名扬天下。先后得到南北朝、宋朝、明朝等四位皇帝封赏，特别是唐宋以后，历代名仕大儒慕名前来，如文天祥、杨万里、黄庭坚、陶渊明、解缙等，或吟诗作赋，或挥洒墨迹，各领风骚…… 明朝大旅行家徐霞客留下了千古名篇《游武功山》："千峰嵯峨碧玉簪，五岭堪比武功山。观日景如金在冶，游人履步彩云间。"1937年，陈毅上武功山寻找红军游击队时，也在这里写下了《题玉皇殿壁》传世佳句："久慕玉皇山，如今得赏玩，石神特别多，显灵在人间。"

资料来源：欣欣旅游网。

第三，通过互联网络促销渠道和电子商务途径。在 Web 2.0 时代，旅游消费者已经从以前单纯地接受旅游市场营销宣传，转变为旅游目的地及其他产品和服务"主动"市场营销者（余晓娟，2007）。据美国旅游业协会（TIA）调查，2002 年，美国国内游客达 9600 万人次中有 2/3 的人利用互联网制定旅游计划，其中 41% 利用互联网进行旅游预订（金卫东，2004）。显然，传统的旅游价值链模式正面临网络技术的强大挑战（汪锋，2007）。

互联网环境下，旅游者获取信息的渠道发生了极大的变化，客观上为旅游地缩短旅游价值链创造了有利条件。Sara Nordin（2003）指出，信息和预订服务网络的优化是未来影响旅游特色产业集群竞争力的重要因素之一。因此，赣南等中央苏区旅游特色产业集群内政府、集群组织、行业协会、各旅游企业和支撑行业通过建立门户网站、完善预订、企业互联合作和详细的信息提供，直接吸引游客到集群旅游，实现从旅游者到集群的直接价值流动和群内分配，可以使旅游特色产业集群升级。当然，这也需要集群为游客提供更多的产品和服务，通过集群内产业链的延伸和多样化服务的提供，使游客在纵向价值链上节省的花费在集群内消费（冯卫红，2008）。

（五）打造和营销赣南等中央苏区旅游特色产业集群统一品牌

区域旅游品牌代表着一个区域旅游产业的主体形象。鲜明、稳定的旅游形象能够推动旅游业迅速发展。实现赣南等中央苏区旅游特色产业集群的升级，需要打破行政格局，进一步打造代表赣南等中央苏区的优势旅游品牌。

实现赣南等中央苏区旅游特色产业集群的升级，尤其是要充分利用"中央苏区精神"文化底蕴，打造和营销赣南等中央苏区旅游特色产业集群的统一品牌，并围绕品牌旅游项目进行旅游营销的推广，进而开发品牌背后的高附加值旅游产品。

实现赣南等中央苏区旅游特色产业集群的升级，更要充分利用国际互联网的链接功能，将赣南等中央苏区内分散的旅游景观资源连接为统一的有机整体，通过互联网的信息发布功能，全方位、多时段、多视角地发布赣南等中央苏区旅游信息，预告旅游活动，以提升赣南等中央苏区旅游的整体形象，进一步提升赣南等中央苏区核心品牌在赣南等中央苏区各地市旅游行业的地位。

第五节　本章小结

　　由于特殊的区情，在赣南等中央苏区特色产业集群的发展过程中，既面临艰巨的培育、壮大的任务——通过培育、壮大集群，不断增加集群的数量和规模，又需要升级现有的集群，不断提升现有集群的品质，增强其竞争力，助力区域经济。培育、升级赣南等中央苏区特色产业集群，一方面，需要依靠市场的力量，发挥赣南等中央苏区企业家的引领和主导作用；另一方面，也需要政府的适度干预。政府适度干预，既包括赣南等中央苏区地方各级政府的积极作为，也包括中央政府、省级政府的大力支持。

　　中央等上级政府的大力支持，主要体现在政策支持方面。从赣南等中央苏区特色产业集群培育和升级的实际情况看，需要中央政府实行特殊政策，尤其需要实行特殊的金融政策。在金融方面，大力支持、鼓励在赣南等中央苏区先行先试。一是进一步深化金融市场改革，提高金融市场效率，尤其是促进股份制银行的发展。只有促进银行体系的竞争水平，才能从根本上提高融资效率并为企业发展提供多种形式的资金支持，从而提高中小企业获得资本的规模，进而促进企业形成并强化赣南等中央苏区的产业集聚效果。此外，还要大力发展非银行金融机构以及完善多层次资本市场，满足多元化的投资及融资需求，从而提高金融体系各个层面的竞争程度和金融市场效率，并降低企业的融资成本，为企业家由隐性转为显性这关键的一步提供金融支持。积极稳妥地发展各种非国有银行类型的金融机构，使其在信贷与投资市场上占有更大的规模，将进一步提高资本配置效率，这对于促进劳动力流动和企业家形成有着重要的作用。二是提高利率市场化程度，从而提高储蓄投资转换率。三是提高资本配置效率，使得资本由低效率的企业流向高效率的企业、由低效率的行业流向高效率的行业，从而提高中小企业从金融市场获得资本的可能性。四是促进金融市场均衡发展，尤其是加快资本市场和非金融机构的发展，提高企业直接融资的比重。关键在于降低企业直接融资的门槛，逐步清除在资本市场上对中小企业的歧视性、排他性，从而为众多中小企业提供更为自由和灵活的资本来源，这对于潜在的企业家同样是一种激励（张小蒂、王永齐，2010）。总之，在赣南等中央苏区实行特殊金融政策，加大对赣南等中央苏区的金融支持，有利于赣南等中央苏区企业家的形成、企业家队伍的壮大、企业家及其企业实力的强大，从而有利于赣南等中央苏区特色产业集群的培育和升级。

参考文献

［1］马文静. 宁夏特色产业集群发展研究［D］. 中央民族大学博士学位论文，2010.

［2］张小蒂，王永齐. 企业家显现与产业集聚：金融市场的联结效应［J］. 中国工业经济，2010（5）.

［3］陈曾静. 产业集群对经济增长区域差距的影响［J］. 经济论坛，2011（7）.

［4］邓水兰，温诒忠. 江西产业集群发展的现状和模式探析［J］. 企业经济，2007（10）.

［5］王碧峰. 城乡一体化问题讨论综述［J］. 经济理论与经济管理，2004（1）.

［6］孙霞. 产业集群与区域经济非均衡协调发展［D］. 华中科技大学博士学位论文，2009.

［7］王翔宇. 产业集群与区域经济发展关系研究［A］//2009 中国·廊坊基于区域经济发展的京津廊一体化研究——廊坊市域经济发展与京津廊经济一体化学术会议论文集［C］. 2009.

［8］杨莉莉，王宏起. 产业集群与区域经济协调发展机制及对策［J］. 科技与管理，2008（2）.

［9］杨康民. 发展小企业集群促进我国产业结构调整［J］. 企业研究，2003（4）.

［10］张文忠，李业锦. 区域创新环境与企业发展研究［J］. 软科学，2003（6）.

［11］成焕志.关于发展江西特色产业集群的探讨［J］.科技广场，2007（4）.

［12］阚珂嘉.基于特色产业集群的区域经济发展研究［D］.重庆大学硕士学位论文，2009.

［13］向松祚.区域经济和特色产业集群研究的新收获——评何伟军教授新著《三峡区域特色产业集群研究》［J］.三峡论坛，2010（1）.

［14］余焕新，刘爱军.江西特色产业集群发展态势分析［J］.江西社会科学，2011（6）.

［15］刘善庆，叶小兰，陈文华.基于 AHP 的特色产业集群竞争力分析［J］.中国软科学，2005（8）.

［16］赵立新，关善勇.特色产业集群与城乡一体化［J］.当代经济研究，2006（11）.

［17］侯志茹.东北地区产业集群发展动力机制研究［D］.东北师范大学博士学位论文，2007.

［18］王静华.产业集群演进：文献综述［J］.世界经济情况，2008（2）.

［19］三大产业集群课题组.对加强赣州三大产业集群的些许思考［Z］.发改通讯，2008-07-08.

［20］刘善庆.基于组织生态理论的特色产业集群形成机理分析［J］.科技管理研究，2007（8）.

［21］宋敏.榆林资源型产业集群可持续发展预警研究［D］.西北农林科技大学博士学位论文，2010.

［22］敬慧颖.县域特色产业集群演化模型及实例研究［D］.河北工业大学硕士学位论文，2006.

［23］林竞君.嵌入性、社会网络与产业集群［J］.经济经纬，2004（5）.

［24］胡平波.江西省特色农业产业集群发展动力因素的实证［J］.华东经济管理，2011（7）.

［25］陈翊，张一力.企业家行为对产业集群发展影响的比较分析［J］.求索，2011（7）.

[26] 赵江明. 企业家与产业集群发展的关系研究 [D]. 浙江大学硕士学位论文，2004.

[27] 王贤梅，胡汉辉. 基于社会网络的产业集群创新能力分析 [J]. 科学学与科学技术管理，2009（12）.

[28] 章建新，丁建石，白晨星. 基于社会网络的产业集群创新效应研究 [J]. 科技管理研究，2007（8）.

[29] 吴汉贤，邝国良. 企业网络结构对产业集群竞争力的影响分析 [J]. 科技管理研究，2010（14）.

[30] 刘霞，陈建军. 网络联结、组织间学习与产业集群能力增进 [J]. 科学学研究，2011（11）.

[31] Coleman James S. Soeial Eapital in There Ationof Human Eapital [J]. Ameriean Journal of Soeiology，1988（94）.

[32] 李世杰. 产业集群的组织分析 [D]. 东北大学博士学位论文，2006.

[33] 鲁开垠. 增长的新空间——产业集群核心能力研究 [M]. 北京：经济科学出版社，2006.

[34] 赵俊. 社会网络对产业集成的影响研究 [D]. 大连理工大学硕士论文库，2008.

[35] 刘仁军. 交易成本、社会资本与企业网络——关系契约理论及应用 [D]. 华中科技大学博士学位论文，2004.

[36] 阿尔弗雷德·D.钱德勒等. 透视动态企业：技术、战略、组织和区域的作用 [M]. 吴晓波，耿帅译. 北京：机械工业出版社，2005.

[37] 陈劲，张方华. 社会资本与技术创新 [M]. 浙江：浙江大学出版社，2002.

[38] 胡平波. 江西省特色农业产业集群形成与发展的文化生态机理 [J]. 经济地理，2011（9）.

[39] 王仲智，从明珠，沈正平. 地方产业集群内部网络关系及其绩效考察——以盛泽丝绸纺织业集群为例 [J]. 经济地理，2008（9）.

[40] Granovetter M. Economic Action and Social Structure：The Pro-blem of

Embeddedness［J］. American Journal of Sociology，1985.

　　［41］唐晓菊.南丰县特色产业发展状况思考——南丰蜜橘发展现状、问题及对策［Z］.南丰统计分析，2011-12 -20.

　　［42］曾世宏.产业发展效率视角的企业家行为配置研究新进展［J］.产经评论，2010（3）.

　　［43］Feldman M. P.，Francis J.，Bercovitz J. Creating a Cluster While Building a Firm：Entrepreneurs and the Formation of Industrial Clusters［J］. Regional Studies，2005（39）.

　　［44］Lévesque M.，Minnit I. M.，Shepherd D. Entrepreneurs Decisions on Timing of Entry：Learning from Participation and from the Experiences of Others［J］. Entrepreneurship Theory and Practice，2009（33）.

　　［45］Schumpeter J.A. The Thoery of Economic Development［M］. Cambridge，MA：Havard University Press，1934.

　　［46］Baumol W. J.Entrepreneurship：Productive，Unproductive，and Destructive［J］. The Journal of Political Economy，1990（98）.

　　［47］Kirzner，I. M. Entrepreneurial Discovery and the Competitive Market Process：An Austrian Approach［J］. Journal of Eco -nomic Literature，1997（135）.

　　［48］Milliou C.，Petrakis E. Timing of Technology Adoption and Product Market Competition［R］. CESIFO Working Papers No. 2686，2009.

　　［49］Schumpeter J. A. The Thoery of Economic Development［M］. Cambridge，MA：Havard University Press，1934.

　　［50］Cuervo A. Individualand Environmental Determinants of Entrepreneurship［J］. International Entrepreneurship and Manage-ment Journal，2005（1）.

　　［51］吴传清，李群峰，刘宏伟，朱兰春，赵玲娟.企业家精神与产业集群成长［J］.经济前沿，2008（7）.

　　［52］吕文栋，朱华晟.浙江产业集群的动力机制［J］.中国工业经济，2005（4）.

[53] 周世泉，廖应生. 临川文化的概念、内涵、外延二题 [J]. 抚州师专学报，1994（4）.

[54] 黄振林. 试论临川文化的地位和价值 [J]. 抚州师专学报，1990（3）.

[55] 吕滨. 庐陵文化的渊源、特点与历史地位 [J]. 江西社会科学，2001（5）.

[56] 任重，陈仪. 儒家精神：庐陵文化的特质 [J]. 华夏文化，2006（2）.

[57] 温新华，王先侯. 庐陵的历史沿革与庐陵文化的内涵 [J]. 文史知识，2002（3）.

[58] 文尚卿. 关于弘扬与开发庐陵文化的几点思考 [J]. 经济研究导刊，2008（19）.

[59] 傅丽，陈宾茂. 浅谈江西赣南道教歌舞的审美意蕴与客家文化特征 [J]. 北京舞蹈学院学报，2007（1）.

[60] 肖文艳，曾敏. 浅谈赣南客家的历史及其文化特征 [J]. 文史钩沉，2012（6）.

[61] 邱娟娟. 赣南文化背景下的大学生德育工作初探 [J]. 辽宁行政学院学报，2009（2）.

[62] 易崇英，张素华. 赣南客家文化的商业价值 [J]. 中国商贸，2010（12）.

[63] 石仲泉. 中央苏区与苏区精神 [J]. 中共党史研究，2006（1）.

[64] 黄少群，赖宏. 中央苏区精神及其时代价值 [J]. 中共中央党校学报，2010（2）.

[65] 习近平. 在纪念中央革命根据地创建暨中华苏维埃共和国成立80周年座谈会上的讲话 [N]. 人民日报，2011-11-05.

[66] 黄少群. 论苏区精神的当代价值 [J]. 中国井冈山干部学院学报，2012（3）.

[67] 赵广华. 产业集群文化的形成机理和培育策略 [J].经济学动态，2008（10）.

[68] 沈军伟. 民营企业家特征分析 [N]. 经理日报，2008-09-02.

［69］徐太祖，何建江. 全球天然樟脑粉芳樟醇价格金溪说了算［DB/OL］. 大江网，2008-06-18.

［70］田红云，陈继祥，田伟. 企业家与产业集群发展的动力［J］. 扬州大学学报（人文社会科学版），2006（3）.

［71］方志远. 江右商帮［M］. 中国香港：中华书局（香港）有限公司，1995.

［72］傅宇峰. 地方政府的产业集群功能研究［D］. 上海交通大学硕士学位论文，2007.

［73］刘艳. 我国地方政府促进产业集群发展研究［D］. 燕山大学硕士学位论文，2009.

［74］崔宏伟. 我国政府在产业集群发展中的行为研究［D］. 吉林大学硕士学位论文，2007.

［75］沈威. 产业集群发展与地方政府作用［D］. 浙江大学公共管理硕士学位论文，2004.

［76］蒋东仁. 论产业集群及其成长中的政府行为［D］. 南京理工大学博士学位论文，2005.

［77］何显明. 政府与市场：互动中的地方政府角色变迁［J］. 浙江社会科学，2008（6）.

［78］沈坤荣. 体制转型期的中国经济增长［M］. 南京：南京大学出版社，1999.

［79］史晋川，金样荣等. 制度变迁与经济发展：温州模式研究［M］. 杭州：浙江大学出版社，2002.

［80］迈克尔·波特. 竞争论［M］. 北京：中信出版社，2003.

［81］李世杰，李凯. 产业集群发展中的政府行为及政策启示：来自产业集群发达国家的经验［J］. 技术经济与管理研究，2009（2）.

［82］邓宏图，康伟. 地方政府、制度、技术外溢与企业集群的默示性知识［J］. 管理世界，2006（2）.

［83］朱华晟. 地方产业集群战略中的政府功能［J］. 经济理论与经济管理，

2004（10）.

[84] 彭小柱，杨和发. 产业集群力量 赣州培植优势产业集群综述
[DB/OL]. 中国赣州网—赣南日报，2007-05-10.

[85] 斯蒂格利茨. 政府为什么干预经济 [M]. 北京：中国物价出版社，
1998.

[86] 柳晓明，周密. 产业集群成长过程中政府角色定位 [J]. 经济师，
2009（5）.

[87] 王慧娟. 农业产业集群发展中的政府行为分析 [J]. 山东社会科学，
2007（9）.

[88] 周韶莎，武云亮. 论地方政府在推动特色农业产业集群发展中的作
用 [J]. 农村经济与科技，2010（3）.

[89] 陶春. 中国稀土资源战略研究 [D]. 中国地质大学（北京）博士学位
论文，2011.

[90] 岳军. 浙江产业集群区域化特征及其形成机理研究 [D]. 扬州大学
硕士学位论文，2010.

[91] 杨烨，梁倩，李美娟. 稀土污染代价巨大 江西全省收入 329 亿 赣
州花 380 亿治理 [N]. 经济参考报，2012-04-09.

[92] 波特. 竞争优势 [M]. 陈小悦译. 北京：华夏出版社，2005.

[93] 郎咸平. 产业链阴谋 I [M]. 北京：东方出版社，2008.

[94] 郭欣旺，李莹，陈伟维，陈丹梅. 基于 GEM 模型的甘肃省定西马铃
薯农业产业集群竞争力研究 [J]. 中国科技论坛，2011（3）.

[95] 李林捷. 中国矿产资源产业集群——基于投入产出分析 [J]. 中国集
体经济，2010（4）.

[96] 刘小乔，张所地. 基于 GEM 模型的山西煤炭企业集群竞争力评价
[J]. 科技情报开发与经济，2008（24）.

[97] Donald F.A Protected Areas Ecotourism Competitive Cluster Approach
to Catalyse Biodiversity Conservation and Economic Growth in Bulgaria [J]. Journal
of Sustainable Tourism，2004，12（3）.

［98］胡宇橙，王庆生. 基于 GEM 模型的旅游产业集群竞争力研究——以天津滨海新区为例［J］. 地域研究与开发，2010（100）.

［99］陈丽芬. 我国集群品牌管理［J］. 管理学家，2008（1）.

［100］吴传清等. 企业家精神与产业集群成长［J］. 学习与实践，2008（10）.

［101］张连业，杜跃平. 论我国资源型产业集群的升级与转型［J］. 陕西师范大学学报（哲学社会科学版），2007（6）.

［102］杨明华，周娜. 资源型区域经济可持续发展的途径：特色产业集群的升级与转型［J］. 科技进步与对策，2009（17）.

［103］余维，何伟军，王康. 技术创新与宜昌磷化工特色产业集群升级［J］. 科技进步与对策，2010（17）.

［104］左和平. 全球价值链下特色产业集群升级机理探析［J］. 财经问题研究，2010（4）.

［105］刘珂. 产业集群升级的机理及路径研究——基于我国产业集群的发展实践［D］. 天津大学博士学位论文，2006.

［106］冯卫红. 旅游产业集群形成和演进研究：以平遥古城为例［D］. 河南大学博士学位论文，2008.

［107］王兆峰. 基于产业集群的旅游产业结构升级优化研究［D］. 中南大学博士学位论文，2009.

［108］陈秀琼. 旅游产业集群形成与竞争力评价研究［D］. 厦门大学博士学位论文，2007.

［109］Julie Jaekson. Enveloping Regional Tourism Inehina：The Potential for Aetivating Business Clusters in Asoeialist Market Eeonomy［J］. Tourism Management，2006（27）.

［110］赵小芸. 旅游小城镇产业集群动态演化研究——以云南实践为例［D］. 复旦大学博士学位论文，2010.

［111］曾庆佳. 论旅游产业集群对旅游目的地竞争力影响——以井冈山旅游产业集群为例［D］. 四川师范大学硕士学位论文，2007.

[112] 陈苏.区域旅游产业集群形成机理及发展对策研究［D］.武汉理工大学博士学位论文，2011.

[113] 黄安民.休闲与旅游学概论［M］.北京：机械工业出版社，2002.

[114] 张秀华.我国旅游产业国际竞争力研究［D］.哈尔滨工程大学博士学位论文，2009.

[115] 国务院.国务院关于支持赣南等原中央苏区振兴发展的若干意见（国发〔2012〕21 号）.

[116] 江泽民.在全国科学技术大会上的讲话（1995 年 5 月 26 日）［DB/OL］.中国教育新闻网—中国教育报，2006-04-07.

[117] 胡锦涛.坚定不移沿着中国特色社会主义道路前进　为全面建成小康社会而奋斗——在中国共产党第十八次全国代表大会上的报告（2012 年 12 月 8 日）［DB/OL］.新闻中心—中国网，2012-11-20.

[118] Meyer-Stamer J. Clustering and the Creation of Aninnovation-oriented Environment for Industrial Competitiveness：Beware of Overly Optimistie Expeetations［J］. Revised draft Paper，2002（16-20）.

[119] Nicholas C.，Anthony A. J. Globalization in History：A Geographieal Pers Pective CEP［J］. Diseussion，2001（48-52）.

[120] 邹国良，陈富生.大中小赣南矿产资源综合开发与利用研究［J］.采矿技术，2006（4）.

[121] 杨小林，邓伟韬.生态赣州建设初见成效［DB/OL］.中国赣州网，2012-03-20.

[122] 王瑞芳.苏区振兴规划出台　赣南等区特色农业迎发展［DB/OL］.中国网，2012-07-17.

[123] 刘荣松.赣州进境木材监管区直通运营正式启动［DB/OL］.中国赣州网—赣南日报，2015-01-20.